除了人，我别无身份
除了美，我一无所知

寻美记

熊培云 著

人民东方出版传媒
东方出版社

图书在版编目（CIP）数据

寻美记/熊培云 著 . — 北京：东方出版社，2019.7
ISBN 978-7-5207-0378-9

Ⅰ.①寻…　Ⅱ.①熊…　Ⅲ.①社会科学—文集　Ⅳ.① C53

中国版本图书馆 CIP 数据核字（2018）第 081463 号

寻美记
（XUN MEI JI）

作　　者：熊培云
策　　划：陈　卓
责任编辑：陈　卓
责任审校：金学勇
出　　版：东方出版社
发　　行：人民东方出版传媒有限公司
地　　址：北京市朝阳区西坝河北里 51 号
邮　　编：100028
印　　刷：北京联兴盛业印刷股份有限公司
版　　次：2019 年 7 月第 1 版
印　　次：2019 年 7 月第 1 次印刷
开　　本：880 毫米 ×1230 毫米　1/32
印　　张：13
字　　数：280 千字
书　　号：ISBN 978-7-5207-0378-9
定　　价：59.00 元
发行电话：（010）85924663　85924644　85924641

白帐篷 vs 白宫

如果没有托马斯·潘恩的笔，乔治·华盛顿所举起的剑将徒劳无功

投票日

国家记忆：纽约中央公园里的联邦军队将领谢尔曼将军像

地方记忆：哥伦比亚州议会前被北军砍断手杖的华盛顿像

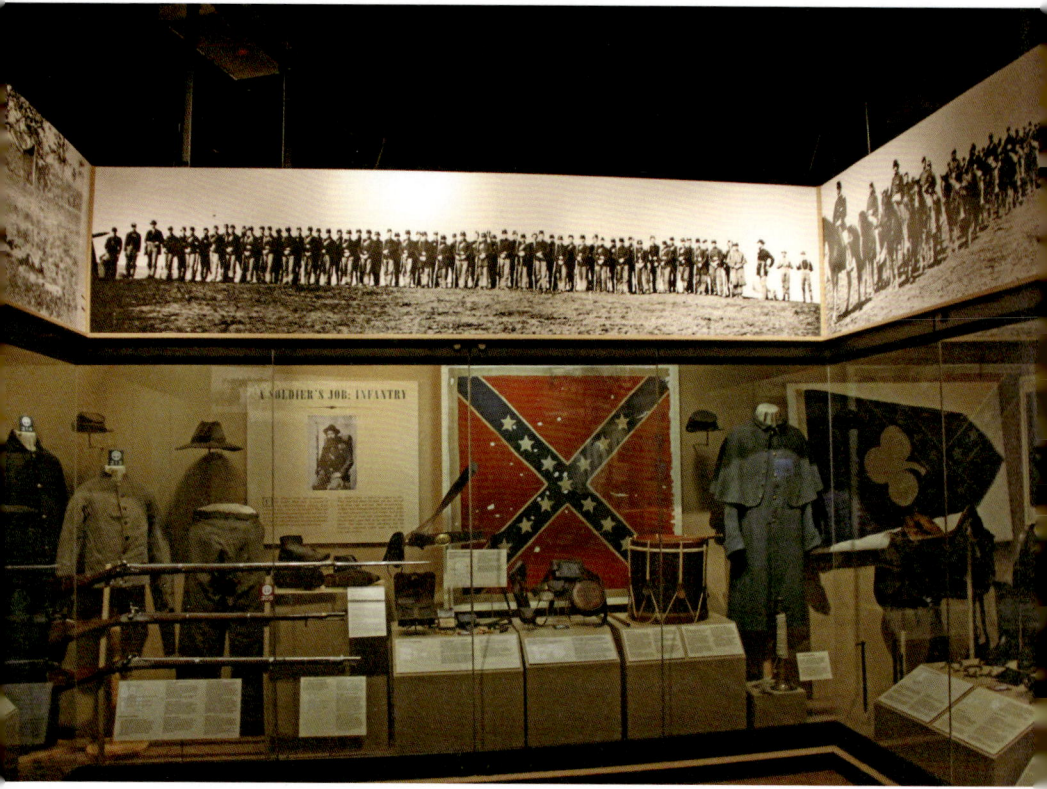

亚特兰大，南北战争纪念馆

民主的奇迹，1787 年费城制宪会议现场

费城签署者，从独立宣言到宪法草案

移民潮，在苦难与阳光之间

芝加哥街头，如何纪念一个死去的人

瓦尔登湖畔，梭罗的背影

童年与枪声

特朗普大厦前的安保

逃出魔鬼岛

旧金山城市之光书店一角

雨中布鲁克林大桥

英国普利茅斯湾，一个国家的诞生

数字与人

目　录

序言　一边叹息，一边寻找

寻美者四十而惑

2012年底，受邀赴芝加哥等地观摩美国总统选举。这是我第一次访问美国，其后又陆续去了几次。《寻美记》择要记录了前两次"走遍美国"时的所见与所思，最难忘的是2013年初独自在南方小城蒙哥马利过四十岁生日。虽然那一天风尘仆仆，粒米未进，内心却无比充实。

生活的反讽是，孔子所谓"四十而不惑"于我似乎完全相反：四十岁以前的我是逢山开路，遇水搭桥，心无旁骛，勇往无前，知道命运的方向；而四十岁以后，对于世界包括人生在内的许多事情反倒迷惑起来。

几年后，本想在牛津大学访学期间彻底停下来，也算是对前半生的一种寂静的告别。一个春天的午后，内心细雨绵绵，徘徊在宽街边的布莱克威尔（Blackwell）书店里，一种积聚已久的失落感汹涌而至。回溯过往夜以继日的现实主义之修修补补，我又一次自责半生光阴虚掷，本应构建的想象世界何等荒芜！读大学时，曾立志"坐在海边写一部伟大的作品"，甚至为此留在了海滨之城工作。孰料这个"时代的裱糊匠"，此后东奔西走，一直在现实的泥潭里打转，至今一无所成。

在时空广袤的绵延里，平凡本是所有人的宿命和庙宇。对于一个虔诚的写作者来说，最令人沮丧的往往是现实主义背后可能的逻辑：如果写作只是东一榔头、西一棒槌地解决某些现实问题，那么当现实需要一颗钉子时，他就只能成为那样一颗钉子。而我还不得不随时接受来自内心神明的拷问——作为有主体性和自由意志的人，如何避免自己成为现实死心塌地的臣虏？

人终究是奔着大千世界而来，有着与生俱来的想象力和超越性。无论出生于何时何地，在浑浑噩噩或兢兢业业中浪费了多少光阴，只要决意追求想象中的美好，他就随时可能从并不美好的人世中苏醒过来，而不是继续在结构主义的穷途末路中玩转死气沉沉的填字游戏，以换取其他填空者的掌声。

活得越久，越觉得人生只是一场漫长的告别。不断离开过去的土地与人们，甚至过去的自己。或许未来正如往昔，在后半生开始之时，还需要再经历一次惶惑的童年。尤其最近几年，意识到曾经过于纠缠于现实的写作如挑雪填井，徒劳无功，我怀疑自己是不是走错了山冈和战场。更准确地说，我为写作上没有充分发挥想象力而变得焦虑。思想者若想不负此生，就不能只说一些自以为正确的现实之语，他还要用情于自己独一无二、不因时势变化而坍塌的想象之维。2018 年夏天，一场荒诞的网络指控更让我心灰意冷，不得不自问半生辛苦为何。

那段时间，时常坐在牛津基督教堂学院街边的长椅上书写思想笔记，内心总是回荡着夏多布里昂晚年的沉思："我的文学生涯功成名就，产生了它应该产生的一切，因为它只取决于我；我的政治生涯在成功之中突然半途而止，因为它取决于别人。"既尽力于现实，又用心于想象，夏多布里昂的一生有如钟摆。其实，没有谁不是活在现实与想象之间。真正吊诡的是，表面上不着一物的想象世界常常比变幻莫测的现实世界更可靠。

回想过往，凡我可以决定并开始去做的事情，只要努力，差不多都已心想事成；而一旦与别人相关，无论曾经如何正心诚意地做事做人，结果不仅千变万化，甚至完全与初衷背道而驰。所幸这人世间还有想象之维。这解释了为什么许多人宁愿沉醉于文艺，渴望过一种因诗意而自在的生活。

我没有紧随哲学家弗里德里希·尼采的步伐，但在一定程度上相信这个世界"没有事实，只有阐释"，相信诗意以及对美的追求是对无意义世界的有力拯救。现实试图将每个人训练成精密而精致的奴仆，只有那些能够响亮回答"问世间美为何物"的人才能够握紧自己的生命。在那里，纵使现实之兵日夜夺营拔寨，想象之城依旧坚不可摧。如王小波所言，一个人只拥有此生此世是不够的，他还应该拥有诗意的世界。而尼采也宣告，每一个不曾起舞的日子都是对生命的辜负。

想象之美

几十年来，斯坦利·库布里克导演的《2001：太空漫游》一直被奉为经典。在谈到这部电影的哲学寓意时，库布里克特别指出自己不为观众预设框架的创作原则。理由是，如果达·芬奇在《蒙娜丽莎》的底部标明"这位妇女抿着嘴笑，因为她有好多蛀牙"或者"藏着一个秘密，不能告诉她的恋人"，那么这幅画的价值必会大打折扣。在库布里克看来，这种画蛇添足会妨碍观看者鉴赏作品，使他们的思想束缚在某种"现实"之中。一部作品的最佳状态是让作者和读者可以先后收获巨大的想象。

不只是美国诞生于想象，人类一切文明都是各种想象的堆积。像我这样一介布衣，在江南乡下立下改造社会的誓言，当时所立足的与其说是现实，不如说是想象。人世常见之无常是，一个人少时贫穷，却富于想象，待他慢慢长大、强壮、衰老，拥有一堆钱财，却失去了想象。贫乏无味的工作，死气沉沉的婚姻，日日送往迎来，时而烂醉如泥，大多数人不得不活在亨利·梭罗所谓"平静的绝望"里。

要月亮，还是六便士？二者并不矛盾。同样，捍卫想象之美不是要逃避现实的荆棘，而是为现实留存想象的意义之维。想象之美不仅超拔于现实的污秽之上，更为世人提供了避难之所。中国人多视"安身立命"为一生的职责，或借现实安顿自己的身体，或以想象安顿自己的灵魂。有些人不堪现实生活之苦，会躲进想象世界里避难。为此，有人求诸文学和艺术，有人委身宗教和神灵。

现代社会随处可见的移民，在某种意义上也是从现实世界走向想象世界，寻找彼岸乌托邦。"Every refugee boat is a Mayflower"（每艘难民船都是五月花号），这是艺术家对移民浪漫而光荣的描述。而对于贫苦家庭的孩子来说，最初为他们穿透坚固阶层壁垒的正是想象。

本书多次提到托马斯·莫尔，后人铭记的不是他在现实中如何一败涂地，而是他在《乌托邦》中描绘的美好世界。所谓"在自己身上克服一个时代"，就是"生在此世又不属于此世"，是想象世界对现实世界的不可屈服。作家臣服于现实而非想象，是对作家这个行当的谋杀。人应该骄傲于自己所拥有的内心世界，就算不能昭示未来，至少可以自证并非现实世界的附庸。

意义本能与美的激情

作为一种精神存在，人不仅有弗洛伊德笔下的"生本能"和"死本能"，还有赋予意义的本能。若无赋予意义的本能，人便不可能拥有自我并拥抱世界。考虑到动物只有"生本能"而无"死本能"，"死本能"更有可能只是人的"意义本能"之延伸。比如，死亡可以帮助人逃避自由或奴役带来的痛苦，一毁俱毁指向的是对公正的追求，或为释放某种意义（如屈辱感）的压迫。如果说"生本能"指向的是人的肉身，那么"意义本能"指向的则是人的精神。刚出生的婴儿保持着动物的所有习性，只有当"意义本能"被唤醒之后，人才真正告别普通动物，成为高级动物。

"牡丹花下死，做鬼也风流""问世间情为何物，直教人生死相许"……在寻找意义的过程中，人无疑会受到"美的激情"的影响。这种激情既会指向日常生活中的声色犬马，又会指向对美好世界和美好自我的凝视，具体表现为对至爱、自由、正直、忠诚、崇高以及各种幸福乌托邦永不停歇的追求。由此出发，人世间的一切价值并非上帝之造物，而是想象之造物。

想象可驰骋于世界之无垠，却不得不面对人类之局限。在《西风东土——两个世界的挫折》一书中，我谈到美的激情是人内在神性的基础。遗憾的是，这种神性可能会因为人类自身的弱点而被个体的行为所扭曲，或者因外力而涂满现实的污秽。

回望当年的纳粹德国，许多纳粹分子在音乐方面都有着较高的个人修养，然而这一修养指向的只是他们个人的生活品质以及对其他种族的优越感。这些或可以归类于另一种意义上的"法西斯美学"，在那里，美没有走向人类共通的情感，而是筑牢了隔阂。当"第三帝国"的崇拜者不断以残暴的手段推进心中的乌托邦甚至不惜血流成河时，这个乌托邦注定会滑向它的反面。

简言之，对美的追求既可能通向善，也可能通向恶。更准确的说法应该是，美像天上的白云原本无辜于善恶，美向所有的寻找者敞开。瓦格纳的《尼伯龙根的指环》能慰藉失意中的史蒂芬·霍金，也会慰藉潦倒时的阿道夫·希特勒。希特勒曾经不无深情地表示，他生命中的每一个阶段都会回到瓦格纳。

寻美者互为深渊

大学时爱读凡·高，有句话终生难忘，大意是一个人千万不要让灵魂之火烧出来，却又必须让它永不熄灭。反之亦然：一个人要确保灵魂之火永不熄灭，又必须不让它烧出来。每个人都有心中期许的美好世界，这种期许并不会因为被冠以"美好"而成为绝对的善。即使一个社群内所有成员都认为自己建立的乌托邦为至善，在另一些人看来也可能是大恶。水泊梁山上的好汉们十分享受那种"大碗喝酒、大块吃肉、大秤分金"的生活，但对于被他们打家劫舍的人来说则是恶梦。

他人即地狱。这个世界最需要解决的问题是：如何避免寻美者因为"意义本能"和美的激情而互为深渊？

人生而自由，却无往不在结构之中。想起前不久坐火车回老家，差不多一夜未睡。因为在同一包厢里，另外三位男士不仅鼾声如雷，还不时发出撕咬空气的巨响。夜深人不静。也许他们都做了一夜的美梦，可在现实中，却给我制造了灾难。没有理由责怪他们，我只是不幸落入了与打鼾者共处斗室的结构。人之所以热爱打破旧制，通常也是因为既有结构不能如其所愿，甚至在其无处可逃时将他推入深渊。

严格说，美国并不只是一个国家，更是人类理想的熔炉。就像小说《美国众神》所描绘的那样，当不同国家的移民抵达新大陆，他们也带去了各自的神祇，继续在新大陆拼个你死我活。而现在，这个世界正在新神 AI（人工智能）的带领下，奔向另一个深不可测的未来。

尽管本书结尾处对人工智能的远景表达了忧虑，但并不意味着作者完全反对它的发展。无论如何，这是人类想象的一部分。需要看到的是，想象无边界，现实有限度。在想象世界里，人有着绝对的自由；而想象一旦进入现实，既可能带来自由，也可能带来强制甚至钢铁牢笼。这便是想象带给人的双重境遇。我担心的不是科学，而是科学崇拜使人类失去想象。人需要进入意义之境以栖息灵魂。最可怕的情形是，科学将完成一种想象对其他所有想象的宰制，就像曾经的政治极权一样"只能想象一种可能"。

爱因斯坦说，逻辑会把人从一个点带到另一个点，而想象力会把人带到任何地方。想象力是人类的知识之母，是人类生产意义、接近真理的途径。改天换地者常言为真理而战，可多数时候都是在为自己的意义而战。因为人有这样一种倾向，即把自己生产、接受的意义和想象视为真理。结果是以真理之名驱逐他者的意义和想象。人不是失去现实而一无所有，而是失去想象才一无所有。无论是彻底拒绝想象，还是只能想象一种可能，那样的社会与人生都不完整。

不可实现的乌托邦

《寻美记》着重探讨了"可实现的乌托邦"，这固然暗含某种想象。论人类经验，乌托邦多不可实现，这也是各种反乌托邦文学层出不穷的原因。

按斯蒂芬·平克在《人性中的善良天使》里的说法，伴随着对暴力的不断驯服，人类的未来越来越值得期待。然而，相较于想象世界，现实总是贫困的。不论过往历史中各种极端理论如何在世界各地绵延灾祸，时至今日，进步主义与消费主义依然在裹挟整个星球。进步意味着过去被不断否定，将来会更好；消费意味着人简化为消费者。

"层出不穷的匮乏"与"相对贫困"将会耗尽一代代人的热血，所谓"有品质的生活"像是一个欲壑难填的无底洞。不计其数的流水线每天都在生产海量的商品，而消费者却因为产品的更新换代与"狄德罗效应"①而变得捉襟见肘。在此意义上，现代人的匮乏与其说是因为自己还缺什么，不如说是因为别人已经有了什么。明白了人性中这种永不满足的现实困境，就不难理解为什么不会有一劳永逸的乌托邦。一个人的欲望尚且如此，遑论叠加着无数变量的群体与社会。

亨利·伯格森在论及滑稽何以产生时说到，那些听不见音乐的人认为那些跳舞的人疯了。同样，想要理解人类的历史与行为，就必须回到具体的情境以及人的条件。由此展开，乌托邦之难以建成或易于功亏一篑，至少受制于以下诸因：

一是人类理性的局限性。这既表现为真理迷离难求，还因为感性对理性的僭越，正如大卫·休谟的著名论断——"理性是激情的奴隶"。此前，布莱兹·帕斯卡亦谈到，即使是世界上最伟大的哲学家，如果请他站在悬崖边一足宽的板子上，无论理智如何告诉他此刻安全无虞，他对绝境的想象

① 又称"配套效应"，指人们在拥有了一件新的物品后，会不断配置与其相适应的其他物品，以达到心理上的平衡与满足。

必然占据上风。为此，帕斯卡不无悲悯地说："轻佻的理智啊！你是随风倒的，而且可以倒向任何方向。"

启蒙运动以来，人类对理性充满了"致命的自负"，以为借助理性可以预知未来，孰料最终酿造的却是巨大的"理性的灾祸"。关于这一点，齐格蒙·鲍曼在《现代性与大屠杀》一书中早有深刻剖析。同样，长期以来正统经济学家眼中的"理性人"或"经济人"概念也受到了广泛质疑。与行为经济学相关的研究不断证明，人类的理性很容易受到感性的支配，比如，人在失去一万元时的痛苦感远比得到一万元时的幸福感强烈。而且，得到会让人变得保守，失去则让人铤而走险。上述差异并非理性计算的结果，而主要是基于人的感受。

更不要说，普通人不会像聪明的经济学家那样借各种"理性的公式"来计算日常得失。为此，弥尔顿·弗里德曼不忘如此嘲笑自己的同行：经济学家都认为自己智商很高，所以就认为别人的智商也应该和他们一样高——这是典型的情商低的表现。换言之，"理性人"的提出实则脱胎于无数经济学家的集体自负。

二是乌托邦的相异性与人类追求的不确定性。虽然每个人都渴望乌托邦能够建成，但它们的内涵并不相同。就个体而言，其所追逐的意义和利益常常因时势和境遇而变；就群体而言，即使是一个自我标榜已经实现的乌托邦，也会因世代更迭所导致的"观念上的改朝换代"而瓦解。这解释了为什么从整体上看，人类的行为会表现为忽左忽右：时而激进，时而保守；时而奥巴马，时而特朗普……仿佛受着某种浪潮或趋势的裹挟。

如马克斯·普朗克所说，一种新理论之所以能够胜出，不是因为新理论优于旧理论，而是因为相信旧理论的人正在陆续死去。这一点同样体现在有关文学观念的演变上：古典文学的冲突主要发生在人与人、人与上帝之间，现代文学的冲突主要发生在人与自我、人与无上帝之间，而后现代文学的冲突主要发生在人与科技、人与作者之间。

三是人性的迷局与人的不可驯服性。世界上绝大多数动物都根据本能生活，机器也遵循一定的规律运行，因而在行为上具有某种稳定性和可预测性。而人类变化多端，永远无法驯服自己。人性中的欲望、恐惧、麻木以及各人对世界的深入理解都饱含着巨大的变量。甚至，作为一个时刻感到孤独的物种，集体死亡还会给个体带来慰藉。为什么有关世界末日的想象总能让许多人莫名兴奋？让·保罗·萨特曾经如此揶揄人性：想让一个正被执行死刑的人感到快乐，就告诉他转天将有彗星撞击地球，会毁掉这颗星球上的所有生命。

四是人类的非完整性。在《西风东土》一书的序言中我谈到"人类尚未形成"。直到今天，由极端种族主义所滋生的暴力事件依旧屡见不鲜。除了宗教激进组织的恐怖袭击，白人至上主义者的暴力冲动同样在不断发酵。2015 年，一位白人在查尔斯顿的黑人教堂内射杀了 9 名黑人；四年后，另一位白人在新西兰南岛基督城的两座清真寺以网络直播的方式枪杀了 50 人。相同的是，两人在大开杀戒之前都系统地表达了自己"重启种族战争"的目的，以此表明他们的杀人具有严肃的政治性。伴随着类似恶性事件的传播，在美国早已广泛使用的"OK"手势正在失去其本意，逐渐让位于代表白人至上的"WP"（white power），并在政治正确的压力下变成一种禁忌。

发生于个人、团体或国家之间的各种征战从来没有停止过，"修昔底德陷阱"（Thucydides's Trap）① 也因此被广泛讨论。

---

① 按古希腊历史学家修昔底德的说法，伯罗奔尼撒战争之所以爆发，是因为雅典实力的增长引发了斯巴达内部的恐慌。

五是人类生活的结构性。人固然有自由选择的权利，但又不得不时刻面对别无选择的困境。人生产结构，同时又自囚于结构，受其左右。启蒙运动以及对现代性的追求之所以曾经迎来血流成河，是因为它们不仅改变了人类的观念，更改变了结构。当杀死一群人就像在流水线上生产头颅，表面上看每一位具有流水线人格的操作者都在尽职尽责，实际上他们都不愿意为最终的集体之恶担负任何责任。这种日常的麻木变成了人在欲望和恐惧之外的第三性。

此外，还有技术发展的不可逆性和风险累积。创造的激情和技术对人性的迎合不断增强着这种不可逆性。1968 年，库布里克在接受《花花公子》采访时谈到，上帝已死，原子弹还活着。"即使我们真的设法让每个国家都解除武装，只剩下弓箭，我们还是不能够对人类施行脑叶切断术，以使他们彻底忘记怎样制造核弹头，我们也不能使人类彻底摆脱精神错乱，以便我们能够理性地使用核武器。"

我曾在一次接受采访时提到，牛津满足了我有关乌托邦生活的所有想象。当然这只是抒情，而非对现实的完整描述。就像肌肉在锻炼后需要撕裂，再好的乌托邦也应该是破碎的，否则它将无法成长。在此意义上，所谓"可实现的乌托邦"注定是阶段性的，即从一个"破碎的乌托邦"A 过渡到一个"破碎的乌托邦"B。就像一个操作系统，需要不断更新，否则就只能被抛弃。倘若人类真有一个终极乌托邦可以实现，我猜想它唯一的可能就是歌德所说的那黑暗而永恒的寂静。在那里，无悲无喜，生命重归虚空，并由此继续孕育无穷。

美国之美

"谁能不顾自己的家园，抛开记忆中的童年。谁能忍心看那昨日的忧愁，带走我们的笑容……"生长于20世纪六七十年代的人，对这首《明天会更好》不会陌生。这些年来，周围有不少朋友或熟人先后移民去了美国。

移民通常被理解为从一个"失意之邦"转向"想象之邦"。对于这些人来说，有一点不妙的是，伴随着逆全球化和反移民潮流的兴起，近年来欧美国家的排外情绪也变得日益浓厚，移民作为"闯入者"的身份被反复强调。

回顾美国的建国史，真正的闯入者是早期的清教徒。他们有着双重身份，既是闯入者又是寻梦人。毕竟，在他们到达美洲之前，已有印第安人在那里世代居住。历史的残酷是，当来自高势能文明的欧洲人抵达美洲，身处低势能文明的印第安人很快被平整进了他们脚下的土地。

对比两个时期的移民，当年吸引"五月花号"寻美者来到美洲的主要是他们有关未来的想象。由日渐成熟的欧洲逃向荒凉之地，像楚国的先民被逐出中原，"筚路蓝缕，以启山林"，直到一度成为世界上最强大的国家。而如今的移民所看重的是美国已经强盛的现实。就托马斯·莫尔的小说而言，这个强盛、民主并且奉行信仰自由和思想自由的国家可以说是一个"已实现的乌托邦"。

美国成为当今最强大的国家，固然受益于一代国父超越时代的理性，同样依赖于由地方到中央的成长结构。在《寻美记》中我着重谈到美国历史上那些有污点的国父。论道德品行绝大多数并不比市井百姓高明多少，只是因为他们承袭与创制的结构让恶因被压制，善因被培养，才有机会在美国渐渐孕育了托克维尔等人期许的未来。或许有人会为名誉而选择决斗，但就那代国父整体而言，他们恪守着这样一个准则——合作而不丧失自我，争执却不互相消灭。

需要看到的是，虽然有许多让人学习甚至敬仰的地方，但并不意味着美国是可以完整拷贝甚至立等可取的全人类解决方案。倘使每个国家都践行美国司法中的"长臂管辖权"（long arm jurisdiction）；都像美国一样毫无节制地维持高能源消费；为假情报打一场入侵他国的战争却不必担负任何人道主义责任；因意识形态上的对立封锁他国经济，使被制裁国的国民既受制于国内独裁又受制于国际群裁，这个开放的世界恐怕很快会彻底滑向它的反面。

这样说并非为了掩盖美国的光芒，而是强调每个国家都应该散发自己的光芒。这也是人之常情与本分吧。"普通人期盼着，天才却创造……天才的过度影响是下一个天才的敌人。"爱默生的这句话解释了为什么"虎父出犬子"。见贤思齐固然不错，但也需要担负并完成自己的使命，而不只是做他人生活的抄袭者。否则，爱默生的《论美国学者》（1837）就不会被视为美国的"思想独立宣言"而广为推崇。

我有迷魂招不得

人会不会有内心光芒散尽的时候？《寻美记》的出版较原定计划延迟了诸多时日，部分原因在我。过去，万字长序数日即可完成，这一次却是例外。一晃几个月过去，虽然每日依旧沉浸于阅读与游历，不时撰写思想笔记，但对于生活与命运，我似乎已失去言说的欲望。为远离日常的琐碎，我停用微博，关闭朋友圈，避开各种应酬。不为自己远遁苍茫，而是因为曾寄寓深情与厚望的世界渐渐消失难寻。

人要么做现实的奴隶，要么做想象的奴隶。我承认，自坠入现实的谷底，能将我拯救的是人生中仅存的诗意与想象。在 2018 年饱受攻击的时候，有两句诗一直飘荡在我的脑海里：一是鲁迅的"运交华盖欲何求"；二是普希金的"假如生活欺骗了你"。在秘而不宣的旅行日记里我写下了数万字的思考。虽是自言自语，通篇却没有一个"我"字。"我"在这个世界消失了，剩下的一切都是世相，包括我的生活。我变成了自己命运的旁观者。

> 我有迷魂招不得，雄鸡一声天下白。
> 少年心事当拿云，谁念幽寒坐呜呃。

中学时爱读李贺的《致酒行》，对最后这四句尤其念念不忘。那时候我已经爱上了文字，十六岁时还背着一本诗集去九江城投稿。九江城旧名浔阳，白居易当司马时叫江州，那一句"同是天涯沦落人，相逢何必曾相识"传扬千古。自我离开永修，当年的浔阳城已经由"小天涯"变成了"大故乡"。

离开英伦回到国内，有一天驾着车在快速路上奔跑，脑子里忽又飘出李贺的这句"我有迷魂招不得"。内心的那个我仿佛瞬间苏醒。此生迷魂难释。我首先是诗意的存在，然后才是人，走进芸芸众生。所谓诗意的命运，就是一首诗与另一首诗的交战。

亨利·伯格森的创化论曾惊艳一时。据其分析，生命冲动（elan vital）冲破物质阻碍，推动生命沿着两大路线进化：一条是低于理性的路线，在其末端产生了具有本能的膜翅类昆虫，如蜜蜂、蚂蚁；另一条是高于理性的路线，在其末端进化出了人。

天使与魔鬼长着相同的翅膀，在人的世界里同样存在这种生命的创化。有人终其一生成圣，有人终其一生成魔。无论创造还是毁灭，都因被生命的激情驱使而分向二途。在人性深处，那亘古未灭的野蛮在深情地呼唤每一个人。

回想年轻的时候，我的生命也在朝着两个方向发展：一是文字，二是暴力。所幸，我几乎被文字彻底驯化，做了自己想象世界的奴仆。此外，当祖母因贫病过世，我的胸前多了一块吊唁用的红布，那个曾经桀骜不驯的我随祖母一起下葬了。三十年后，即使受人恶意中伤甚至迫害，我却连"卑鄙"两个字都说不出口。

"众生即我，我即众生。"我相信任何人的不幸都是所有人的不幸。世人命运有别，不过是在世事中分饰各角。我无意于成魔或成圣，只想做一个能够护卫灵魂光泽的人。就像盲诗人荷马笔下的奥德修斯，虽然不能决定路上会遇到多少妖魔鬼怪，但可以坚定回家的方向。真正的英雄之美，不在于能否赢得一场战争，而在于关键时刻能够服从内心"非如此不可"的决断。

与其诅咒海水，不如建造船舶

《寻美记》以我的两次访美游记为线索，梳理了有关人类过往、现在和未来的诸多乌托邦梦想，并探讨美好国家何以可能。责编陈卓兄说，翻开《寻美记》，像是在看一部文字版的公路电影。我喜欢这种评价和在路上的感觉。若干天前看彼德·法拉利导演的《绿皮书》，也唤起了我在美国游历时的种种回忆。与那位黑人钢琴家不同，当年我只是孤身而往。

在诗人约翰·多恩笔下，"没有人是一座孤岛"。当看惯了世事沉浮，我更相信"没有人不是一座孤岛"，而连接这些孤岛的不是陆地，是海水。这像是一个双重隐喻——海水让孤岛互相隔绝，又让它们彼此连接。或许这样的解释才更符合人的境遇（human condition）吧。如果承认苦难的唯一价值就在于承载和生长价值，那么，与其诅咒海水，不如建造船舶。

回想过去这一年多，我把很多精力都花在了欧洲的画廊和博物馆里。世界变幻难测，我能够控制的只有自己的脚步与方向，继续做一个日夜奔波在路上的尘世游荡者，一个"除了人别无身份，除了美一无所知"的寻美者。

帕斯卡说他只喜欢那些一边叹息、一边寻找的人。而我愿以至高无上的诚挚，感谢那些让我赞不绝口的思想、艺术以及所有隔世相望的心灵。这些世间的精灵不仅见证了人世过往的荣光，也呵护着我今生的幸运，让我有缘时时刻刻深情触摸那浩瀚无际的大善与大美。无论生活中有多少疏离、背叛和伤害，世界依旧那么美！

《乌托邦》是托马斯·莫尔深沉的叹息。几十年来寻遍故乡与天涯，问东问西，我知道自己依旧留着一副略带忧郁的读书人模样。读书人一生长叹，是因为在他一生漫长的叹息声里，藏着一个美轮美奂的世界。

在终于要完成这篇序言时，美剧《权力的游戏》（*Game of Thrones*）最终季将在一个月后正式开播。该剧最让我感慨的是：在人世间的各种纷争之外，有那么一群"北境异鬼"（the white walkers）时刻昭示人类不幸的命运。而人终究要选择以自己的方式对抗生死荒谬。

既然注定要以热血讴歌生命，看空一切就只是徒劳。就此搁笔吧，愿所有寻美者无惧生活中的悲苦，内心宽阔明亮一如往昔。这个夜晚，独自坐在北行的列车上，我期待着一出戏剧的结局：任异鬼南下，凛冬将至，大地仍有温良在。

2019 年 3 月 19 日凌晨

定稿于津浔列车上

上　卷

第一章　想起了托马斯·莫尔

　　我是相信人性中有善良天使的。我还相信一个人总是比别人更容易理解自己的苦衷，相信自己有着善良的本性。然而，就算人性中的所有善良都是真实的，"诸善相加，成就恶行"的事情在人类历史中也并不鲜见。

一　为什么没去美国？

2012 年初冬。正午。天环客运站里人满为患。厕所地面潮湿，臊味扑鼻。这是世上最小的战场。好几个小便器坏了，像伤员一般被黑色塑料袋裹得严严实实。

提前十分钟，车站开始放人。正准备上车，被检票员拦住：

"怎么没盖章？所有进京旅客都要查验身份证。"

于是，我只好折回售票窗口，补盖红章。

顺利上车，取出挎包里的素描本，未来数日有关美国之所见与所思全靠它们记录了。我喜欢素描本，没有条条框框限制我的随心所欲。

此前十多年一直没什么热情去美国。也许是因为平日生活里接触了太多的美国元素，即便不去美国我也有足够多的了解。抑或与我当年的旅法经历有关。和许多法国人一样，小布什发动第二次海湾战争也是我所反对的。作为《南风窗》杂志驻欧洲记者，我为此特别撰文批评这一战争行为可能为伊拉克打开潘多拉魔盒。

根据美国国防部 2010 年 8 月 26 日公布的数据，从 2003 年 3 月 19 日开始，这场战争共有 4421 名美国军人死亡，3 万多人受伤。伊拉克方面，2006 年 6 月出版的英国权威医学杂志《柳叶刀》刊登了美国约翰·霍普金斯大学的调查，这场战争估计造成了 654965 名伊拉克人死亡，约占伊拉克总人口的 2.5%。也就是说，每 40 个伊拉克人中就有 1 人死亡。

　　时常见人夸耀说今日伊拉克 GDP 较战前增长多少云云，对此我并不关心。我关心的是在转型过程中有多少生命为此支付成本，而不是侥幸活下来的人获得多少收益。而这些通常都不是战争发动者需要考虑的。他们的一个决定可以使很多人灰飞烟灭，而他们的一个道歉让人记住的只是美德而不是错误本身。

　　事后证明所谓萨达姆的大规模杀伤性武器实乃子虚乌有。曼德拉曾激烈地批评英国卷入这场战争。而时任英国首相托尼·布莱尔在个人回忆录《旅程》一书中对自己的辩解是，萨达姆尽管没有大规模杀伤性武器，但有发展这种武器的意图。然而问题是，何谓意图罪？这世上哪个正常国家会以犯罪意图而不是犯罪行为将人治罪？最后，迫于巨大的平民伤亡，布莱尔还是公开道歉了，表示愿用自己的余生"对这个死亡的悲剧做出一定的补偿"。而美国方面，现任总统特朗普认为伊拉克战争是美国历史上犯下的最大错误之一。

　　最反讽的是当年拿着大锤砸烂萨达姆雕像的人。在接受 BBC 视频采访时他说现在想把那个雕像再扶起来，却又怕被人杀掉。战争带给他的痛苦是，"到处是腐败、内乱、杀戮和抢劫"，一个萨达姆倒下了，一千个萨达姆起来了。而当美军从伊拉克撤出，这个国家便和许多热点事件一样被人们遗忘了。

　　记得在伊拉克战争期间，巴黎的书架上摆满了各种夺人眼球的书籍，比如《为纽约去死吗？》《第三次世界大战已经开始》。后者可谓骇人听闻，预言人类将迎来又一次解决人口问题的机会。当俄、法、德以及中东国家纷纷战败，美国的先进和中国的深厚决定了这两个国家会成为最终的胜利者。

让预言家们失望的是，第三次世界大战并没有发生，而中东的潘多拉魔盒在随后的若干年里的确打开了。除了日常的混乱，还有"伊斯兰国"（ISIS）所呈现的登峰造极的野蛮。而中国和美国也没有以最后的胜利者姿态出现，到了2018年，两个国家你来我往，打起了贸易战。

尽管一度缺乏热情，当卡特中心（The Carter Center）来信邀我前去观察2012年美国大选时，我还是答应了。而且，我在大学教授的政治传播课程也有一些和选举政治相关的内容。

此外还有一个隐秘的理由。在收到邮件的那一刻，我不由自主地想到一百多年前托克维尔（Alexis de Tocqueville）在美国的那场孤独而深远的旅行。为此，早些年我还想过去印度漫游，写一本类似《论印度的民主》的书，只可惜日子过得庸常忙碌，终未成行。既然美国这次找上门来，那就不妨搁置前嫌，暂去观察一段时间。无论如何，此番由外而内，是进一步了解美国的机会。而我的许多学习与思考，正是在一次次孤独的旅程中完成的。

二　你从远方来，我到远方去

车窗外满是天光树影。膝上放着法国思想家让·鲍德里亚（Jean Baudrillard）的《美国》。鲍氏在书中说，美国是欧洲的人造卫星，现在人们在向这颗卫星转移。而且，美国是一个"已实现的乌托邦"（Utopia achieved）。

停下来，掩上书本。在我的生命中，乌托邦是个随时可以击中我的词语。谁不渴慕乌托邦？《诗经》里说的"逝将去汝，适彼乐土。乐土乐土，爰得我所"是寻找乌托邦；陶渊明杜撰得而复失的桃花源，也是寻找乌托邦。传说中的桃花源有好几个地方，其中一个就在庐山脚下。我曾寻访那条漫长的峡谷，离我老家所在的村庄不过几十公里。年少时留恋故乡的山水，最期许的生活就是有几个情同手足的兄弟住在一起。不稀罕水泊梁山里的大碗喝酒、大块吃肉，只愿日出锄头，日落诗歌，不亦快哉！可叹中学毕业后，我们这些农家子弟各自上了大学，进了不同的城市，从此聚少离多，星散天涯。故乡也在漫长的岁月里渐渐改变了模样。

2018 年春天，得知其中一位兄弟的父亲过世。坐在牛津的公寓里，禁不住泪流满面。回想当年在兄弟家里玩乐时的情景，我相信自己在那间土坯屋里望见过天堂。由于后来不再有人住了，那间老房子早已经湮没在荒草之中。直到从兄弟那里得知这个不幸的消息，我才猛地感到那个土坯房在坍塌。我絮叨此事，是想说故乡之于我的意义不在风土，而在人情。

就算美国是所谓"已实现的乌托邦"，对我而言其首先是"他有之乡"。相较于乌有之乡，他有之乡的美好是真实存在的，但同时又或多或少基于某些想象。因为人有在未知之境建构完美世界的倾向，所以兰波说"生活在他处"，海子也说"你从远方来，我到远方去"。

回顾世界历史，革命者热衷于在本土追求乌有之乡，而移民者热衷于在异域寻找他有之乡。前者否定本地的过去，追求人间天堂的完美，往往脱离实际；后者肯定异域的过去，并未完全离开尘世，因而可以接受其瑕疵，并且积极融入其中，参与建设。这是革命与移民的区别。倘若移民国家较革命国家具有某种绝对优势，莫过于此。至于早期欧洲"拓荒者"对于印第安土著的态度，其间挟带的血与火，当说并非"移民"二字所能概括，它更带有"移师"的况味。

迷蒙中睡去，醒来时已经下午两点多。车子刚到北京界，又堵上了。我身后的一双男女叽叽喳喳聊了一路，突然停了下来——"是不是发生车祸了?!"

没有车祸。只是路过进京检查站。时间慢慢流淌，塞上耳机，听手机里预存的几首20世纪80年代的老歌。隔绝了外面的世界，却又留下了它的光影。

单曲循环《我的未来不是梦》。鲍德里亚说美国人善于把理念变成现实，旧欧洲所梦想的一切，在那里都成为现实，包括正义、富庶、法治、财产和自由。回到旧欧洲当年的困境与梦想，鲍氏所言不无道理。然而如果面向未来，我又忍不住去想那个"已实现的乌托邦"距离"反乌托邦"有多远。

美国成为自己的立法者。托马斯·潘恩（Thomas Paine）在《常识》里的声音至今言犹在耳——"如果良心的激发是苍天可鉴的、始终如一的和坚贞不渝的，那么人们就不需要别的立法者了。"问题是：良心靠得住吗？什么才是良心的尺度？

三　乌托邦与新大陆

回到16世纪的英国，莫尔依旧生活在一个残酷的时代。在《乌托邦》里，他批评了英国的种种积弊，并设想了一个美好国家所应具有的诸多特征。而这一切，若干年后，我可以轻而易举地在大西洋对岸找到诸多相似性。

1. 航海时找到一块乐土，而且岛上有原住民

在欧洲历史与文化中，美国被称为"新大陆"——在某种意义上说也是被发现的更大的岛——事实上美洲早有原住民。而乌托邦岛从前叫阿布拉克萨岛，得名于后来征服它的乌托普国王。按《乌托邦》里的说法，乌托普国王一登上本岛，就取得了胜利。

2. 不断演化的宪法草图

美国经华盛顿等一代国父设计蓝图，并由其后若干代人进行完善。这方面尤其体现于若干宪法修正案，包括其他政治、经济与社会的改革。而这些细节性的改进都有一个前提，即不违美国的立国之本。莫尔没有详细介绍乌托邦岛宪法的内容，只提到该法规定："在公共需要不受损害的范围内，所有公民应该除了从事体力劳动，还有尽可能充裕的时间用于精神上的自由及开拓，他们认为这才是人生的快乐。"乌托邦城全部设计"最初是由乌托普国王拟出草图的。至于修饰加工，他看到这不是一个人用毕生力量所能完成的，就留给后代去做"。

3. 议会民主制

建国伊始，美国即确立了主权在民的原则，并实行议会民主制。从整体上看，乌托邦岛实行的也是议会民主制。一方面，摄护格朗特、特郎尼普尔等官员由选举产生。总督由全体 200 名摄护格朗特秘密投票产生。全城分四个区，每个区提名一个总督候选人。总督是终身制，除非因阴谋实施暴政而被罢黜。另一方面，议事会对国家事务有决定权。任何涉及国家的事，在通过一项法令的三天前如未经议事会讨论，就得不到批准。

4. 联邦制

美国推行联邦制，其最大的特点是分权，主权由联邦和各州分享。这既尊重了美国各州长期以来就拥有的独立行使各种权力的传统，又适应了美国当时亟须扩大中央权力的要求。而在乌托邦岛，全岛共有五十四座城市，彼此的语言、风俗、制度、法律完全一样。其中，位于岛上中央的亚马乌罗提城是国家的首都。莫尔认为，国家就是各个城市的联盟，国家政权的结构形式属于联邦制。联邦是由若干联邦单位组成的统一国家，国家整体与组成部分之间是一种联盟关系。"每年每个城市有三名富于经验的老年公民到首都商讨关系全岛利益的事情。"

5. 以农立国

立国之初，美国曾经有汉密尔顿和杰斐逊的著名争论，前者认为应该学习西欧以工业立国，后者则主张农业立国，这自是受到了法国重农学派的影响。尽管美国后来主要是沿着汉密尔顿设计的道路前进，但美国从来没有轻视过农业，而且意识到农业大发展是实现工业化的前提。

乌托邦岛虽有城市，但很多城里人都要到农村完成耕种的任务。农村到处是间隔适宜的农场住宅，配有充足的农具。市民轮流搬到这里居住和工作两年。之所以经常更换，是不想让有的人长期从事这种艰苦的工作。而如果有人觉得干农活是美差，也可适当延长时间。

6. 宗教信仰自由

相较于美国，乌托邦岛也有名目繁多的各类宗教，有人崇拜日神，有人崇拜月神，有人崇拜遥远宇宙的某颗星辰。即使他们相信存在着某个至高无上的神，不同的人对这个神也可以持有不同的观点。

7. 部分保留了奴隶制

华盛顿时代的美国并没有完全废除奴隶制，这既是美国国父们的局限，也是莫尔的局限。乌托邦岛同样没有废除奴隶制，只是略显开明。其奴隶主要来自乌托邦人在作战中亲自擒获的战俘、奴隶的小孩以及他们从外国获得的处于奴役地位的人。此外还有两类：一类是在本国犯重罪以致罚为奴隶的，另一类是他国死囚。多数奴隶属后者。他们有些是被廉价买来的，有些是不花钱要来的，不但要不断做工，还上了锁链。另外还有一些甘愿为奴者，他们是其他国家难以为生的苦工，这些人在乌托邦有良好的待遇，只是工作艰苦一些。如果有人想离去，乌托邦人不勉强他们留下。这些奴隶其实不是严格意义上的奴隶（这让人想起美国早期的某些移民）。

8. 一夫一妻制

虽然摩门教等宗教社群存在一夫多妻现象，美国主流社会实行的仍是一夫一妻制。莫尔所处的时代，世界绝大多数地方实行的都是一夫多妻制，而乌托邦人却是地球上唯一实行一夫一妻制的民族，除非发生死亡，不致婚姻关系中断。为了确保一夫一妻制，乌托邦人制定了严苛的律法，比如婚前私通者将被禁止婚嫁，除非总督宽恕其罪行。在选择配偶时，男女都要一丝不挂。理由是，买匹马都要全身看看，何况是要共度一生的人。而破坏夫妇关系的人将被罚作最苦的奴隶。

9. 重视思想和科学

美国之所以繁荣，一个很大原因是其重视思想自由与科学研究，并借助移民政策笼络了来自世界各地的知识精英。同样，乌托邦人喜欢读书。每个城市里都有许多可免除其余一切工作以便专门从事学术工作的人。他们通过本国语学习各科知识，这种语言词汇丰富。乌托邦人对星辰的运行、天体的运动极有研究，而且他们巧于发明各式仪器，用于十分精确地观测日月星辰。

10. 尚武精神、主权干预以及必要的侵略

美国主张私人拥枪权，不仅为了公民自卫，也因为美国人的血液里有尚武精神。与此同时，尽管美国也曾提出门罗主义，而特朗普也声称"美国优先"，但美国从未真正放弃主权干预的政治道义论。

乌托邦人虽然痛恨战争，但不论男女都会在固定的日子里刻苦地参加军训，锻炼自己，唯恐他日不能作战。他们出战仅是为了保护本国领土，或驱逐侵入友邦的敌人，或出于怜悯某个受专制压迫的民族而用武力把他们从暴君的桎梏和奴役下解放出来，这是人类同情心所激起的一种行动。乌托邦人援助邻邦，通常不是为了给予保护而已，有时也是替邻邦报复所曾遭受的损害。

如果有民族听任自己的土地荒废而不去利用，又不让按照自然规律应当依靠这片土地为生的其他民族使用，那么乌托邦人认为这是作战的绝好理由。

11. 不惜代价保卫侨民

美国重视对海外侨民的保护。同样，假如一个乌托邦公民在任何地方因受欺侮而成为残废或丧命，不管是出于某一政府或某一私人的阴谋，乌托邦人首先派出使节查明事实真相，然后在罪犯未被交出的情况下，不肯善罢干休，而是马上宣战。如罪犯被交出，乌托邦人将其处以死刑，或贬为奴隶。

12. 寻找并瓦解敌人的外交政策

对比美国寻找、分化、消灭外在的敌人的种种策略，在金钱外交、培养代理人以及暴力推翻外国政府等方面，《乌托邦》为美国提供了一份外交指南。

一经宣战，乌托邦人会设法同时在敌人境内主要地区秘密张贴无数布告，其上因有乌托邦人的公印而起到更大的影响。布告上言明凡杀死敌国国王的将受重赏，同时也会重金收买投诚者。高价收买敌人在别处被谴责为不道德的残忍行径，而乌托邦人认为这是很光荣的，因为它兵不血刃地结束了一场凶恶的战祸，避免了敌我双方大批无辜人陈尸疆场。"他们既同情本国人民，也同情敌方的人民。他们知道普通人不会自愿走上战场，而是被国王的疯狂所驱使的。"而"如这个策略失败，乌托邦人就在敌方播下不和的种子，鼓动内讧，挑唆王弟或大臣觊觎王位。如此计又不成，他们便唆使敌人的邻邦卷入纠纷，重新提出早已遗忘的领土要求，这类要求是国王们从来不会缺乏的。乌托邦人应允在战事中给予支援，对于金钱捐助非常慷慨，但不轻易派出自己国家的人力。他们非常珍惜本国公民，相互重视，以至不肯用任何一个同胞去换取敌方的国王。至于黄金白银，他们之所以储存仅是为了这个用途，因此他们尽情付出，毫不吝惜"。

13. 尽可能在海外作战

在某种意义上说，美国算是建立在枪杆子和笔杆子之上的国家。规章制度的建立，如宪法之制定与完善，自然少不了一行字一行字地讨价还价，但在紧急时刻，也会不犹豫地拿起枪杆子：立国前对美国独立说 YES 靠枪，立国后对南方独立说 NO 也是靠枪。不过，回溯两百余年的历史，虽然美国参与了无数战争，但绝大多数都发生在海外。

在莫尔笔下，一旦遭遇侵略，乌托邦人会立即调动大批军队出境迎击。他们不轻易在本国国土上作战，更不会让外国援军进驻乌托邦岛。与此同时，乌托邦人还会利用自己的巨大财富，从四面八方特别是从塞波雷得人（Zapoletes，从希腊语杜撰，意为"急于出卖自己的人"）当中招募雇佣兵作战。而这些人原本不是乌托邦人，他们为了少量报酬，不惜在战场上战死。"这个民族愿意供乌托邦人驱使，对任何一方作战，因为他们受雇于乌托邦人所得的钱比起从任何地方所得的为多。乌托邦人既罗致善良的人加以合理使用，也招募这些坏蛋给予不正当的使用。一有需要，乌托邦人对塞波雷得人以重金为诱饵驱使其从事极大的冒险。""乌托邦人丝毫不介意有多少塞波雷得人为他们送掉性命，认为自己如能扫清世上这些万恶可厌的人类渣滓，将为世人带来最大的好处。"

14. 标榜王师与人道主义

和美国努力塑造的"自由世界之捍卫者"形象相比，乌托邦人同样标榜王师与人道主义。"如乌托邦人得胜，绝无滥杀情况，他们宁可俘虏败兵，而不将其处死。"当他们的储备足够两年供应时，会将剩余部分运销到别的国家。对于大部分外债，乌托邦人从不索偿。"这笔钱他们用不着，对别人却有用，因此他们认为将其从别人那里取去是不公平的。"如果和敌人签订了停战协定，乌托邦人就严格履行，即使在敌人挑衅的情况下也不破坏协定。他们从不蹂躏敌人的土地，不烧毁敌人的庄稼。他们倒是要自己的人马远远离开这些庄稼，不得践踏，让其长好可供自己享用。他们不伤害非战斗人员，做密探者除外。他们对投降的城市，秋毫无犯。即使是攻破的城市，他们也禁止劫掠。但他们会处死那些反对投降的敌人，把其余参加守卫的敌兵贬为奴隶。

15. 安乐死

如果需要，我还可以为二者找到更多神似之处，比如安乐死。1997 年，俄勒冈州成为美国第一个实行安乐死合法化的州。虽然尚未普及，恐怕也是大势所趋。而在乌托邦岛，原则上也是赞同安乐死的。如果一个人的病治不好，而且因此痛苦缠绵，那么教士和官长都来劝告病人，既然他已不能履行人生的任何义务，拖累自己，烦扰别人，不如怀着热切的希望，从苦难的今生求得解脱，如同逃出监禁和拷刑一般。或者他可以自愿地容许别人解脱他……听了上述的道理而接受劝告的人或是绝食而死，或是在睡眠中解脱而无死亡的感觉。

如果只有上述内容，读者或许会以为这是乌托邦的政教当局为了减轻社会负担而做的不义之举，不过莫尔强调这完全是基于一种人道主义考虑，因为"乌托邦人绝不在这种病人自己不愿意的情况下夺去他的生命，也绝不因此对他的护理有丝毫的松懈"。

列举以上种种相似之处，并非断言美国是一个完全以《乌托邦》为蓝图建立的国家，而且有些方面并不尽如人意。然而我不得不承认，无论是观照今日美国还是世界其他地方，《乌托邦》与几百年来人类生活的现实演进具有某种关联性。

四　美国病人

如上所述，美国在很大程度上实现了莫尔的乌托邦理想，比如民主制、联邦制、一夫一妻制、宗教信仰自由等。有的地方似乎更进了一步，比如对婚姻制度的宽容、奴隶制度的彻底废除。

与此同时，也有一些理想完全没有实现，比如实行公有制、取消货币等。有一种说法是，莫尔之所以写作《乌托邦》，是为了回应当年有关私有制的争论。显然，为了建设一个可以期许的美好世界，莫尔支持废除私有制。然而，现实中的美国完全与此背道而驰，它延续的是源自古希腊罗马时期的私权传统。

在财货方面，乌托邦人相信金不如铁。"在乌托邦，尽人皆知的是，金银的有用性远逊于铁。没有铁，就像没有火和水，人类难以生存。大自然像仁慈而宽容的母亲，将一切有用的东西，如空气、水和土地一样，向人类展示出来，而把没有用的东西藏了起来，人类却因为物以稀为贵，愚蠢地把那些没有用的金银当作宝贝。"与此相反，美国不仅出现了席卷西部的"淘金热"，甚至整个国家一度走进了拜金主义的泥潭。而今日的经济金融化也被广为诟病。

此外，不同之处还有：美国的某些国际干预也并非完全如其所标榜的那样是"王师"所为，否则美军不会在越南战争中大量使用橙色剂；在乌托邦岛上，原住民权益得到充分的保障，而在美国则出现了针对印第安土著的大规模屠杀与驱赶。

2018 年的某个春日，因为在牛津看病，我偶然看到迈克尔·摩尔（Michael Moore）十年前拍的纪录片《医疗内幕》（*Sicko*）。影片一开始介绍了生活在美国的几个没有医疗保险的人。其中一个叫瑞克的穷人两根手指被意外切断，医生告诉他接上这两根手指各有价格（中指 60000 美元，无名指 12000 美元）。无奈囊中羞涩，可怜的瑞克最后只能选择接上无名指，而不得不将中指扔进填埋厂。这只左手仿佛一个隐喻，在厄运面前，他保卫了无名，却无法竖起中指嘲笑生活。

关于梦想与现实的差距，莫尔是这样写的——"乌托邦人对病人热心照料，不令他们缺乏任何能恢复健康的东西，医药饮食，无不供应周到。对患不治之症的病者，他们给予安慰，促膝交谈，力图减轻其痛苦。"

五 不完美的人

延续但丁的传统，莫尔同是基督教人文主义者。他们相信，希望不只在彼岸和未来的天上，而且还在此岸。只要合理地利用理性，便可以建立人间天堂。在此意义上，《乌托邦》便是人间天堂的一个样板间。

回到莫尔所处的时代，其笔下的乌托邦岛仍是以国家为本位。严格说来，他所要建设的国家并非人类命运共同体，即使在一国之内也不是。乌托邦岛为读者呈现的依旧是一个等级制社会，那里有本国人、盟友、被救济者、敌人、奴隶以及炮灰。

同样耐人寻味的是理想与现实的脱节。《乌托邦》主张信仰自由、宗教宽容，而在英王亨利八世执政时期，当莫尔得到提拔后，却在某种程度上背离了自己在宗教改革前的人道主义理想。他对德国宗教改革家马丁·路德和英国宗教改革家威廉·廷德尔等人大加鞭挞，不仅辱骂他们是"下流书籍的作者"和"魔鬼"，还要把这些异教徒送进地狱。这是那个时代的局限，而且这种局限深藏于人性之中。不同教派之间的迫害，与其说是因为信仰，不如说是源于力量对比的差距。

在《关于邪道的对话》中，莫尔自称是奥古斯丁的信徒，而奥古斯丁主张对异教徒必须采取暴力措施，甚至不惜处死。而且，对于被处死者这似乎还是一种恩德，可以使他们堕落的灵魂摆脱永久的痛苦。莫尔同样相信，1531 年把路德在英国的追随者——被指责为散布异教邪学的托马斯·比利涅伊活活烧死是完全合法的，因为这个异教徒的灵魂将由此得到拯救。而另一方面，为莫尔的行为辩护者也指出，莫尔之所以有此强硬的态度，和他对法律的信仰有关。而这也是他敢于冒死反对亨利八世的原因。

如果正义可以主宰尘世，那么这个世界就会有最良好的秩序。这是但丁的信条。但丁相信基督教的道德力量，并希望在此基础上建立一个人间的理想王国。然而，正义从来不是一个真理性的概念，并不具有唯一性。人类难逃互害，正如伏尔泰所言，"人人手持心中的圣旗，满面红光地走向罪恶"。

有一个问题总在我的脑海中盘桓不去——不完美的人，怎么可能设计出完美的制度？就算设计出一个完美的制度，又通过谁来实施？所以，我宁愿相信人世间的一切乌托邦都只是阶段性的，而非终极性的。盘点人类文明的艰难历程，亦不过是从一个梦想走向另一个梦想，而每个阶段都伴随着或悲或喜的故事。

六　善良天使

终于走到了 T3 的 E29 登机口。每次走进机场，其内在的形状都会让我不由自主想起女人的子宫，一条漫长的受孕和分娩通道。若干年前赴法留学，当我走出飞机踏上戴高乐机场的土地时，曾经有过一种离开母体的幻觉。

第一次去华盛顿坐的是美联航 UA898 次航班。回想这万余公里的天空之旅，有印象的似乎只有一件事。在我右前方坐着一位犹太人，一路上一直在读一本厚书。犹太人爱读书本不是什么稀奇事，有意思的是他的眼镜。通常，我看书时会打开头顶上方的阅读灯，而这位仁兄的眼镜两侧却自带LED 射灯。当其他人睡意昏沉，他却像一个戴工帽的矿工在空中挖矿。

我终日带着游思，按图索骥，查找资料，而每一条信息总是连着另一些信息，我常会为初次接触到的某个人名或概念在维基百科上花上一整天时间。这种曲径通幽，直至豁然开朗的感觉，我称为"早上点亮一盏灯，晚上点亮一座城"。

过去几年间，每当我动念将自己在美国的旅行笔记整理出来时，脑子里总会浮现出鲍德里亚的那句话——美国是"已实现的乌托邦"。这位涉猎广泛的思想家没有细陈原委，只是浮光掠影地道出了这样一种印象。而我却循着这个印象走进一道窄门，并且看到了开阔的风景。

因为鲍德里亚的一句话，我试图将莫尔的作品与美国的历程联系起来。事实上，长期以来我对各类乌托邦或反乌托邦作品都较有关注。通常，尤其在反思二十世纪革命及其波折时，许多人对乌托邦实践都难免抱以负面评价；历史书和新闻纸上总是写满了人世间的坏消息，然而如果放宽历史的视界，鲍德里亚所谓"可实现的乌托邦"则提供了另一种视角。假以时日，那些合乎人性的美好是有可能实现的。当斯蒂芬·平克不吝赞美"人性中的善良天使"，我也在人类过往的乌托邦实践中看到了善之可能。人性固然经不起时间的考验，但时间却能为人类成就一些事情。反之亦然。

论及《乌托邦》的起意与完成，莫尔或多或少受到了同时代学者伊拉斯谟的影响。伊拉斯谟是人本主义先驱，他曾经在欧洲各地游历，并在伦敦结识了莫尔。虽然两人曾经有过剑拔弩张的争论，但伊拉斯谟对理想之邦的描述还是打动了莫尔。伊拉斯谟幻想有那样一个国家，人人能得到自己想要拥有的一切，而且不会受到欲望过量的折磨。据说在该书出版之前，莫尔曾将草稿寄给伊拉斯谟，当时附加的书名为 "Nusquama"，一个由拉丁语 Ne（not）+usquam（anywhere）合成的词。经过与伊拉斯谟的多次书信往来，这一题目最后被替换为希腊语 "ou"（没有）与 "topos"（场所）的合成语，即后来的 "乌托邦"。

值得一提的是，在希腊语中，与 "ou" 形音相近的另一个前缀 "eu" 则有善良、理想、富足等肯定性的美好内涵。而《乌托邦》也借诗人之口声称乌托邦岛国的名字相较 "utopia" 更应被称为 "eutopia" —— "一个幸福之乡"（a place of felicity）。美好，但不存在。从一开始乌托邦一词就介乎肯定与否定之间。至于莫尔本人，他曾解释自己倾向于将 "Utopia" 理解为 "美好" 之邦，而不是 "乌有" 之乡。

回到那一天的美联航 UA898 次航班。当飞机跨越太平洋，我的脑海里有过一些模糊的历史性画面。曾经有一群失意的欧洲人，花几个月的时间远离故土，漂洋过海，只为寻找新生活，建设理想家园，其中许多人甚至都没有到达目的地，便直接在船舱里死于非命……对比当年移民者的艰辛，我在高空中所能看到的只有阳光万里，而且只需十来个小时便可以完成一次时空转换。现代科技带给人类的福音，是托马斯·莫尔爵士不曾领略甚至想到的。世事难料，莫尔同样没有想到的是若干年后他自己会在伦敦身首异处。

而此刻，当我坐在牛津的图书馆里继续整理几年前的这些思考与回忆，窗外正飘着细雨。五百多年以前，莫尔曾经在这里学习希腊文和拉丁文，其《乌托邦》手稿便是用拉丁文写的。1516 年，正是在伊拉斯谟的帮助下，该书得以在比利时的鲁汶首印。而它被翻译成英文在英国出版已是 1551 年，那是莫尔离开这个世界 16 年以后的事了。

人类的历史总是在美好与乌有之间徘徊。无论如何，我是相信人性中有善良天使的。而且，我还相信一个人总是比别人更容易理解自己的苦衷，相信自己有着善良的本性。然而，就算人性中的所有善良都是真实的，"诸善相加，成就恶行"的事情在人类历史中也并不鲜见。

未来的雨都已落在未来。未来会怎样，仍无人知晓。

第二章　华盛顿

人是天地之间、众生之中最幸运的一群，因为人有理性之光与自由意志。虽然这些才能禀赋常常将寻梦者推向深渊，演绎了一幕幕乌狗自救的迷失与悲怆，但也赋予了人类在痛定思痛之后不断超越苦难的可能。

一　黑人国家

到达华盛顿杜勒斯国际机场已是晚上七点半。由于未通地铁，只好打车去位于纽约街的一家宾馆。半路上发觉路途遥远，便与司机商量是否可以将我放到转乘的地铁站。司机没有反对，把我送到了橙线 West Falls Church 站，并且郑重声明他开的是机场正规的出租车，没有给我绕弯。这让我多少感到有些歉意。

如今我已经完全忘了司机的长相，只记得一路上闲聊美国大选时，他说上一届能够明显感觉到奥巴马比小布什强，所以毫不犹豫地把票投给了奥巴马，而这一次现在还没有拿定主意，因为忙于生计，两位候选人的电视辩论也没怎么留心。不过从感情上说觉得应该再给奥巴马一次机会。

终于上了橙线，不理解为什么华盛顿没有开通杜勒斯国际机场的地铁。这哪里像是堂堂大国的首都，才晚上十点，大街上早已寂静无人，地铁里也是三三两两，甚至看不到商业广告。唯一见到的是霍普金斯大学 MBA 班在招生，上面写着 "Be a seed planter, not a bean counter"（做一个播种者，而非数豆子的人）。

然而我喜欢这样的华盛顿。在美国的城市布局中，不是权力越集中的地方越繁荣。华盛顿只作为政治中心存在，它不像许多国家的首都，既是政治中心，又要做经济中心、金融中心、文化中心，甚至还要做体育中心。

半路上忙于整理笔记，错过 Metro Center 站，直接到了 Federal Triangle 站。从字面上看它是联邦三角形，通常被翻译为"联邦三角地"，是白宫、宪法林荫大道和宾夕法尼亚林荫大道围成的联邦三角办公区。而这个三角也迎合了我有关美国三权分立的某种想象。了解美国制度设计的都知道，在美国不仅有横向的行政、司法、立法三权分立，还有联邦、州、地方的纵向三权分立。前者的主要目标是权力制衡，后者则为保卫地方自治。在此架构下，总统不能免去州长的职务，也不能对大学校长指手画脚。

接下来的路途并不顺利。拖着越来越沉重的行李，我在华盛顿街头流浪了两个多小时。这主要怪我弄反了方向，本来是要去纽约街的东北，我却去了西北，没有找到宾馆，倒是找到了一个警察局。待自己明白过来，只好原路返回，从西五区踱回东五区，经过十个 Blocks（街区）就到了。

好在我随遇而安，并不因此沮丧。迷路是旅行中的重要一环，我相信冥冥之中自有天意。人生不就如此吗？有些路是我自己选的，有些遭遇完全来自阴差阳错。这就是旅行当中的"天人合一"，既有来自一己的意愿，也有不可操控的天意。当旅行结束，唯一长存于心的不过是一路上的种种感受。比如当日此时，当我流浪在华盛顿黑漆漆的街头，看到一路上尽是或三五成群或孤独游曳的黑人时，心里总免不了要提防着什么。

不过现实并不糟糕，这些夜游神看起来都很安静，如小区夜晚的猫，不吵不闹，除了一个黑人站在路边喊着些不着边际的话，像是给我这个异乡人兜售他的思想土特产与人类的未来。

真正危险的是我穿过一座正在修葺的大桥，由于没有人行道，我不得不在黑暗中沿着右边车道行进，那一刻我感觉自己变成了一只误闯高速公路的野兽。这多少让我有些后怕，人生的际遇谁说得清呢？有时我们只为寻找归宿，却又在不经意间将自己置于始料未及的危险之中。

到达宾馆已是凌晨三点。由于时差，此时全无睡意，便和前台的黑人小伙子闲聊起来。那是一位33岁的埃塞俄比亚移民，几年前获得了美国国籍。在上一届选举中，他毫不犹豫地投了奥巴马。结果出来后，他和黑人朋友们都高兴得不得了。

"我一直在支持他，今年还会投给他！"

"为什么？"我有些明知故问。

"因为他追求公正，关心中产阶层和草根阶层。"

接下来的话题五花八门。黑人说作为第一代移民，他在美国很忙，一直没有回埃塞俄比亚看望父母。

"我正在学医药学，希望将来能多赚点钱。"

想起此前看过的有关"谁是典型美国人"的讨论。讨论者都是像这个年轻黑人一样带着些许异国口音的外乡人与寻梦者。

说到埃塞俄比亚，黑人不无骄傲地说这个国家从来没有被彻底征服，意大利人、英国人最后都被赶走了。

"现在埃塞俄比亚有天主教、伊斯兰教和东正教。我信东正教，我相信上帝的存在。我想知道你们中国人认为人死后会去哪里？"

我说这个世界上没有"我们中国人认为"这个整体性看法，大家想的可能不一样。有的信仰基督，有的信仰佛陀，有的只关心祖宗与儿孙，有的相信死后归于虚无，有的什么也不想。而我只想过好此生此世，而且根本不认为有完美的世界。

"完美是有关终点的幻象。世界在运动，绝无可能只停留在某一个点上，除非世界已归于寂静。更何况，不完美的人类既没有能力创造也不配享有完美的世界。客观说，这个世界本无所谓完美不完美，它只是从来而且永远不会完全符合人类的意愿……"我说。

那一刻，我相信宇宙永恒的黑暗与寂静令人敬畏神往。

黑人点头称是，接下来又问了我一堆问题，比如：为什么你穿的衣服这么好？在哪里买的？中国人是不是都不太好找老婆？

我哑然失笑，再普通不过的西服而已，于是反问他何来此问。黑人解释说，有关中国的这些细节是他通过一部纪录片了解到的。那一刻，反躬自问，我关于其他国家的想象有多少不是通过他人的二手信息获得的，其中又有多少是真实的？如果真想了解一个地方，就要亲身前往。有条件的话，可以在那里走过四季，取样于年复一年的轮回。

我们聊了两三个小时，其间陆陆续续进来了好几拨投宿者，都是清一色的黑人。初到华盛顿，我仿佛进入了一个黑人国家，就像几年后我来到牛津，一开始住在牛津东边，恍惚之间，总觉得自己生活在南亚。

二　白宫前的抗议者

在纽约街地铁站买了一天的通票，售票员是个黑人妇女。当被问到将投票给谁时，她有些兴奋——"奥巴马！他代表公正。"

有时候我也是个庸俗的旅行者，既然到了华盛顿，免不了要去看看白宫。那天，我在拉法耶特公园的长椅上坐了许久。天气并不好，灰蒙蒙的像是要下雨。满地落叶，几只松鼠在草坪里觅食，不时蹿上附近的梧桐和银杏树。隔着白宫的马路上是各种肤色的游人，不时有人骑着 segway（摄位车）飘然而过。

虽在异国他乡，那一刻我却感觉到了生活的风平浪静与细水长流。独自一人，坐在初冬公园的长椅上，看着眼前无挂无碍的人群熙来攘往，于我何尝不是一种享受。如果这世上果真有乌托邦，这应该是乌托邦里的寻常一景吧。没有谁不是按着自己的方式理解世界，我此刻内心的安宁，在他人眼里，也只是一抹寂寥的身影。

举目而望，靠近白宫的地方站着不少举牌抗议的人，他们都安安静静的，没有一点喧嚣。最引人注目的是位老太太，在正对着白宫的马路边上搭了一个白帐篷。出于好奇，我起身过去问个究竟。

老太太热情地向我介绍了自己的故事。她名叫皮奇奥托（Concepcion Picciotto），祖籍西班牙，后来移居纽约。从 1981 年起，她就一直在白宫前面抗议美国的内外政策。如果说其他抗议者打的都是游击战，那么她选择的就是阵地战。

"以色列控制了美国的银行、媒体、政府……"说话间皮奇奥托从帐篷里拿出几本书，继续向我痛陈美国的罪行。在其中一本书的封面上，星条旗上的星星没有了，取而代之的是犹太人的六角星，寓意美国是一个犹太人领导下的国家。对此我难置可否，近些年看到不少真真假假的信息，中心意思无外乎"美国人控制世界，犹太人控制美国"。

"您的宗教信仰是什么？"我问得有些冒昧。

"我从来不谈宗教，我只谈腐败！"皮奇奥托避而未答。

"抗议政府的人很多，您为什么坚持了这么多年？"

"这是一项伟大的事业，世界和平值得我拿出自己的生命去争取。"

"警察驱赶过您吗？"

"曾经有过，但现在没有。我就住在这个帐篷里。"皮奇奥托说这句话的时候，我看见帐篷里停了一辆山地车。

"这次大选您会投谁？"

"我谁也不投，我只投给和平，投给艾森豪威尔！"说着，皮奇奥托递给我一张艾森豪威尔关于战争反思的宣传单。知道我来自中国，她接着递给我一份《人民日报》的复印件，日期是 1993 年 3 月 9 日。第七版发表了一则有关她的图片新闻：

"美国妇女康塞普赛昂·皮奇奥托从 1981 年 8 月 1 日至今一直在美国白宫对面的草坪上宿营，以宣传和平，反对战争。"

在我请求她和我合影时，皮奇奥托非常熟稔地与我靠在一起，并且突然激动地用中文喊了一句"世界和平"。

最后，皮奇奥托在我的本子上留言——"SILENCE IS A WAR CRIME"（沉默是一种战争罪）。几个字几乎占了一页纸。

三　寂静的哨桩

皮奇奥托在白宫前的抗议让我想起爱莉丝·保罗（Alice Paul）。她出生于 1885 年，是费城有名的贵格派教徒。

作为新教中最崇尚平等精神的一支，贵格派的成立可以追溯到克伦威尔时代的英国。有一个说法是，如果信仰贵格派的父母被政府抓进监牢，他们的儿女会不畏艰险，迎头而上。

20 世纪初，爱莉丝·保罗做过的最轰动一时的事情是争取妇女平权，要求美国妇女具有和男人一样的选举权。为此，她参与成立了全国妇女党（NWP）。成立该党派的目的不是赢得选举，而是为妇女维权。那个时代的掌权者和绝大多数男人并不认同这种"激进的观点"。在家里，他们可以善待自己的妻女，但这并不意味着女人们应该拥有和他们相同的权利。在这些人看来，女人负责孕育儿女，男人负责孕育国家，并非出于不平等，而是基于社会分工和男女有别。当然这是一种偏见，与事实不符。

1917 年，爱莉丝·保罗发起"寂静的哨桩"（Silent Sentinels）运动，号召支持者日复一日站在白宫前面。她们手举旗帜，上面写着言简意赅的质问或请求："威尔逊总统，什么时候给妇女选举权？"尽管不吵不闹，这些妇女还是引来男人们的寻衅与侮辱。她们被抓进监牢那天，爱莉丝·保罗正好不在现场。然而她并没有被吓倒。转天，她继续举着旗帜站到白宫前，直到自己也被抓进监牢。

事情并未就此结束，接下来的抗争有点类似马丁·路德·金后来的口号——"把监狱填满"。若干天后，当抗议者被释放，他们又一次站到了白宫前面，继续向威尔逊总统要妇女的选举权。

"寂静的哨桩"运动从 1917 年坚持到 1919 年，其间美国已卷入一战。有人指责爱莉丝·保罗给国家添乱，不过在她看来，这个国家可以在两条战线上作战，争取所谓的"Double V"（双重胜利）。威尔逊和美国军队是外争国权，爱莉丝·保罗及其支持者是内争民权，两者齐头并进，并不矛盾。而这一运动，亦与后文将要谈到的二战期间美国黑人争取"Double V"遥相呼应。

在爱莉丝·保罗等人坚持不懈的推动下，美国国会在 1920 年通过宪法第 19 条修正案。该修正案第 1 款规定："合众国公民的选举权，不得因性别而被合众国或任何一州加以否定或剥夺。"由此，美国妇女正式获得选举权。

爱莉丝·保罗的这段经历后来被改编成电影《女权天使》（*Iron Jawed Angels*）。若干年前，我曾在这部电影中看到许多感人至深的镜头。相较于当今某些走向极端的"男权清算"，爱莉丝·保罗的女权运动是为了填平两性之间的沟壑，让人类走到一起，而不是因为存在着性别差异而让男女分道扬镳。

而这也是我对玛格丽特·阿特伍德（Margaret Atwood）的《使女的故事》（*The Handmaid's Tale*）之类作品有所保留的重要原因。小说中的故事发生在不远的未来，由于化学污染和核污染的影响，人口出生率骤降。在恐慌和暴乱中，极端基督教组织以波士顿为中心建立了男性极权国家基列共和国（Gilead）。在那里，权力被各区大主教把持。人人都有自己固定的职责，不能生育的女性成为仆人，有生育能力的妇女则被训练成使女，派到大主教家里，轮流为他们生儿育女，而她们自己则一无所得……

在此，我既不想否定这部文学作品的艺术性与想象力，更无意否定人类历史上以及现实生活中许多女性受到了压迫，而只想谈论小说的社会价值。我反对一切因年龄、财富、观念、宗教或性别等不同而将人类一分为二的阶级斗争。而我之所以不赞同甚至反对某些女权主义者的行事方式，也是因为在那些人眼里似乎只有性别而没有人；或者说，在那里，人类这个概念土崩瓦解，剩下的只有势不两立的男人和女人。这就是帕斯卡批评过的"以河为界的正义"：河的这边都是好人，河的那边都是坏人；男人（他们）是压迫者，女人（我们）是被压迫者。

女人不是"行走的子宫"，男人也不是"两条腿的精囊"。仅就自然权利和自然属性而言，生儿育女从来就不是人类的逆境，而是人类的条件。正如爱莉丝·保罗与马丁·路德·金当年所反对的，真正构成社会压迫的是阶层结构固化与制度性不平等，而非互为依靠的男性与女性。现实生活中，常见的不对等情况是：当男女双方签订契约建立家庭，男人一心希望女人生个孩子，即被理解为男权压迫；而当女人想要孩子而男人拒绝时，该男人则可能被理解为不负责任。举这个例子是想说，今日世界固然有不少歧视女性的事实存在，但对于寻常家庭内部的生育冲突，我更愿意将之理解为双方缺少共识，而非简单的男女平权问题。毕竟，就生育权本身而言，首先是人人意愿平等。

回到基列国对男权的声讨，更完整的历史是，许多曾经发生在女人身上的不幸同样发生在男人身上。而现在，极端女权主义者借助历史的碎片，以"未来考古"的名义昭示自己的无辜，并将生育上的自然差别上升为男性的罪恶。不幸的是，这些人在申明女性权利的同时，又毫不犹豫地参与了对男性的诋毁与迫害。同是架空历史小说，在对人类命运的理解和同情方面，《使女的故事》与乔治·马丁的《冰与火之歌》可谓天差地远。

四　两个世界的英雄

与皮奇奥托聊完后我又退回到拉法耶特公园的长椅上，远远望着她的帐篷和对面的白宫，白帐篷对阵白宫的意象烙印在脑海中。相较于爱莉丝·保罗，在白宫前孤军奋战的皮奇奥托显得有些落寞。那天我没敢问她的年龄，黑头套没有掩住她颈后与额角的白发。

生而为人，难免时常思考人生有何意义。皮奇奥托大半生在抗议，也算是人生意义的一种抉择吧。每个人都在选择一种适合自己的角色，有的找到了，有的没找到，终其一生无所适从。你可以不同意皮奇奥托的所作所为，甚至责备她偏执，竟将一生中最宝贵的光阴浪费在与国家政治搏斗上，但又不得不对她心存敬意。这是我当时身处现场的感想。几年以后，当我开始整理当年的笔记，回想这一个人的街头戏剧，又开始为经年累月的一成不变深感荒谬。执着固然令人感动，但把自己的人生过成一条直线，总还是缺少些美感。

30 多年过去了，皮奇奥托在反政府方面可谓一事无成，却吊诡地成为彰显美国民主生活和自由精神的一道风景。历史会记住这样一个"失败者"吗？如果这是失败，那什么才是成功？

有些人被历史铭记。在我身后是拉法耶特的塑像，这位伟大的法国人，因为同时参加了法国大革命和美国大革命而被称为"the Hero of the Two Worlds"（两个世界的英雄）。在他死后，美国总统安德鲁·杰斐逊下令给予拉法耶特与约翰·亚当斯和乔治·华盛顿同样规格的礼遇：24 响礼炮的每一声代表美利坚一个州的哀悼（当时美国 24 个州），国旗降半旗 35 天，国会悬挂黑幕，军官戴黑纱 6 个月，并被要求在未来的 30 天内身着黑衣。白宫边上的这座拉法耶特公园是美国政府在 1824 年所建，两年后宾夕法尼亚州的伊斯顿还设立了拉法耶特学院。美国很多地方都有以拉法耶特命名的街道，甚至不少地方的城市直接以拉法耶特命名……

谁又曾被遗忘？我念念不忘的是托马斯·潘恩。同为美国国父，举剑的华盛顿升上了云端，握笔的潘恩却跌入泥泞，不仅晚境凄凉，而且尸骨无存。

五　无用之会

在华盛顿待了几天，在大屠杀博物馆里我看到一套纳粹军装，包括军帽和皮鞋。它们被拼成人形，空空洞洞地站在暗处，像是有了生命，又像是被剥夺了生命。没有人知道类似的军装究竟吞噬了多少曾经穿过它的人。那是一个站着的无底洞，不仅吸食了人世间的血肉之躯，也淹没了原本澄澈无辜的灵魂。

为自己的创造物赋予意义，将自己置身其中，最后成为创造物的一部分，直至被它彻底吞噬——这是人类已经、正在和将要经历的最大悲剧。

有个展厅详细介绍了 1938 年 7 月在法国小镇埃维昂举行的一次大会。这是由美国总统富兰克林·罗斯福召集，主要讨论犹太难民问题的国际会议。当年三月，纳粹德国吞并奥地利，奥地利的犹太人从此遭了厄运。商店被砸，家产被抄，不到一个月，第一批犹太人就被送进了集中营。而纳粹当局同时发出指令，只要犹太人马上离开奥地利即可被释放。

会议就是在此背景下召开的，前后持续了九天。根据罗尼·兰多（Ronnie S. Landau）在其《纳粹大屠杀》（*The Nazi Holocaust*）一书中所提供的细节，在了解到有关埃维昂会议的相关新闻后，希特勒曾就此发表意见，声称如果有国家愿意接受这些犹太人，德国会协助他们离开。

"我只能希望并期待这些国家，假使对于这些（犹太）罪犯感到如此深刻的同情，至少能将这些同情转化为实质的帮助。我们这边，已经准备好将这些罪犯交给他们——就算用豪华船舶送走都行。"

坏人发了"善心"，此时好人却在各打各的算盘。最后，与会的三十几个国家中，除了哥斯达黎加和多米尼加共和国增加了他们的难民收容额度，大部分国家都不愿意接受犹太难民。甚至，这次会议都没有通过一份谴责德国虐待犹太人的决议。

许多犹太人想去美国，但美国声称对奥地利的移民已经满额，而且要求申请人必须出具经济担保；英国政府也因为迫于阿拉伯国家的压力，严格限制犹太人前往英控巴勒斯坦；加拿大政府的态度则是只接收犹太农民，而不接受城市人。事实上，早在此前英美两国已经达成默契：英国承诺将不提美国移民入境限额未满的事实，美国也避免提及将巴勒斯坦作为一个

053 | 第二章　华盛顿

可能的难民目的地。

在华盛顿的这个展厅里，埃维昂会议被描述为 "a useless conference" （无用之会）。比这更糟糕的是，它非但一事无成，还让希特勒看到了其他各国的底线，这无疑纵容了纳粹后来的作恶。人类的底线从来不是一夜之间失去的，在历史的危急关口，一切绥靖与沉默，都是对作恶者的鼓励。

回到难民问题，今日世界仿佛乾坤倒转。当年千夫所指的德国政府因为接纳大量的叙利亚难民而饱受国内选民非议，而作为"救世主"的美国却开始奉行"美国优先"，以致特朗普政府一度推出了拘押非法移民的"骨肉分离"政策。

好在美国各种力量并存，当一种政策过于偏离，立即会有许多反对的声音浮现。仅就抵制特朗普这一政策而言，包括特朗普的夫人、女儿及许多共和党人士、众议院议长都表示了公开反对。前总统小布什的妻子劳拉·布什甚至直言这是美国历史上最可耻的一件事，孩子们被分离后的情景让她想起了二战时期的集中营。此话虽然言过其实，却也不失其积极内涵。

六　即使没有上帝

犹太人经过几代人的努力，重树他们生而为人的尊严。相较而言，其他很多民族要么没有充分的能力或认识，要么索性选择了忘却。我曾了解到，在美国有个与《泰坦尼克》导演同名的人想建立一个黑人大屠杀纪念馆，但因为没有经费而无法运作。同样是在美国，有关印第安人如何被屠杀的纪念馆更是少见。他们被圈养起来，就像鲍德里亚所言，印第安人的领土如今只剩下一些保留区，就像伦勃朗和雷诺阿的画一样被保存在那里。

我在世界各地的旅行，风景看得少，更多时间都在穿越人群、图像和话语。除了看美术馆与博物馆，同样会十分留意桥头街角的涂鸦、广场或墓碑上的文字。这样的旅行与阅读并没有什么区别，只是多了一些现场感。在马丁·路德·金纪念广场——那里不如林肯纪念堂和华盛顿纪念碑那般宏伟，有一句话深深打动了我：

Darkness cannot drive out darkness, only light can do that. Hate cannot drive out hate, only love can do that.（1963）

黑暗不能驱逐黑暗，只有光明可以；恨不能驱逐恨，只有爱可以。

想起切斯瓦夫·米沃什的诗歌《假如没有上帝》。"假如没有上帝／人也不是什么事都可以做／他仍旧是他兄弟的照顾者／他不能让他的兄弟忧愁／以没有上帝的名义。"

很多时候，我宁愿将一切对现实的超越视为人性的光辉，而不必假借于神的恩典。即使没有上帝，我相信金也是一个有能力挖掘内在神性的人。每个人身上都有兽性和神性，都自带污秽与光环。为善不必归功于游荡在天上的神仙，作恶也不必归咎于逡巡于地底的魔兽。一切功过都在于人有自由意志，在于人有自由选择的权利与可能，为此不得不承受随之而来的可能的痛苦。

在此意义上，一个人信仰某种宗教，不在于他对神投诚，并为此拉帮结派，或甘当神的奴仆，而在于他可以通过外在的神（即使只是一个幻影）来呼召内在的神，这样的呼召才有意义。真正有希望的是培育人内在的神性与理性。如果只是伪托各种神的名义进行道德上的兼并甚至肉身上的杀戮，这些神就降格为人类免付薪水的雇佣兵，一群如幽灵一般的先锋与下人。这世上，的确有很多人就是这样擅于在意义世界呼风唤雨、撒"神"成兵的。

过去这些年，无论在国内还是境外，我接触到了各种信教者，然而我始终无法走入宗教的信仰之门。我尊重一切不祸害他人的信仰以及信徒们寄予厚望的拯救，然而我无法说服自己去听从那些我所能担负的人生责任之外的神。我爱人类甚于爱上帝，爱人间甚于爱天堂，爱要求自己甚于爱要求他人。当我深陷苦楚，我并不奢望有一个老天爷来拯救我，也不相信有什么神灵会和日日烧香磕头者做交易。一个人如果真的相信臣服与供奉可以换来神灵对他的拯救，这与其说是因为深沉的绝望，不如说是出于致命的自负。

我对人间信仰的态度，主要基于两点：

一方面，我相信老子所说的"天地不仁，以万物为刍狗"，承认人类的脆弱处境以及人与天地之间的隔阂。事实上，不只天地会抛弃人，人很早就学会了自弃与互相抛弃。

与此同时，我又相信人是天地之间、众生之中最幸运又最艰难的一群，因为人有理性之光与自由意志。虽然这些才能禀赋常常将寻梦者推向深渊，演绎了一幕幕刍狗自救的迷失与悲怆，但也赋予了人类在痛定思痛之后不断超越苦难的可能。

第三章　幸福谷

为了欢迎我们到来，世界不仅为我们准备了
条件，也准备了逆境，不是很周到吗？假如没有
逆境——包括无聊至极的琐碎、淬炼灵魂的痛苦
以及刻骨铭心的抉择之困，一个人的成就最后难
免沦为精致的平庸。

一　太阳与城

这一年什么恶劣天气都让我赶上了。天津雨灾在天津，北京雨灾在北京，到了美国正好赶上桑迪飓风。受此影响，东海岸许多航班都取消了。

我是坐灰狗巴士离开华盛顿的，接下来要前往芝加哥与卡特中心的人一起观察美国大选。中途我还要去一趟斯泰特科利奇（State College）与妹妹一家会合。妹夫正在宾州州立大学（PSU）做访问学者。

斯泰特科利奇是宾夕法尼亚的一个自治镇。整个城市实际都是宾州州立大学的主校区，俗称"Happy Valley"（幸福谷）。不负盛名的是，这座城市曾经入选美国心理压力最轻也最宜居的城市之一。

翻读《太阳城》。中学时接触到康帕内拉的这部乌托邦小说，对其精神实质并不十分了解。几十年后，当我真正读完方觉毛骨悚然。这世间许多人，以为民请命的激情谋划心中蓝图，无畏于抛头颅、洒热血，然而最后为民铸就的不过是一个闪亮的牢笼，而他们自己也在牢笼之中。

从牢笼到牢笼，或者说在牢笼里想象另一座牢笼。耐人寻味的是，写《太阳城》时，康帕内拉正被关在西班牙政府与罗马教廷一起编织的笼子里。假借一位游历者的见闻，康帕内拉对比了那不勒斯城和太阳城。前者黑暗腐朽，后者光芒万丈——"阳光不仅照亮了大地，而且照亮了我们每一个人的心。"

和许多乌托邦小说作者一样，康帕内拉将一切罪恶的根源归结于私有制。按他的理解，在废除了私有制的太阳城里，人民都是富人也都是穷人。他毫无节制地赞美这种表面上人民拥有整个国家而实际上身无分文的社会。"他们使用一切财富，但又不为自己的财富所奴役。"

而且，在太阳城，"任何人都不使用暴力，但也不能容忍别人使用暴力"。乍听起来似乎还不错，真实的情况是奴役无处不在。国家，本身就是一种结构性的暴力。

否定劳动自由，太阳城实行普遍的义务劳动制度。居民只有一些基本生活用品，并由社会统一分配。他们穿一样的衣服，吃公共食堂，全身心投入工作。他们最关心的不是真、善、美，而是如何获取来自政府的荣誉和奖赏。

政治上太阳城实行共和制，最高权力属于大祭司太阳。太阳能够持久统治太阳城，是因为他有柏拉图笔下哲人王的品质。"即便在管理国家方面完全没有经验，但由于他如此贤明，所以他不会是残酷无情的人，不会犯罪，也不会成为暴君。"熟悉人类历史及人性者知道，康氏的这个想法实在是太异想天开了。

性交和工作一样乏味。任何一个妇女在未满 19 岁时不能性交；男子在21 岁以前不能生育子女。必要的时候，所有男女都要按古斯巴达人的风俗把衣服脱光。这样，领导人就能够根据他们的身体状况确定谁和谁最适合交配。为了保持某种平衡，胖男人要配瘦女人，瘦男人要配胖女人，而身材健美的男人只能配身材健美的女人。性交前要洗澡，最多三夜一次。最有意思的是，性交前男女要在两个小房间里独寝。待性交时辰一到，会有一位女领导从外面把两扇门打开……如此细节，让我不禁想起在江西老家看到的给母猪配种。而如果哪个女子没有生育能力，等待她的命运是成为公妻，供太阳里的所有男子享用。

虽然名为太阳城，但我读到的只是阴森。生活在那里的居民不仅要相互检举，还要自我控告。每个公民都必须无条件服从自己的领导。领导就是下属的法官，可以对他们施以流放、鞭打、开除教籍甚至剥夺性交权。太阳城里没有职业刽子手，如果需要死刑，一切还要通过人民之手。谁要是反对国家、上帝或者太阳王，谁就会立即被判处死刑而得不到任何人的怜悯。法律允许他们把犯人打死，由证人或原告打第一下。当然最好的办法是逼迫犯人自杀，这样太阳城可以保持一个不杀人的美名，而人民还有机会为自杀的犯人祈祷，以此宽容的善行良德感动自己。

太阳城的幸福生活让我想起尼采的"最后之人"。在尼采那里，最后之人是得胜的奴隶，他们身体上安全，物质上满足。和超人的热情、活力、智慧、勇敢不同，最后之人的首要特点是平庸，他们寄身于腐化的道德与纪律，拒绝思考，对人应有的尊严与权利往往无动于衷。

二　一位母亲的努力

车轮滚滚，铅云浮动。在美国旅行，我有一种明显的感觉，相较于欧洲国家的去宗教化，美国虽然在政治上早已政教分离，但在文化传统上还是保留了浓厚的基督教内涵。除了随时可能遇到的传教者，最能说明问题的恐怕还是美元，上面印着"In God We Trust"（我们信仰上帝）。

半路上，我遇到一位华裔女子。她去斯泰特科利奇是为了上星期日的宗教课。为此，她随身带了一个厚厚的文件夹，里面装着不少资料。我开始注意她时，她正在看尼希米修建耶路撒冷城墙的故事。

"您关心美国大选吗？"我问。

"不关心。"女子解释说她虽已旅美十年，但并没有加入美国国籍。

"不过我儿子九年前出生在美国，算是美国人，将来他会关心美国大选。"她补充道。

这些年，时常有熟人或朋友移民美国或者只是在美国生子然后带回中国。不知道这位女子在美国生孩子是早已有之的悉心准备，还是抵美生活后的随遇而安。一个声音对我说：个人不能决定自己的出生地，但可以决定孩子的出生地；另一个声音又在对我说，"这个世界从来没有为一个孩子的出生做好准备"，这是辛波斯卡的诗句。

我知道这个世界没有为我的出生做好准备。我是在父母吵完架后出生在外婆家的，而且骨瘦如柴。我无法责备母亲当年不注重营养，那是一个脑子里全是思想而肚子里没有粮食的时代。

我们这些地球上的过客，无论出生在宫殿还是茅屋，这世界都没有做好准备。当一个个寻欢作乐的受精卵长成了人形，就被无情地抛进这个世界，像一只熟透了的苹果重重地摔到地上。

既然都是未经选择的出生，哪有什么人生而自由？有的只是无往不在的枷锁。具体到现实，就算美国真如鲍德里亚所说是"已实现的乌托邦"，它同样有着各种各样或明或暗的问题：种族矛盾、宗教冲突、贫富分化、枪支泛滥……2016 年的总统大选，更加暴露了这个国家隐藏的民意分裂。所有这一切似乎都在证明即使是世界唯一超级国家的美国也没有为一个孩子的出生做好准备。

然而，这又有什么关系？为了欢迎我们到来，世界不仅为我们准备了条件，也准备了逆境，不是很周到吗？这世界包括其所暗藏的苦难，对我们比我们对自己要用心多了。假如没有逆境——包括无聊至极的琐碎、淬炼灵魂的痛苦以及刻骨铭心的抉择之困，一个人的成就最后难免沦为精致的平庸。

只要人有欲望，并且谋求欲望的满足，人就永远生活在苦难之中。幸福转瞬即逝，唯有痛苦持久绵长。相较于幸福，痛苦更能给人以存在感，并感知世界的存在。在此意义上，虽然实现乌托邦是人类持久的梦想，但是人性却不真正需要那样的人间天堂。当一个欲望清单（乌托邦 A）被满足后，人类还会开出下一个欲望清单（乌托邦 B），因为代际更替，每一代人有每一代人的起点与激情。

三　美国是谁？

《今日美国》是我手里的常客，上面经常会有一些引人思考的数据。

比如以 1980 年为转折点，美国每年总统大选女性投票的比例都高过男性。最多的时候（奥巴马参选）甚至高出 10 个百分点。

另一组关于美国宗教信仰分布状况的数据是：新教 48%，天主教 22%，无教派 20%，摩门教 2%，东正教 1%，其他宗教 6%，表示不知道的占 1%。2007 年以前新教占据半数以上（那年为 53%）。据作者 Cathy Grossman 分析，早在 20 世纪 60 年代，三分之二的美国家庭自称是新教徒，而现在仅不信教者就占到了 20%，而且 30 岁以下的年轻人里，不愿将自己归入某种宗教者占到了 32%。虽然美国信教者比例较欧洲多了近一半，但是宗教信仰在生活中的作用日渐式微。

在这个国家，公开谈论自己没有信仰不再是一件让人感到羞耻的事情。不信教者正在或已经成为美国政治生活中的重要力量。2012 年大选，共和党候选人罗姆尼所属的摩门教只占总人口的 2%，若以宗教归属论，他完全没有获胜的可能。但是他能够与奥巴马平分秋色说明政教分离的原则在美国已经深入人心。

关于美国人的宗教归属，几年前皮尤论坛（Pew Forum）有更详细的数据：福音派新教徒26.3%，天主教徒23.9%，主流新教徒（mainline protestants）18.1%，不信教者16.1%，传统黑人教堂信徒6.9%，犹太教1.7%，摩门教1.7%，佛教徒0.7%，穆斯林0.6%，印度教0.4%，其他3.6%。

这些数据见证了美国倡导的宗教信仰自由，在一定程度上实现了莫尔写在《乌托邦》里的梦想。当年，许多欧洲人尤其是清教徒正是为了逃避宗教迫害而来到这片新大陆。美国的宗教多元化始于宪法对宗教自由权利的保护和各地移民的影响。"美国宪法第一修正案"保障信教自由，禁止政府建立国教或给予任何宗教群体以特殊待遇。

问题也随之而来。相较于欧洲的"伊斯兰化"，美国传统主流人群与知识分子同样担心外来宗教对美国传统的冲击。这方面考虑得最多的也许就是萨缪尔·亨廷顿。在《文明的冲突与世界秩序的重建》一书中，亨廷顿谈到如果美国同化移民的努力归于失败，它将会成为一个分裂的国家，并存在内部冲突和由此造成分裂的潜在可能。亨廷顿认为西方文明的价值不在于它是普遍的，而在于它是独特的。因此，西方领导人的主要责任不是试图按照西方的形象重塑其他文明——这是西方正在衰弱的力量所不能及的——而是保存、维护和复兴西方文明独一无二的特性。作为最强大的西方国家，这个责任就不可推卸地落在了美利坚合众国的肩上。亨廷顿认为，一旦美国摒弃了美国信条和西方文明，"就意味着我们所认识的美利坚合众国的终结。实际上也就意味着西方文明的终结"。

亨廷顿的这段话在2016年特朗普当选美国第45任总统后显得尤其意味深长。没有人知道特朗普最后会不会像亨廷顿所希望的那样"把世界留给世界，让美国属于美国"，以维持美国的独特性。特朗普之所以能够上台，显然与美国国内存在大量的亨廷顿信徒有关。如果输出价值观不再是这个国家引以为豪的东西，特朗普的胜出难免让人想起西方的没落。2016年11月12日，《纽约时报》刊发了一篇发自柏林的文章。该文细数默克尔如何四面楚歌，身心俱疲，其标题近乎悲叹——"唐纳德·特朗普当选后，安格拉·默克尔成为自由西方最后的守卫者"。

美国回到自身就一定会没落吗？在《我们是谁？》一书中，亨廷顿认为美国特性主要有两种来源：一是美国信念（American Creed），即个人权利、政府统治需要被统治者的同意等基本原则；二是文化，包括语言（英语）、宗教以及自由的观念等。亨廷顿担心拉美裔移民的涌入、次国家认同的强化以及多元文化主义的盛行会导致盎格鲁–新教文化在美国文化中核心地位的动摇。而这些外来移民中数量最大的是墨西哥裔，预计2040年他们将占美国总人口的25%。由于同化的滞后，这些移民宁愿聚居在一起，拒绝接受英语和以新教为核心的美国信念。为避免美国有可能变成一个两种文化、两种语言的社会，亨廷顿一再强调美国要强化对盎格鲁–新教文化的认同。

四　移民演变

读中学的时候，经常会在报纸、电视等媒体上接触到"和平演变"（Peaceful Evolution）一词。它出现于冷战时期，由美国国会议员约翰·杜勒斯在20世纪50年代初提出，本意是指欧美国家不必通过战争，而是以贷款、贸易、科技等手段诱压共产主义国家，使之向西方靠拢。

虽然这一策略在很多地方产生了影响，但这个世界从来不是单向度演变，只有一方影响另一方，而另一方丝毫不受影响，随时可以全身而退。正如两个人经年累月生活在一起，究竟谁影响谁更多，恐怕很难精准度量。客观说，今日被广泛使用的"全球化""世界经济一体化""与世界接轨"等词语，都是某种褪去了意识形态色彩的和平演变。其结果如何？和平而渐进的演变，有可能带来好的结果，也有可能带来坏的结果。倘使杜勒斯在世，恐怕他要感叹西方"过对了河，上错了岸"。

　　在此我并不想谈论当年国际政治的是非。事实上，这世上还有一种经久不衰的演变，姑且名之为"移民演变"（Immigrant Evolution）。而这一点恰恰是西方世界忽略了的。尤其是在民主国家，当拥有选票或影响力的外来人口越来越多，这一变化势必会影响该国的舆情与政治生态。至于后果，它有可能让这个国家变得越来越好，也有可能动摇其未来的根基。正是为了避免后一种情形出现，许多国家出台了非常严苛的移民政策。

　　我是希望世界足够开放的。十几年前，当我还在巴黎的街头游荡时，我是一个坚定的文明融合论者和全球化支持者。然而这些年来的世事变迁让我对这些观念有了部分保留。事实上，多样性本身也面临着一个悖论——当各国的多样性重合得越来越多，世界岂不是又变得单一，走向了多样性的反面？我的意思是，不断剥夺地方特色的全球化可能造成人类整体文明的巨大减损。

　　近年来，发生在欧洲尤其是法国的一些恐怖袭击让我越来越担心这种没有价值认同的民族融合所具有的负面影响。除了表面上的剧烈冲突，还有旷日持久、静水流深的改变。如果一个国家的外来移民不断壮大自己后反噬其主，对于该国而言，这些移民就不啻为特洛伊木马部队。

　　当然这一切仍是在双方自愿的前提下进行的，不能简单理解为一种文明对另一种文明的侵略，或者因此歧视闯入者。当发达国家的男女怠慢甚至拒绝生育，而且不想干一点重活脏活，那么这一切只好由外来移民代劳。

埃里克·霍弗（Eric Hoffer）曾在《狂热分子》一书中断言大规模移民是另一种意义上的革命。有革命，就会有反革命，而这也是越来越多的人开始谈论欧洲伊斯兰化的重要原因。如果刻意忽略这一点，就很难理解为什么如今在欧洲主张排外的右翼政治势力会有越来越多的支持者。也只有站在这个时代背景下，才能更好地理解 2016 年特朗普因何当选。

2012 年在美国观察大选时，我没有料到四年后美国选情会发生如此戏剧性的转变。有人说希拉里是伪君子，特朗普是真小人，我并不赞同这种简单的漫画式分析。（希拉里的）理想主义并不虚伪，（特朗普的）现实主义也并不肮脏。选情分化的背后，是"民主党要天堂，共和党要家乡"，都符合人性积极的一面，甚至很难说出孰是孰非。

那时候，我的内心也隐隐约约感到些许不安，这与我对美国媒体的观察有关。如果 2016 年亨廷顿还活着，他一定会把选票投给特朗普。这个"政治不正确"的学者在他的书里多次谈到美国大多数左派媒体不愿去触碰的问题。回避得越多，将来支付的利息就越高。客观而论，一个日夜被左派媒体嘲笑的"恶棍"能够获得半数以上美国人的支持，这在很大程度上印证了亨廷顿介入的现实是真实存在的。要想解决问题，就要面对问题。

五　媒体统治

斯泰特科利奇位于宾州中部的尼塔尼山谷，只有四万人口。它给我的第一印象是松鼠比人多。连日来的绵绵细雨让松鼠的尾巴缩小了一半。尽管如此，在觅食时它们还是保持着活力与端庄，完全没有大难临头的恐惧。

由于飓风，接下来几天许多航班、巴士甚至火车都取消了。和卡特中心的人联系，得知他们已经抵达芝加哥。选举观察团的许多成员仍困在华盛顿和纽约。

为了不虚度光阴，我把很多时间泡在了 PSU 的图书馆里。其间读到法国《世界报》（*Le Monde*）记者 Brice Pedroletti 对我的采访。这是一个八块版的专题，Pedroletti 将我的部分观点分散在他的两篇长文里。譬如：L'ouverture de la Chine au monde, ou du monde à la Chine, c'est bien beau, mais le problème, c'est l'ouverture de la Chine sur elle-même.

同样是关于中国，印象深的还有《新闻周刊》有关韩寒的一篇文章，作者是 Duncan Hewitt。据说韩寒对未来十年的中国心怀希望，相信中国人的生活将会越来越自由。不过此后十年间我很少听到这个年轻人的声音了，只是偶尔知道他在拍电影。曾有好事者报道他现身于上海机场，虽然挺着个"将军肚"，但满脸的笑容透露着人在江湖的幸福。

PSU 图书馆给予我这个远行者的便利是除了 24 小时开放，还有世界各国的重要报刊，如法国《世界报》《鸭鸣报》《费加罗报》，英国《泰晤士报》，德国《明镜》，日本《朝日新闻》……当然，也有《人民日报》。

在斯泰特科利奇的那几天，我把主要时间花在了梳理大选期间美国各大媒体的表现上，很快便发现了一些问题。

媒体是人性与价值观的延伸，难免有各自的政治偏好。比如《纽约时报》《华盛顿邮报》《洛杉矶时报》《今日美国》《新闻周刊》《时代周刊》《新共和》，以及 NBC、ABC、CBS、CNN 等电视媒体倾向于支持民主党，而支持共和党的只有《华盛顿时报》《美国新闻与世界报道》和 FOX 新闻。相较而言，《华尔街日报》立场中立。

为什么大多数媒体支持民主党？我当时想到两个原因：一是大众媒体

有追求自由尤其是社会公正的天性。这既可能来自媒体人自身的定位，也可能来自知识谱系与传统。二是分布在波士顿、纽约、华盛顿和洛杉矶等大中城市的媒体，对接了相对自由和开放的外部环境。在那些地方，大学和新兴产业密集，有大量知识分子和外来移民。而 FOX 新闻之所以成为"共和党官方电视台"，据说来自老板默多克的审时度势。在这位前中国姑爷看来，既然美国充斥着大量的左派媒体，如果 FOX 新闻坚持右派立场将会更有机会。

当然这也可以被理解为对"观点自由市场"（Marketplace of Ideas）的补充与平衡。观念自由市场最早由英国政论家约翰·弥尔顿提出，在他看来，真理是通过各种不同的意见、观念交汇而成，而非权力赠予。其后，约翰·穆勒、托马斯·杰斐逊在理论上做了进一步完善，其核心仍是如何在一个开放的市场环境下，完成人类知识的自我修正。在某种意义上说，这一市场观念也是现代开放社会的基石。而且，基于对人类理性的认同，持此论者对于时常出现在报刊中的错误持一种宽容的态度，因为人们需要报刊不是为了发布真理，而是通过各种公开的交流呈现意义或接近真理。

法国人说电视是餐厅中的政府。大众媒体对现代社会有着举足轻重的影响。关键时期的一则报道会成就一个政党，也可能毁掉一个政党。为此，美国作家和政论家凯文·菲利普斯（Kevin Phillips）早在 1974 年便在书中创造了"mediacracy"（媒体统治）一词，以强调媒体对现实政治走向的影响。在此背景下，不同的观点、信息能够在自由环境下得到充分及时的呈现便显得尤其重要。

六 特朗普的反叛

就观点自由市场而言，美国媒体的上述观点格局难免给人失衡之惑。当时我关心的是，那些反对民主党的声音在美国媒体里是否能够充分表达。如果媒体铺天盖地表达的只是左派的观点和事实，它会不会因为忽视其他人的声音而暗藏危机？

而这个问题在 2016 年的美国大选中彻底暴露出来了。当沉醉于"政治正确"（political correctness）的左派媒体相信希拉里稳操胜券的时候，那些平时被他们忽视的"沉默的大多数"将选票投给了"恶棍"特朗普。如果承认观点自由市场可以帮助人们更好地接近真理，就应该像约翰·弥尔顿所主张的那样，让谬误和真理得到同等传播。否则，不仅被压制者的政治权利被压制，压制者自身也被剥夺了以错误换取真理的机会（约翰·穆勒）。

科技也真是神奇，几十年前偷听敌台是一件十分危险的事情，而现在稍微懂一点技术便可以直接关注美国总统的即时言论，甚至直接留言。

因为经常在推特上发表政见，特朗普被一些左派媒体和知识分子批评为"推特治国"。不过这并不意味着特朗普可以恣意妄为。2017 年哥伦比亚大学代表 7 名被特朗普在推特上"拉黑"的用户提起诉讼。一年后的 5 月 23 日，法官布赫瓦尔德裁定特朗普违宪，特朗普的推特实际是向全美公民开放的"指定的公共论坛"，特朗普以用户的政治言论为由屏蔽原告，此举已构成观点歧视，违反了第一修正案中有关言论自由的规定。

之所以有特朗普"推特治国"的现象，一方面固然是因为他不守常规，特立独行，善用新生事物；另一方面也同他和媒体常年交恶有关。所以，在批评媒体报道失实的同时，特朗普时刻不忘把自己打扮成"fake news"（假新闻）的受害者。

在西方，媒体常被称为"第四种权力"。特朗普与媒体交恶，尚可以被理解为媒介权力与行政权力之间的制约。同时需要看到的是，作为一种政治修辞，当特朗普频繁使用"fake news"，也在有意无意间加重了对世界自由媒体的污名化。自由媒体固然也有人性中坏的一面，甚至包括滥用权力、操纵民意，但更有人性中光辉的一面。

第四章　漫长的旅途

今日之我，因何而来，为谁而往？当灰狗沿着 271 公路慢慢驶进 Laurel Ridge 州立公园的群山，我在黑暗中忽然望见一片皑皑白雪，耳畔传来黄家驹的《光辉岁月》，那一刻竟忍不住热泪盈眶。

一　最长的名字

由于交通中断，在斯泰特科利奇休整了几天。离开时天空依旧乌云密布，只是没再下雨。

我买了 13：30 的灰狗巴士车票。按计划，这趟车经匹兹堡和克里夫兰两次中转，将在次日清晨五点左右到达芝加哥。不过，事情并没有我预想的那么顺利。首先是车子迟到了几十分钟，到后又拖延了很久。检票人员解释说："大家不要着急呀，另一辆巴士正在路上，我们要等上面的乘客来了再一起走。"

这样的经历很容易让我想起早些年在中国坐长途车的情景。城里的小巴分头拉客，然后集中送到城外的大巴上，前前后后耽误不少时间。怎么美国公司也这样不守规矩，灰狗可是一家有着近百年历史的大公司呢！更糟糕的是，我买的是去芝加哥的通票，而不只是去匹兹堡。若不能及时赶到克里夫兰，我就得在那里至少耽误四个小时等下一辆车，而且是在半夜。

我有些耐不住性子了。环顾车上坐着的六七个人，一个个面如菜色，出奇安静，没有人询问什么，更没有人叫嚷。偶有一位像我这样失去耐心的，下车走了几步又继续上车等。为什么不从容点？我问自己。说来奇怪，因为大家都在默无声息地等，我竟然为自己内心的烦躁感到羞愧。这就是所谓的入乡随俗吧。对于我这样一个观察者而言，之所以没有选择坐飞机而是甘愿坐长途巴士，不正是为了有更多的有关美国底层社会的生活经验吗？而现在，这群人就坐在我身边，为什么不和他们聊聊，以了解更多有关美国的事情？我让自己安静下来。

大概又过了两个半小时，当一辆有着 Fullington 标记的巴士进站，并且从里面转过来几个人后，灰狗终于启动。问后面上来的人，说车是从哈里斯堡来的。

尽管耽误了不少时间，灰狗的设施我还是满意的，不仅座椅舒适，而且配备了免费 Wi-Fi，方便我就近查阅沿途村镇的故事。在经过阿尔图纳（Altoona）时，我了解到这个小镇一年前曾经把名字改成了 "Pom Wonderful Presents: The Greatest Movie Ever Sold"（Pom 汽水向您推荐：史上最伟大的卖座影片），时限为两个月。这是一部电影的名字。导演摩根·史柏路克（Morgan Spurlock）想借此推销他们的电影，而阿尔图纳镇也有利可图，不仅赚得 25000 美元广告费，而且让更多人知道了这个名不见经传的小镇。

面对这样的新闻，中国读者可能会说："啊，美国人也太不严肃了吧？能这样吗？"对此我并不觉得意外。如托克维尔当年在《论美国的民主》一书中所讲到的，美国有良好的乡镇精神和地方自治传统。如何经营这座城市，是阿尔图纳人自己的事情，就算你贵为总统也无权干预。

另外值得一提的是，这部电影的导演摩根·史柏路克还拍过批评麦当劳的《麦胖报告》（Super Size Me）。这部纪录片的主角就是史柏路克本人。在拍片前，史柏路克的健康水平为中上，当他连续 30 天一日三餐都吃麦当劳食品后，不仅体重增加了 25 磅，还被检查出有忧郁症和肝脏衰竭迹象。这部纪录片解释了为什么在这片土地上有那么多黑色的胖子，他们大多数生活在社会底层。

二　星条旗不飘扬

　　一边乐此不疲地寻找沿途的故事，一边听着音乐。或远或近，不时可以看到星条旗飘扬，有的在公共场合，有的在私人住宅。这是与我在日本和德国看到的完全不同的体验。毕竟，在后者那里，爱国主义曾被利用，并且将农夫、战士、知识分子甚至所有人都推进了时代的深渊。

　　而在美国，公民对国旗的态度也有各自的表达。你有让星条旗飘扬的权利，我也有让星条旗不飘扬的权利。最耐人寻味的是几个司法判例，它们都发生在 20 世纪。

　　第一个案子是麦诺斯维尔学校诉戈比蒂斯案。1935 年，像所有美国公立中小学一样，宾州东部矿区的麦诺斯维尔小学要求学生每天都向国旗致敬，并宣读《效忠誓词》(The Pledge of Allegiance)："我宣誓效忠美利坚合众国国旗及其所象征的共和国，国家一体，自由公正与我们同在。"但是，十岁的比利和大他两岁的姐姐莉莲都拒绝向国旗致敬，因为他们的父母是"耶和华见证会"(Jehovah's Witnesses) 的信徒，拒绝向上帝以外的任何偶像致敬。然而，向国旗致敬在当时是宾州的一项州法，学校必须执行，否则必须退学。随后，两个孩子分别向校方写信做了解释，父亲戈比蒂斯(Gobitas) 也赶紧找到学校求情，但都无济于事。更糟糕的是，因为"藐视国旗"，这家人受到了来自社会的围攻，家里的小杂货店也开不下去了。

　　最后，在美国公众自由联盟的帮助下，戈比蒂斯一家将麦诺斯维尔学校告上了法庭。事情一波三折。先是宾州的联邦地方法院和联邦第三巡回上诉法院先后判戈比蒂斯胜诉，认为"向国旗致敬不能作为学童到该校上学权利的一个条件"。学校不服，屡败屡战，最后将官司打到了联邦最高法院，这一次轮到戈比蒂斯一家败诉。联邦最高法院坚持认为个人不能以宗教信仰为借口推卸向国旗致敬这一"政治责任"。随之而来的是耶和华见证会的信徒遭到攻击，许多孩子被迫失学，甚至随他们的父母一起逃离城市。理由很简单——"They're traitors"（他们是卖国贼）。

美国国会图书馆里有 1935 年 11 月 5 日两个孩子写给小学的信，解释他们为什么不能向国旗致敬。几十年后，莉莲于 2014 年过世。因为这场著名的反对，两个原本名不见经传的小人物，不知不觉走进了美国的历史。

戈比蒂斯的英文名字是"Gobitas"，法院判决书上误写为"Gobitis"。因为这个乌龙美国法律界只好将错就错，称此案为"Minersville School District v. Gobitis"。

第一个故事以悲剧结尾。接下来是第二个故事，更准确地说是续集。

当上述判决恶果显现，弗兰克·墨菲、威廉·道格拉斯和雨果·布莱克等大法官意识到了问题的严重性，他们试图通过改判类似案件以弥补过失。这就有了后来的西弗吉尼亚教育委员会诉巴内特案。

1940 年 6 月，西弗吉尼亚州通过立法在各学校设立必要的爱国主义教育课程。据此，西弗吉尼亚教育委员会要求在相关活动中各公立学校师生向国旗行注目礼。耶和华见证会的几个学生家长照例禁止自己的孩子参加，结果这些孩子被学校赶出校园。一位叫沃尔特·巴内特的学生家长不想忍气吞声，于是将案子告到了联邦地方法院，并最终上诉到最高法院。

1943 年最高法院做出裁决：强迫学生向国旗行注目礼违反了美国宪法第一修正案。这是美国历史上具有重大影响的案件。

大法官雨果·布莱克的话更直截了当——"强制表达出来的言辞除了自欺欺人外，并不能证明一个人忠诚。对国家的热爱必须发自自主的心灵和自由的心智。"

两个案子一反一正，后者有"拨乱反正"的意味。

第三个故事发生在40多年后的1984年。反对里根政府的格里高利·约翰逊率众在得克萨斯市政厅前焚烧国旗，随后遭到逮捕。根据得州法律，任何公民不得亵渎"庄严之物"，其中包括美国国旗。

在被判有罪后，约翰逊将案子上诉到得克萨斯的刑事上诉法院。上诉法院推翻了原来的定罪，同意约翰逊的所作所为是一种"象征性言论"，理应受到宪法第一修正案的保护。最后这个案子打到了最高法院。虽然争论激烈，最高法院还是维持了上诉法院的判决。最重要的一条理由是"国旗保护那些蔑视它的人"。

有资料显示，"护国旗派"曾试图通过修宪来否定联邦法院的判决，但因为程序上需要国会两院三分之二多数通过，而且还要在规定时间内获四分之三州批准，所以未能成功。耐人寻味的是，盖洛普曾经做过一次调查，在被调查的人群中，绝大多数没上过大学的美国人支持修宪护旗，而上过大学的则多数反对这样做。如果不明就里，你会误以为爱国这种大事要被没上过大学的承包了。

这样说并非否定有些人的朴素的爱国情感，无论真实还是虚幻，每个人都有寄托自己情感的权利。

三　光辉岁月，白雪皑皑

一路西行，穿过一座座小镇和村庄，天空渐渐飘起了细雨。远处的田间地头偶尔会出现一些竞选广告，时刻提醒我此次访美的主题是观察2012年美国大选。坐在我旁边的是一位黑人，当我转过头问他把选票投给谁时，他毫不犹豫地告诉我："当然是奥巴马！"

我说如果我有选票，大概也会投给奥巴马。我承认，在某种程度上我也是一个理想主义者，渴望社会公正，关心底层命运，有寻找乌托邦的激情。

天渐渐暗了下来。我打开头顶上的阅读灯，在本子上记下自己的感受。这样孤独的旅行是美好的，仿佛坐在自家书房，于美国的群山之中穿行。当我累了，就合上本子，关了顶灯，沉思的激情，在遥远的老歌与茫茫夜色之中偃旗息鼓。

谷歌地图提醒我正在穿过一座名叫 John Town 的小城时，耳畔响起了齐秦的《原来的我》。今日之我，因何而来，为谁而往？又何谓将来，何谓原来？当灰狗沿着 271 公路慢慢驶进 Laurel Ridge 州立公园的群山，我在黑暗中忽然望见一片皑皑白雪，耳畔传来黄家驹的《光辉岁月》，那一刻竟忍不住热泪盈眶。

> ……
> 今天只有残留的躯壳
> 迎接光辉岁月
> 风雨中抱紧自由
> 一生经过彷徨的挣扎
> 自信可改变未来
> ……

这首歌是献给曼德拉的，它让我不禁想起了马丁·路德·金，以及所有无畏苦难的灵魂。他们的父辈曾经饱受奴役，他们也曾经受着相似的苦难，但是通过艰苦卓绝的努力，他们带着同时代的人走出了苦难。

BBC 曾经让听众评选改变世界的 20 首英文歌，很多都和黑人维权运动有关。其中一首是约翰·牛顿创作于 1772 年的《奇异恩典》（*Amazing Grace*）。牛顿本是一名贩卖黑奴的船长，曾经无恶不作，后来一心侍奉上帝，痛改前非。《奇异恩典》写的就是他对自己过去贩卖奴隶的悔恨和对上帝不计前嫌并赐福于他的感激之情。

只是世事难料。曼德拉若地下有知，不知道会对 2018 年南非正在力推的无偿没收白人的土地作何感想。激进主义者声称和解的时代已经终结，现在是公义来临的时候。

四　摩西第十一诫

醒来时不知身在何方。灰狗悄悄溜进了匹兹堡。不到 21 点，大家陆续下车。

这些年四处奔波，常常在车上睡着。当我慢悠悠醒来，听着周围渐渐清晰的声音，真能感觉到特朗斯特罗姆（Tomas Gösta Tranströmer）所说的"醒，是梦中往外跳伞"。特朗斯特罗姆是位了不起的诗人，即使是最平庸的日常在他笔下也会变得极富诗意：

> 公共汽车爬行在冬夜。
> 它像船在松林中闪耀。
> 路是深窄的死运河。
> 稀落的乘客：有的年老，有的非常年轻。
> 汽车只要停下，熄灯

世界就立刻崩溃。

——《冬天的程式》第五节

有平行世界吗？不知道。我只知道我每天都在更换场景，活在不同的世界里。就在刚才，和许多陌生人坐着同一辆车，里面有黑人、白人，还有印第安人，它构成了一个暂时封闭的世界。如果车子不小心掉下悬崖，我们都要遭殃。而当它停下来，我们作鸟兽散的时候，刚刚的那个世界同样崩溃了。现在，当我拖着行李走进灰狗车站，我又开始融入另一个世界。

这一生要经历无数个世界，它们每日每时都在重组，然后消散。这正是旅行最迷人的地方。

漫长的等待。由于在斯泰特科利奇耽误了时间，错过下一班车，我不得不在匹兹堡灰狗车站里多等上四五个小时。不过，这不一定是坏事。

有个年轻人和我一同下车，早在斯泰特科利奇等车时，他奇怪的口音便引起了我的注意。比如他会把"bus"读成"boss"（一种"坐着老板去旅行"的荒诞感），而且还戴着一顶灰色的圆边草帽。可惜当时我们的座位离得很远，既然现在都要转车，正好可以和他多聊一会儿。

年轻人叫鲁迪，刚过二十岁。看得出他文化程度非常一般。虽然念过"parochial school"（教会学校），却不会向我正确拼写"parochial"这个词。鲁迪共有七个兄弟姐妹，他在家排行老六。后来我知道，这个教派主张每个家庭生七个孩子。鲁迪的父亲主业是修理农具，而到了他这一代，工作同样简单，除了老三在教会学校教书，其他几个都是工人。这解释了他手上为什么布满老茧。如果按工作来分，鲁迪应该属于美国的社会底层。

聊天的时候，鲁迪不时会跑到最近的公用电话亭打投币电话。在我准备借给他手机并问他是否遇到什么麻烦时，他说没有。

"我要去哥伦布市接我姐姐回 Port Trevorton 家里。可是她的电话一直打不通。"

"为什么不用手机?"鲁迪的理由是手机不好。他不想有很多人找他,而且平时不上网,因为网上有很多情色图片,他要敬而远之。

就在我猜想这个年轻人的生活是否全无乐趣时,他掏出一张捕鱼证。"我们的生活简单,但还算快乐。我喜欢捕鱼、打猎,尤其是猎鹿。我有一支来福枪。现在在美国申请枪支已经越来越难了……"

当我把话题转到选举时,鲁迪说上一次选举时他未到年龄,不过到年龄了他也不会去投票。

"因为我是门诺派,门诺派和阿米什人一样。根据教义,我们不参与政治,不站在任何党派一边,不卷入他们之间的争斗,所以拒绝投票……"

"那你对奥巴马有什么评价?"

"《圣经》上说,不要在背后评判别人,所以我不会和你谈论奥巴马是好人还是坏人。"鲁迪直接掐断了我的问题,这让我愈发好奇。

午夜的灰狗车站,恰巧有几个阿米什人在徘徊。女人身着长裙,男人一身黑衣,戴着黑色的圆礼帽。这时我才意识到鲁迪的圆边草帽可能具有某种宗教内涵。鲁迪说,算是有这个意思吧。阿米什派在宾夕法尼亚和俄亥俄州有许多教徒,而他的祖先应该生活在德国和瑞士一带,所以他会讲些简单的德语。

时间过得不紧不慢,在闲聊中打发了两三个小时。鲁迪的车先到了,上车之前他给我留了联系方式。

"如果你在美国有足够多的时间,可以到我家里去玩。这是个固定电话,不过因为比较忙,很多时候我不在电话边上。拨通后按 5,可以语音留言。"

说话间，鲁迪站起身，从包里掏出一本袖珍版《圣经》。就在我表示感谢时，他郑重其事地对我说——"爱你的邻居，应该成为摩西的第十一诫！"那一刻，鲁迪在我眼前的形象突然高大起来。我看到了他灵魂的底色。

五 凭良心办事的反对者

鲁迪坐车走了，我继续留在车站等了很久。虽然这里依旧人满为患，但我发觉它有些空空荡荡了。正如前面说的，我在这个车站刚刚搭建的那个世界崩溃了。

这是我第一次接触到门诺教徒。旅美期间，由于时间紧迫，我没能够去鲁迪的家乡。不过因为他，我开始对阿米什人与门诺派教徒有了更多的兴趣，并且做了些了解。

这两个教派都是 16 世纪欧洲再洗礼派宗教领袖门诺·西蒙斯（Menno Simens）追随者的后裔。为了躲避宗教迫害，他们先后从欧洲逃到了美洲，现在主要生活在俄亥俄州、印第安纳州和加拿大南部，过着工业革命前的生活，不用电，不开车，不打电话，不与外族通婚。

这些是现代文明的边缘人、传统价值的守护者。虽与他们素昧平生，当我知晓这个教派的其他某些主张，亦难免为之心动。这世上虽然有无数分歧，但有些价值在人心中却是相通的。

比如反对婴儿受洗。再洗礼派认为婴儿并不成熟，所以他们的孩子要长到心智成熟以后才能选择是否受浸成为信徒。不像其他很多教派，父母信什么，儿女必然信什么。父母的信仰也因此变成了儿女与生俱来的枷锁。这种隐性的强制实际上剥夺了孩子的自由意志。

阿米什文化里有一个词叫"rumspringa"。一般而言，阿米什人到了14岁之后，就会被称为 rumspringa，该词与德语 rumspringen 同源，原意为"上蹿下跳，跑来跑去"，相当于"捣蛋鬼"的意思。在这个阶段，**rumspringa** 可被允许做一些离经叛道的事情。性交、喝酒、吸食消遣性毒品……在经历一段疯狂的世俗生活后，有的人选择留在外面的花花世界，有的人选择重回阿米什社区。而一旦决定留在社区，一切就必须遵照严格的教义来。据说有八成的人会选择回归教派，而离开者主要有两种：一种想在艺术或智力上谋求发展；另一种想过有品质的物质生活。

除反对儿童受洗，再洗礼派还主张教会与政治之间应该划清界限，教会不应以阶级把个人与上帝分开。他们拒绝充当法庭陪审员，因为只有上帝有权判定人们的罪孽或清白。同样，他们拒绝为世俗社会立下任何誓言，并且拒服兵役、反对死刑。

我曾在书里读到过阿米什人拒服兵役的故事，令人动容。

1918年，一位叫罗莎的阿米什妇女，她的丈夫吉迪恩应征入伍到肯塔基路易斯维尔的一个营地。一个半月后，作为"凭良心办事的反对者"（conscientious objector），她给作战部部长写了一封言辞恳切的信。

> 1917年1月25日，我21岁时，嫁给吉迪恩·J.博恩特拉格。他于1918年7月2日应征入营，留下我独自一人，我除了劳动以外别无其他的谋生手段……我必须进一步陈述的是：我的丈夫是一个"凭良心办事的反对者"。由于良心上的不安，他不能在任何军事机构服兵役，因此也必须拒绝任何政府的薪水；作为他的妻子，我也不能接受政府的任何钱财来生活。

> 基于这些事实，我谦卑地向您提出请求，相信您会予以认真的考

虑，然后恳请您下达命令让我的丈夫回到我的身边。

您诚实的吉迪恩夫人

不久后罗莎得病死了，她的丈夫甚至没赶上她的葬礼。

阿米什人拒服兵役的理由是：作为"凭良心办事的反对者"，他们无法进行战争。就算被强行征兵，他们只能服从自己的良心，而不是上级军官。举例说，军官让他们开枪杀人，而他们在良心上过不去，就会成为军官的反对者。这样的人在部队里毫无战斗力，除了送死，就是给部队增添麻烦。

事情并不完全如此。2016 年好评如潮的电影《血战钢锯岭》除了向人们普及何为"凭良心办事的反对者"，同时也讲述了另外一种可能。一个连刀都不碰的人在战场上救回了无数伤员，保住了他们的性命。

六　阿米什人的乌托邦

一则广为流传的真实故事是，早在 1957 年，一个叫保罗的阿米什人在俄亥俄州被杀害，凶手彼特斯被判处触电死刑，阿米什社区为此感到悲伤。因为自再洗礼派领袖门诺·西蒙斯以来，门诺派教徒和阿米什人一直明确表示反对死刑。许多阿米什社区的人给凶手彼特斯以及州长威廉·奥尼尔写信，提出愿意宽恕凶手并为他祷告，来信者甚至包括年轻的受害者保罗的遗孀。阿米什人的家庭邀请彼特斯的父母到他们家来吃饭，教会的领袖去监狱探视他。由于阿米什人不断向当局求情，直到 1958 年 11 月 7 日，在预定电刑前 7 小时，州长减轻了对彼特斯的惩罚。

当我了解了阿米什人和门诺派教徒的生活，总免不了好奇——类似乌托邦社区是如何在美国保留下来的？这首先归功于社会高度自治。这个世界上最强大的国家，其强大并不在于控制和限制民权；相反，在社会领域它保持了足够多的丰富性。而社区自治的价值就在于民众可以通过合意过一种试验性的生活。在此意义上，从早期的清教徒时代直到今天，美国社会的乌托邦实践一直在继续，而政府对此抱一种相对宽容的态度。

以教育为例。阿米什人沿袭着"一室学校"（one room school）的教学模式，即一至八年级的学生全部被安排在一间教室上课。他们只学习德文版的《圣经》、英语、地理和简单的算术。

起初，地方政府试图关闭这些阿米什学校，但是遭到了抵抗。按照阿米什派的主张，高等教育对于他们的简朴生活而言是不必要的，会危及他们的自我拯救。

1968 年秋天，威斯康星州当局以不送孩子上高中为由逮捕了格林县的三位阿米什父亲。随后，阿米什人为此打了几年官司。1972 年春天，联邦最高法院做出裁决，认为政府没有理由否定阿米什实践自己的信念和教育孩子的权利。大法官华伦·伯格在判决书中这样写道：

> 阿米什人反对八年级以后的正式教育牢牢地基于主要的宗教观念。他们一般来说反对高中和高等教育是因为那里教导的价值观与阿米什人的价值观和生活方式显著不同。高中倾向于强调智力和科学方面的成就、自我决定、竞争意识、世俗的成功和与其他学生的交往生活。阿米什社会强调通过实践来获得知识，一种充满美德而不是技术知识的生活，重视社区福利而不是竞争，倡导与世俗社会的分离，而不是整合。
>
> 正如该案卷如此清楚地表明的那样，现代中学的价值观和计划与

阿米什宗教所强制规定的基本生活模式形成强烈冲突；要求义务教育的现代法律因此造成与阿米什人的重要矛盾，引起人们的极大关心。其结论是不可避免的：通过让阿米什的儿童在人生态度、目标和价值观上接受与他们的信仰相反的世俗世界的影响以及在关键的青少年发展阶段和在他们融入阿米什社区的生活方式方面，大量地干扰阿米什儿童的宗教发展，无论是对父母还是对儿童……这都是与阿米什基本宗教信条和习俗相抵触的。

……无论他们的习性在多数人看来如何，这份案卷清楚地表明即使偏离传统的主流，阿米什社区一直是我们社会里一个高度成功的社会单元……

我们不要忘了在中世纪西方世界文明的重要价值观是宗教界的人士通过突破极大障碍把自己与外部世俗世界隔离开以抵制其影响才得以保全的。不可能有这种假设：当今的多数人是"正确的"，而阿米什人和其他像他们一样的人是"错误的"。他们的一种奇怪或者古怪的生活方式，可并没有妨害其他人的权利或者利益，不该受到谴责，因为仅仅只是不同……

最后一段充分表明了联邦最高法院对"多数人暴政"的防范。据统计，1920 年阿米什人只有 5000 人，而到了 2016 年人口数也不过 30 万。如果一定要按多数人的意愿生活，阿米什人早就在美国消失了。

上述宽容态度还体现在其他方面。1970 年后，受聘在建筑工地工作的阿米什人拒绝新的《职业安全健康法案》中有关安全帽的条款，他们宁愿戴自己的毡帽、草帽或便帽。1972 年，联邦当局准许免除阿米什工人戴帽盔。

更有意思的是，从 1988 年开始，如果阿米什雇员替阿米什雇主工作，双方都不需要交纳社保税。在他们看来，福利国家可能削弱以社区为基础的互帮互助。这实际上是让国家止步于社区。

无论是阿米什人还是门诺派教徒，他们并非一心抗拒人类在政治、经济、科技与文化方面取得的文明成果，而是坚持过一种听从内心的生活。况且，这种生活也是人类文明的一部分。在那里，农田的意义不仅仅在于提供食物，更是一种古朴生活的象征。

这些人的生活时常让我想起电影《海上钢琴师》里的主人公"1900"。

有人可能会说，1900 被困在一艘轮船上，生活短促而狭小。然而他并非只有船，他还有弹得随心应手的钢琴。是的，钢琴同样有限，最多不过 88 个键。但就是这区区 88 个键，演奏了世间无数感人肺腑的乐意。

对于 1900 而言，轮船安顿了他的肉身，钢琴安顿了他的灵魂。世人贪婪，忙于追求无限财富，而 1900 却只求"琴键为始，琴键为终"，以有限触摸无穷。

七　人性的幽暗

只有教义，没有警察，人人循规蹈矩，互帮互助，岂非乌托邦景象？如果读者真以为阿米什人与门诺派教徒靠自己建立了他们的人间天堂，恐怕也是大错特错。正如前文提到，有缺陷的人类，既无力创造，也不配享有一个完美的世界。

几年前，国外媒体曝光了发生在玻利维亚曼尼托巴移民地的系列强奸案，受害者共有 100 多人，年龄从 3 岁到 65 岁，都是当地门诺教派的女性。作案者是 8 名门诺派男教徒。他们长期使用麻醉剂，先是迷倒受害者全家，然后入室强奸。很多受害者及其家人事后甚至根本不知道家里发生过强奸案。

起初，教区的人都不相信这些事情。有的说是"粗野女人的想象"，有的说是上帝降下灾祸，有的说是魔鬼强奸民女。否则，很难解释一位妇女睡觉前还好好的，转天早上醒来时发现自己身上有血迹，而且床上到处是精液。直到有一天两名强奸犯当场被抓，供出了同谋，这一桩桩持续多年的丑事才大白于天下。

在此旧事重提，并非想以几个教徒的作恶来否定再洗礼教派的乌托邦实践。对于阿米什人、门诺派教徒以及他们想要的生活，我始终心怀敬意，甚至感激。至少他们为我所在的这个物欲横流的世界提供了另一种可能。我想强调的是，人类历史上的诸多乌托邦实践最后之所以作鸟兽散，一个最主要的原因就是轻视了人性中的幽暗。而美国当年能够建立起一套切实可行的政治制度，也是因为对人性之恶做足了准备。

前往芝加哥的路上还发生了一件小事，也许它并非不值一提。

当车子刚刚离开克里夫兰，我靠着窗子差不多要睡着了。就在这时，坐在边上的印第安人问我是否可以和他坐在后排的妻子换个座位。我说"对不起呀，我现在太累了，请让我先睡一会儿吧"。我承认，因为连夜中转，我当时已经极度疲惫。

然而，四年后当我开始整理这几天的旅行笔记，记起鲁迪和我说的"爱你的邻居，应该成为摩西的第十一诫"时，我的心立即被刺痛了。其实我还算是个能够成人之美的人。比如在地铁里，很多时候如果看到有情侣或者一家人没有坐在一起，我会主动把座位让给他们，宁可自己站着。但是，几年前的那一天我为什么拒绝了那位印第安人的请求？对比当时的倦怠与漫不经心，以及我此刻的煞有介事，人性真的是让人难以捉摸。我们总是做得不如自己想象的好，并且常常为此追悔莫及。一个更大的真相是，那种倦怠与漫不经心会伴随我们的一生。

第五章　投票站的异乡人

在美国诸多左派媒体与知识分子那里，许多声音被忽略了，包括很少在政治正确中现身的"沉默的大多数"，他们同样有自己的现世关怀与切身利益。重要的是，以守卫传统美国之名，他们不仅壁橱里有枪，手里还有选票。

一　时差

到芝加哥时已经是次日中午。虽然不堪劳苦，一想到有机会在半路上遇到一个门诺派教徒，了解他背后的文化、草帽底下的灵魂，所有苦都值得了。

华盛顿与芝加哥有一小时的时差，半路上我的手机已经自动调到了当地时间。想起小时候（1986年）中国曾经实行过一段夏时制，后来不了了之。据说废除夏时制的主要原因是它没有达到节电的目的。

"由于中国南北温差大，东西时差大，全国又统一执行北京时间，因此实行夏时制在西北、西南及长江流域以南地区收不到节电效果。而且，实行夏时制也给人民群众的生活和铁路运输等行业的工作带来许多不便。"1992年国务院办公厅的一个通知是这样解释的。

早先我也人云亦云，认为那是一次"失败的改革"。可现在想来，当时之所以失败，不是因为进行了改革，而是因为改革不彻底。如果中国不是统一实行北京时间，而是像美国一样细分时区，恐怕效果会大有不同。相较于中国的全国一盘棋，美国的地方自治与分权体现在许多细节之中。

由于桑迪飓风我晚到了两天。在车站买了份《今日美国》，径自打车去旅馆。司机是个举止粗犷的肯尼亚人，得知我来美国观察大选，他立即有了兴致："我要把票投给奥巴马，我希望他能够连任！"

接下来他非常形象地讲了两个理由：

"先生，如果你正在盖一个 mall（大型购物中心），你不能盖一半就停下来；如果你在开车，正上着坡，也应该继续踩油门……"

因为这句话说得有些文采，我便恭维司机说他有当作家的天赋。很快他和我倒起了苦水："我以前就是作家！嗯，算自由撰稿人吧。不过光靠写字真的难以养家糊口，家里有三个孩子，生活不易！所以只好放弃写作，开起了出租车……"作家当出租车司机真不是稀奇事。几年后在维也纳旅行，当时将我送到博物馆的司机还出版过一本有关蒙古的见闻录。

与肯尼亚司机聊天时，我顺手翻了翻刚买的《今日美国》，头版有一份关于美国梦的调查。被调查者中，24% 认为自己实现了美国梦，40% 自信有途经实现美国梦，15% 表示自己无能为力，剩下的 21% 对此漠不关心。

很遗憾，当时我没有问这位肯尼亚移民是否实现了他的美国梦。但我知道，对于所有异乡人来说，他们的美国梦有两层意思：一是移居美国成为美国人；二是像他们的邻居一样实现美国梦。

二　"这样舒服多了"

由于晚到，我错过了前一天晚上的"占领芝加哥"集会。这次集会是"占领华尔街运动"在全美各地的蔓延，包括洛杉矶、西雅图、波士顿、华盛顿等大中城市。"occupy"在几年前是最革命的单词，不过我对此类运动没有多大兴趣。

我同情街头运动，但也常常敬而远之。这可能和我不信任广场政治与乌合之众有关。人群一旦聚集起来，最后的结果完全可能偏离原先的诉求轨道。

为了更好地了解这次大选，按计划一行人先去了芝加哥大学，那里有两场论坛在等着我们。作为美国名校，芝加哥大学不仅建立了世界上第一个社会学系，而且有约翰·杜威、W. I. 托马斯、G.H. 米德和米尔顿·弗里德曼等芝加哥学派的代表人物及其推崇者。遗憾的是，在参与论坛之前，我没能抽出时间在校园里寻找弗里德曼的足迹，而是跟着选举观察团的人去看了设立于该校的孔子学院。

孔子学院不同于歌德学院和法语联盟，其课程对美国大、中、小学生来说不仅免费，而且还提供奖学金，并组织到中国学习、培训、举办演出和中文比赛等。如果我当时没有听错，这家孔子学院一共只有两名中方工作人员，算是一个司令，一个副司令。

从一开始，孔子学院在美国就受到了不少抵制。2014 年，芝加哥大学108 位教授联名叫停了孔子学院。反对者认为在美国大学开办孔子学院违反"学术自由"的原则。他们担心孔子学院的教师在聘用、教学以及研究计划、资金等方面主要由汉办掌控，而汉办是一个中国政府机构，形同由外国政府来决定美国大学的课程。而最直接的原因恐怕还是芝加哥大学为该学院设了两个教授席位，这让其他许多教授觉得不公平。

在芝加哥大学，我先后参与了两个"全球论坛"，旁听者主要是芝加哥大学的学生。第一个论坛的主题是"What's next for China?"。说是"全球论坛"，其实就是四个中国人发言，讨论中国问题。不同的是，其中三位在美国工作，讲的是英文。此前，我在中国做了不少讲座，面对台下经常雷同的问题，我会觉得这样的生活无比乏味。而这次作为旁听者，当我听到主讲者毫无新意的观点时，我也在内心打起了退堂鼓。直到有一位发言者的话题引起了我的兴趣。他说近年来许多关于中国的预言都破产了，而且"中国的中产阶层是依附权力成长起来的，他们带给中国的，并不是理想中的革新"。

我不太同意这位演讲者的观点。就像我过去强调的，三十余年来中国之所以取得举世瞩目的成就，与其说是因为政府做了什么，不如说是因为政府没做什么。在此意义上，中国的中产阶层是在政府放权的过程逐渐出现的，而不是权力寻租或贩卖的结果。很多人做生意赚了钱，也并非"与权力结盟"那么简单。

讨论阶段，几位说英文的嘉宾终于都改说中文，说"这样舒服多了"。全球论坛由此变成了中国论坛。最有意思的是提问刚开始的时候，有位中国学生接过话筒后第一句话就是"我是某某的儿子"。这个开场白立即引来一片哄笑。这位学生的父亲我认识，几年前我们还在一起做过节目。

第二场活动的交流对象是空军学院的人，讨论主题是中美关系。与会者观点差不多，真应了那句"人以群分"。大家都认为中美关系并非敌对而是相互依赖，但两国之间也确实存在着一定的不确定性。整体而言，奥巴马和罗姆尼谁上台都不会有实质性改变，大家担心的反倒是中国的权力交接是否存在某种不确定性。其间亦有人主张中国应该跟着美国走，这样中国可以省去大量的军费和维稳费用。也有中国代表发言说美国正在失去中国，因为美国没有把民主推向中国，等等。

这也是一个国际论坛，现场45人，有42人会说中文。我慢慢习惯了发生在这里的一切。中国人主持的所谓"国际论坛"，通常就是中国人用英文和中国人交流。最后许多人难以忍受，改为给那三位美国人做同声翻译。大家再次一致认为"这样舒服多了"。

三　一座城市的漫游

作为思考者，我并不是一个热衷于寻求共识的人。我需要差异性以及陌生感来丰富我的世界。相较于会场上过于熟悉与乏味的老调重弹，我的收获更多来自原本一无所知的教堂、纪念馆和街道。

卡特中心将芝加哥设为此次观察美国大选的重要一站，主要是因为这里是奥巴马的大本营。为此，我们去了与奥巴马渊源颇深的三一教堂。奥巴马曾经在黑人牧师杰瑞米·赖特的影响下于此受洗为基督徒，成为"三一联合基督教会"的一员。二十多年来，赖特一直是奥巴马的宗教导师，不仅主持了奥巴马的婚礼，还为他的两个女儿做了洗礼。奥巴马《大无畏的希望》的书名据说也是来自怀特的某次布道。但在2008年，赖特有关反美、反白人、请求上帝惩罚美国的激进言论使奥巴马不得不宣布退出三一教会，以此政治正确和赖特划清界限。

这是我第一次进黑人教堂。坐在第十排靠中间的椅子上，听台上穿着五颜六色衣服的黑人唱诗、祈祷，让我仿佛置身于电影《修女也疯狂》。有关这部电影的一个说法是，在绝大多数人信仰基督教的美国，即使十恶不赦的暴徒也不敢枪杀一位身穿修女罩袍的假修女。而现在，透过这些黑人摆动的身体、嘹亮的歌声和热情的拥抱，我感受到一种穿透生命的力量。我相信这也是当年马丁·路德·金内心力量的一个源头。

接下来是简·亚当斯（Jane Adams）纪念馆。这是我第一次知道这个名字。1889年，亚当斯在芝加哥一个工人贫民区建造了一所大住宅，命名为赫尔宫安居会——"贫苦移民的天堂"。

亚当斯受托尔斯泰的作品影响至深。作为一个和平主义者和社会改良主义者，她反对美国介入第一次世界大战，并于1915年领导组建了妇女和平党。1919—1929 年，亚当斯出任国际妇女和平自由联盟主席。在那个意识形态尖锐对立的特殊年代，为移民辩护的立场使她背负了许多骂名。不过，世界并没有辜负她的善良。1931 年亚当斯成为美国首位获得诺贝尔和平奖的女性。

亚当斯站在弱势群体一边，或许还与她的性取向有关。网上有资料说她至少有过两段长期的"波士顿婚姻"（指不依赖性关系而生活在一起的女性）。可以肯定的是，如果亚当斯在世，她会为奥巴马投赞成票。

每到一座陌生的城市，除了必须看的博物馆和美术馆，我愿意花更多的时间穿街走巷，一天走二十公里也是常事。漫无目的的徒步可以让我透过日常生活触摸一座城市的灵魂，听到它的喘息。

在 Huron 街街边，有一辆孤零零的自行车。当我走上前去，发现这辆自行车里藏着一个悲伤的故事。

车子全身被涂成了白色，上面挂着两个小纸牌：一个写着"Patrick Thomas Stack（1962 年 8 月 8 日—1989 年 7 月 24 日）"；另一个上面贴着份剪报，详细记录了发生在二十多年前的一场车祸，而死者正是 Stack。

在寒风凛冽的大街上，猛然看到这样一种哀悼逝者的方式，我一时竟不知内心是冷是暖。想必这是 Stack 父母的杰作吧。他们试图用这种最朴素的方式挽留自己的孩子，好让他继续活在这个世界上，同时也警醒路人注意交通安全。这里虽然没有四壁和屋顶，到处都是过堂的冷风，却为我呈现了一个世界上最小却最能触动人心的生命纪念馆。

四　观察者的盲点

由于手机一时无法上网，晚上回酒店时有点迷路。一位白人小伙子为我指路，并陪我走了一公里。我问他这次选举会把票投给谁，小伙子说"当然是奥巴马"。

我记不清这是我第多少次重复这个问题了。来美国的这些天，从华盛顿到斯泰特科利奇，再到芝加哥，我问过很多人，几乎都告诉我他们会把票投给奥巴马。

恍惚之间，我脑子里突然闪过一个问题：美国主流媒体包括报纸、杂志、电台以及民调机构不是预测奥巴马与罗姆尼不相上下吗？我承认这只是一闪念并且很快有了答案——因为被我问及的大多都是黑人、拉美人等少数族裔，而且询问的场所也多是底层聚集的地方。就算刚才是位白人，也是最容易心怀理想的年轻人，更别说在芝加哥找到奥巴马的支持者也是大概率事件。奥巴马曾在这里执教 12 年，这里原本就是他的票仓、根据地和竞选总部。它解释了为什么我在这里没有看到两党对垒的局面，所谓选举观察完全波澜不惊。既然胜负已定，不是争夺激烈的 swing state（摇摆州），驴象两党自然不会在这里浪费一颗子弹。

简单说，虽然身处美国现场，但我的抽样出了严重问题。故而有了一种"人人都说要把票投给奥巴马"的政治幻象。

短暂的思考让我突然之间明白了许多道理，它甚至在一定程度上解释了中国的某些方面为什么不如我之所愿。这些年我做过很多场讲座，也在不同的聚会上遇到许多与我意气相投并有着相同价值观的朋友，对于"中国向何处去"大家通常会有一个共识，并由此信心满满。然而，事实一次次证明，这个国家并不一定会朝着我所盼望的方向走，甚至可能有很多意料之外的变数。

想起了心理学实验"看不见的大猩猩"。不经意间，我意识到自己在认知上可能出现了疏漏，而这也是很多人时常重复的错误。一个人如果只是通过自己有限的经验、有选择性的圈子以及他所悦纳的媒体来理解一个时代，这将是一件多么危险的事情。在这种自我屏蔽、人以群分的回声屋里，一个更广阔的不为我所知的世界被忽略了。

去芝加哥华人社区了解提前投票的情况时，顺道参观了当地的华人博物馆。在一个不起眼的墙角，我读到一句话，Great Wall to the Great Lakes（别我长城，抵美湖区），它让我不免感慨。而当我开始留意被我忽略的声音时，我发现即使同是华人社区对谁当总统也有很大分歧。如果问第一代移民，他们大多数表示会投奥巴马的票。大选结束后我曾在波士顿遇到一位生活在旧金山的华人妇女，她告诉我自己投了罗姆尼。我说你一定有不小的生意吧，她笑而不答。正在打拼未来的人喜欢民主党，想保持现状的人喜欢共和党，也算是人之常情。此后在旧金山，也有一位妇女对我说她两次都没投奥巴马，因为她更注重家庭的价值，如果没有家庭的价值，美国的价值也就没有了。

因为这些醒悟，四年后特朗普以"黑马"身份入主白宫，我就一点也不觉意外了。其实支持特朗普的人一直大量存在，而且在全球化过程中与日俱增，只是他们被美国主流媒体的政治正确有意无意地忽略了。甚至，在大局已定的情况下，许多人仍然不愿接受这个现实。

特朗普胜出后，作家笛安给我发来微信："看到朋友圈里一片哀号希拉里输了的人，真想屏蔽了图个干净。"她接着解释："我大学时代估计也不会是今天的立场。直到去年巴黎恐袭发生，我就觉得怎么可以躲在博爱的幻觉里坐以待毙呀……那么美好的欧洲，变成这样，全球化不应该是这样的。"

笛安在巴黎读书时我们并不认识，有些感觉却很类似。虽然我们都认同全球化的价值，但并不忽视随之而来的许多问题。理想是一回事，现实又是一回事。否则，反欧盟、反全球化也不会在欧洲成为一个经久不衰的话题。而这些年随着恐怖主义的不断升级，其拥护者只会越来越多。这些也是英国投票退出欧盟的重要原因。

那些天，我在朋友圈里也听到了一些"哀号"。反对特朗普者大量转发了美国大选后的失落场面，有人抗议，有人流泪，有人纵火……仿佛天下大乱。但是，这能说明什么呢？安慰自己正确吗？如果读者有良好的媒介素养，会知道新闻从来就是一个断章取义的行当。确实有人焚烧旗帜并被拍摄，但美国不是一张照片。绝大多数人在照片之外按部就班地生活，而不是抗议、流泪、纵火。而且，相当一部分人正为自己的选择沾沾自喜。这就是被媒介忽略的真实。

无论欧洲还是美国，大学与媒体无疑是知识分子相对集中的地方，在观点上他们倾向于左派（区别于某些"国家主义左派"），相信自由、平等、博爱等法国大革命以来的价值观，包括全球化带来的某种令人心旷神怡的人类共同体幻觉。他们是世界的希望，很多都是理想主义者，其中不乏人类良知的典范。我承认，在骨子里我和他们一样，相信这些美好的价值，包括对弱者的同情、对公正的渴望等。美国的民主党也在向选民承诺一个乌托邦，在那里人们生活自由，文化多元，各族群和睦共处，枪口朝下，不对准任何一个无辜的人……不同的是，我对人性多了一些警惕与怀疑。人固然有利他的倾向，但从本质上说我更相信人首先是利己的。这世界上有许多光明之子艰苦卓绝地参与社会变革，但为什么最后大权会落到黑暗之子手里？关于这一点，美国神学家尼布尔在《光明之子与黑暗之子》

一书中给出了解释——光明之子低估了人性中的自私倾向，这个弱点决定了他们制定的蓝图往往不切实际；而黑暗之子知道这一点，他们谨小慎微，处处为自己着想，同时迎合人性中幽暗的一面。简单说，黑暗之子虽然自私自利，但更切实际，也因此收获更多。

我不是要贬低那些为理想奔波的人，而是要强调正是因为理想之路高远而多艰，所以更需要多考虑一些具体而微的现实问题。就像我曾经说过的，现实让我成为一个理想主义者，而理想又让我成为一个现实主义者。

那些为特朗普当选而大跌眼镜的人，显然没有做好准备。大选前，左派媒体还在一边倒地批评特朗普，民调也显示希拉里将稳操胜券。在美国诸多左派媒体与知识分子那里，许多声音被忽略了，包括很少在政治正确中现身的"沉默的大多数"，他们同样有自己的现世关怀与切身利益。重要的是，以守卫传统美国之名，他们不仅壁橱里有枪，手里还有选票。

有些贩卖末日的人说，特朗普当选会终结自由主义。他们太低估美国的宪政体系与民情了。而且美国的保守主义从来不是自由主义的对立面，如果从保守主义所主张的小政府的角度而言，它甚至可能拓展自由。在此意义上，希拉里的失败的确不能说是自由的失败，而只能说是"左派的失败"。

左派为什么"失败"？2016年大选结果出来后，一位美国学生不无悲伤地说："我们生活在自己的回音室中，以为其他人都跟自己一样持有类似的理念，是时候走出来了。"

是的，人要信得过自己，但不能让自己成为回音室里的囚徒，只听得到自己的回音，甚至把自己的回声幻想成全世界的呼声。这位学生的话不仅印证了我此次美国之行的感悟，而且部分道出了几年后特朗普获胜的真相。我相信那也是对许多左派媒体与知识分子的忠告。人人皆为自己的理想而活，可这个世界比我们所能想象的要复杂得多。我不怀疑作为价值观的民主，但在具体操作上，应该看到的是，专制的变数来自独裁者的头脑简单，而民主的变数则来自选民集体的复杂。为此，政治评论家们必须尽可能减少观察中的盲点。

五　投票日：总统与验尸官

回到 2012 年的芝加哥，11 月 6 日是我最忙碌的一天。选举观察团凌晨四点多被叫起，赶往印第安纳州提皮卡诺县等地的投票站观察投票。宾馆送来当天的《今日美国》，头版写着"It is decision day"（今天是决定日）。上车后发现车里同样贴了许多投票动员的口号：

Vote for the people who can't.（为不能投票的人去投票。）

You don't vote, they win.（你不去投票，他们就赢了。）

Get out and vote.（出门去投票。）

……

马不停蹄，从清晨五点多开始陆续走访了一些投票站。它们都是临时免费征用的一些公共场所，比如公园、幼儿园或者教堂的一角。到达第一个投票站时，里面已经排起了长队，其中很多是老年人。

这个世界最强大的国家再次迎来四年一度的政权更迭。想起曾经读过一本名为《这就是美国》的书，里面是这样描述美国选举的：

有些美国人开口民主，闭口民主，好像他们是世界上最民主的。事实刚好相反，看看他们的选举情形吧！投票的地方满布着警察、特务和打手，你假使投进步候选人的票，不是被打死，就是被打伤。所以许多人都不敢去投票。有许多人干脆就把选票出卖了，反倒可以赚到五个美元。

那是 1951 年出版的抗美援朝画册，在那里，美国是富人的天堂、穷人的地狱。我没有在 50 年代生活过，没有见证那时候的美国是个什么局面，而当我置身其中，我知道这里不是地狱，也不是天堂，而是一个人的国家。

回想那一日的访问，一路上没有刀光剑影，也没有妇孺的哭声，有的只是悄然降临的黎明和纷至沓来的投票者。甚至，在各个投票站周围竟然没有看到一个警察或保安在维持秩序，更没有安检之类的繁文缛节。维持投票秩序者大多是义工。

当这些人为我们远道而来表示出某种感动时，我承认那时我的内心是复杂的。一方面，看到托马斯·莫尔几百年前盼望的民主制度在这里早已绿树成荫，难免感慨功夫不负有心人；另一方面，作为来自遥远的中国的观察者，既像是站在故乡眺望异邦，又像是站在高处俯视芸芸众生。一种难以言说的亲近、疏离与超越。当你到达一个陌生的国度，割舍过去的因缘，在那里世界是完整的，你也是完整的。旅行之所以迷人，还在于你可以生活在一座城市，却不必属于它。

从第一个投票站出来大概是早上六点半，外面仍是满天星斗。接着是第二个投票站。那里有五台电脑，包括两台联想。我心中暗笑中国前途无量，都开始为美利坚的民主事业提供硬件支持了。工作人员说，该投票站今天将迎来 3000 位选民。环顾四周，这里最有气势的是 25 台投票机，其中一台专门为残疾人准备。和我前几天看到的不同，全是电子投票机。

其后在霍华德县的 Russiaville，我见到一台专供手写投票的老机器，当时已有 127 人在上面投了票。看守机器的老者说，那是最后一台旧机器，不会用很久了，投票站已经进了三台电子投票机。随行的州务官员解释说，印第安那州有 92 个县，每个县的选票都不一样，不少地方之所以还在用手写，主要是因为许多选民觉得电子投票心里不踏实。

投票机的"多样性"让我想起纪录片《选举功能障碍》里的抱怨。全美共有 13000 多个相互独立的选区，因而也有着 13000 多个不一样的选举规定细则：同样是选民，在不同选区有的必须在大选前一个月登记个人信息，有的当天在投票站现场登记即可；同样是投票，有的投票站必须检查投票者的驾照、护照等官方证件，有的则只需信用卡，甚至带有姓名和地址的信封也可以；同样是选票，有的选区设计得简洁明了，有的则如产品手册。

相关批评不无道理，不过并非致命缺陷。毕竟投票困难对于所有候选人而言都是一样的。而对于观察者而言，投票站的遗憾在于我只能看见来投票的人，而他们对自己的选择却守口如瓶，就算接待我们的工作人员也不例外。大选日就像是一场考试，尽管平时在公共场合大家会为选谁争论不休，但真到了投票日，选民们更想安安静静地表达自己的权利，每个人都变成了"密谋者"。此前，最不伤和气的回答是："我不确定该投给谁，唯一确定的是我对两位候选人都很失望。"当然有时候他们也的确是那样想的。

对此，一位年轻选民的解释是："每个人都是自己拿主意。我不能告诉你我投了谁，否则会影响现场其他人。"卡特中心的一位工作人员则认为可能是因为印第安纳州多数人支持共和党，他们不太愿意让别人知道自己的政治倾向。这是一个意味深长的回答，想必也是迫于某种压力吧。换句话说，以推动社会公平正义为标榜的公共舆论也在掩盖问题。而这些问题在几年后特朗普与希拉里的角逐中充分暴露了出来。

一行人到达克林顿县的一个投票站时，太阳终于出来了，照见满地白霜。在投票站外的草坪上，插着一些小牌子，上面写着总统候选人之外的其他候选者的名字。几位刚刚投完票的选民，胸口还贴了张"I voted"小粘贴。我也要了一张贴在自己的胸口上，那一刻我突然有一种莫名的荒诞感。

这一站时间相对充裕，终于可以仔细阅读选票。这是张 A4 大小的纸。的确像州务官员所说的，每个县的选票都不一样。有个细节超出了我的想象，在这张选票的背面竟然还有"coroner"（验尸官）这个单词。

美国大选还要选验尸官？我先是一惊，但很快明白其意义非凡。谁都会说法律是最后的公平正义，但这有个前提，即相关案情能够真正进入司法程序。假想一个人被谋杀了，验尸官却颠倒黑白，断定这个人因为抑郁症而自杀身亡，最后的公平正义就永远无法谈起了。退一步说，就算能够进入司法程序，一份有瑕疵的验尸报告也会影响法院公正判决。

更重要的是，民选的验尸官不仅得到选民的信赖，而且有制度上的保障。同样是民选产生，就算总统有再大的权力，也无法干涉一个地位卑微的验尸官的专业主义，更别说直接下令免去他的职务。从总统到州长再到地方验尸官，不同层级的民选，都是美国分权与地方自治制度得到保障的重要一环。所以说，美国的权力体系中不只有议会、行政、司法的横向制衡，还有从中央到州乃至地方的纵向分权。

所以，在最后一个投票站接受腾讯记者采访时，我特别谈到了民选验尸官的意义，并强调民主不只是一种价值观，更有许多可以切磋琢磨的细节。记得此前我参加芝加哥绿党候选人南茜和共和党候选人施密特竞选第五区议员的辩论。现场除了主持人和摄影师、五六位当地观众，还有一位计时者，手里握着黄橙红三种颜色的倒计时牌，分别为 30 秒、15 秒和 0秒。当大家各就各位，计时者非常严格地掌控着时间。虽然整个活动只有寥寥几人，但看着他们如此精细地执行程序，我的内心竟涌起一些感动。在我看来，这些细节所体现的不只是对程序正义的尊重，还代表着"做一行，是一行"的专业主义。

至于究竟是奥巴马还是罗姆尼最终赢得大选，那种"算命游戏"在国内也可以玩。说到这里，我突然发觉自己此前也着实浪费了不少时间。值得一提的是腾讯公司，那年他们派出了规模庞大的大选观察采访团，几路记者分散在美国各大城市，可谓盛况空前。

按计划，那天我们跑了七个投票站。不过到了最后两个投票站，因为观感大同小异，有些成员已经懒得下车了。在第六个投票站，我遇到一个叫 Wes Bishop 的年轻人，当时他正举着小旗，为自由党候选人加里·约翰逊（Gary Johnson） 竞选总统、Andrew Horining 竞选参议员、Rupert Boneham 竞选印第安纳州州长拉选票。

我问他："你觉得这次谁会当选总统？"

"当然是 Gary Johnson！"年轻人毫不犹豫地说。

如此信心满满，说得我乐了起来。自由党虽被称为"美国第三大党"，但与驴象两党完全不可同日而语。也是这个原因，有人甚至误以为美国实行的是两党制。这一年选举，自由党的支持率还在个位数徘徊，约翰逊募集的资助总共是 255 万美元，而驴象两党候选人募集的资金总额超过了十几亿美元。印象中，在投票现场负责监票的似乎也没有自由党人。

加里·约翰逊曾经做过新墨西哥州州长。2011 年已经回归商界多时的他再次涉足政坛，加入共和党党内初选，竞争总统候选人提名。考虑到自己无望在共和党内突围，约翰逊随后抛弃共和党转投自由党，并顺利拿到总统候选人提名。在一个崇尚多元政治的社会，各党党员在不同的政党之间跳来跳去，也算是"市场政治"的一个常态。虽然 2012 年大选约翰逊最终获得的票数不足 1%，但他也算是全程走完了这场"权力的游戏"。

在选举结果出来之前，一行人又去了共和党的一个党部，办公条件可谓简陋至极。随后，又一起去了为共和党支持者举行的聚会。起初支持者们还紧盯着屏幕上的票数变化，一旦确定大势已去，奥巴马成功获得连任，整个会场像一个泄了气的皮球慢慢失去活力。

六 芝加哥的微笑

大选结果出来后，我的这次选举观察活动就算接近尾声了。此后一天我们还参观了与马丁·路德·金有关的一个社区。卡特中心的人开玩笑说，如果在美国看到以马丁·路德·金命名的街道，就赶紧跑，因为那里黑人比较多。

出口民调与投票点差异让我进一步看到美国民主实践中的身份政治问题。相关统计表明，占全美十分之一人口的西班牙裔有七成投票抗议共和党的反移民立场。而在费城 1700 个投票点中，有 59 个点罗姆尼没有得到一张票，出现 19605：0 的局面。有分析认为，这一方面是因为民主党积极鼓动支持者去投票，另一方面也因为这些街区住的主要是黑人。在 2008 年也出现有些选区无人投票给共和党人麦凯恩的情况。根据出口民调，整个大选中 93% 的非裔美国人将票投给了奥巴马。

回想在芝加哥的逗留，有一位华裔女生给我留下了深刻印象。女生姓胡，长得有些像张曼玉，我刚刚在芝加哥住下来时她到宾馆采访我。大概是事前没做什么准备，她提问并不积极，这让我反倒有机会了解她更多。

小胡当时正在普渡大学念书，老家在浙江金华，父亲开了一家生产零部件的工厂。虽然家底殷实，但她觉得在中国没有什么安全感。其中一个理由是她见证了自己的一个朋友如何被对手借助权力部门查封了财产。其后几天的随行，我听她聊得最多的是有关信仰的话题。小胡说她家几代都信仰基督，并且深受其益。有一次和室友闹得很不愉快，她打电话给父亲，父亲便以《圣经》里的话劝告她："不可含怒到日落。"这句话出自《以弗所书》，全句是"生气却不要犯罪，不可含怒到日落，也不可给魔鬼留地步"。

一个人信奉某种宗教，有时并非简单地信不信哪个神的问题，而在于这种宗教是否能给人以智慧或解药，将其从现实的琐碎与荆棘之中解脱出来。在此意义上，宗教具有抚慰人心之价值，同样符合边沁所谓的最大效用主义。毕竟，人心需要慰藉，且无所谓深刻与浅薄，没有谁可以代替别人去感受或跨越一时一地的艰难。不无遗憾的是，今日中国，在一些患有"转型焦虑症"的人眼里，许多慰藉人心的话时常被贬斥为有毒的"心灵鸡汤"。久而久之，这种贬斥甚至变成了另一种"政治正确"。

以个体的权益与幸福论，如果有些词语可以让一个深陷痛苦的人免于哀伤，而他的幸福亦与世无害，那么提供这些慰藉的人又何罪之有？我能理解批评者的焦躁甚至某种急功近利，但是历史进程有其内在的逻辑，并不会理解他们并跟着他们走。

　　离开芝加哥的前夜，大家一起去当地一位华裔教授家做客。喝酒唱歌，插科打诨，听内情人士聊中国可能或不可能的未来。转天，选举观察团作鸟兽散。

　　余下的一点时间我独自去了千禧公园。印象最深的是里面有个皇冠喷泉，两座相对而建、由计算机控制的 15 米高的显示屏，交替播放着代表芝加哥的 1000 位市民的笑脸。每隔一段时间，屏幕中的市民口中还会喷出水柱。为什么叫"皇冠喷泉"而不叫"芝加哥微笑"？我有些失望，不禁想起几天前遇到的门诺派教徒鲁迪和我说的摩西第十一诫应该是"爱你的邻居"，以及刚刚在大街与公园里不期而遇的那些笑脸。

　　那一天，我在千禧公园里拍了几张照片，然后拖着笨重的行李去车站继续找我的灰狗。我还要去很多地方。我开始想念坐在灰狗里的彻头彻尾的孤独与说走就走的旅行了。在路上，我依旧会遇到很多人，与他们交谈，虽是一面之缘，却又推心置腹。然后各自散去，直到有朝一日在记忆里几乎留不下一丝痕迹。

第六章　费城故事

　　"他是人民的受害者。"这是怎样的反讽！还记得美国宪法的开篇就是"we the people"（我们人民）。仿佛全世界人民都站在"我们"一边，令人头晕目眩！然而在这里，对潘恩完成某种迫害的也是人民。

一　灵魂城市

第一次到达 Philadelphia（费城）时已是夜晚。虽然疲惫，我还是趁着夜色，去感受这座城市。先是路过一座朝鲜战争纪念碑。战争期间费城死亡和失踪人口为 603 人（全美死亡 33472 人），每个人的名字都刻在上面。这是 2007 年小布什在任时修建的纪念碑。当时美国各地新修了不少战争纪念碑，客观上也是小布什在为自己辩护，以此证明第二次伊拉克战争与二战以及朝鲜战争一脉相承。

出于对人类自相残杀的畏惧，我对任何战争纪念碑通常都持保留态度。毕竟，那里不只有正义与邪恶之辩，更有无数的血泪与炮灰。

就在我要离开时，却不经意间走进了附近的威廉·潘（William Penn）纪念公园，由此真正走进了费城的历史。

1681 年，作为对所欠家族债务的补偿，英王查理二世将美洲的一块土地划给了威廉·潘家族。转年，威廉·潘就把这块土地变成了以其族姓命名的宾夕法尼亚（Pennsylvania），而他最初上岸的地方，就是现在的费城。Philadelphia 由两个希腊词语 Philos（友爱）和 adelphos（兄弟）合成。如此甜蜜的名字难免给人某种乌托邦想象。

"没有服从的自由是虚幻，没有自由的服从是奴役。"这是威廉·潘的名言。在他看来，一个人被剥夺了信仰自由，就是"自由中的奴隶"。早先，他因为信仰贵格派而不信仰英国国教圣公会而被牛津大学开除。1668 年，又因为在 *The Sandy Foundation Shaken*（《沙土地基动摇》）一书中"攻击三位一体"而被关进了伦敦塔。伦敦大主教的判罚是，除非他公开悔悟，否则就必须在里面待上一辈子。不过，对于威廉·潘来说，进监狱并非全是坏事。正是在伦敦塔监狱里，年仅 25 岁的威廉·潘用写悔过书的纸完成了一生中最重要的作品《没有十字架，没有王冠》(*No Cross, No Crown*)。在这本书里，他探讨了宗教压迫的根源，指出："哪里的教士有巨大的权力和权威，并且对王子和国家政权有巨大的影响，哪里就有巨大的混乱、流血、罚没、监禁和流放。"从中不难看出威廉·潘事实上已经在主张政教分离。

威廉·潘首先是一个有远见卓识的思想家。他很早就提出了建立"欧洲合众国"的设想，加上在民主、人权与宗教自由等方面的主张，有人拿威廉·潘和约翰·洛克相提并论。他基于宾夕法尼亚实践写就的《政府的架构》，同样成为后来美国宪法的重要思想来源。

和许多漂洋过海的人一样，1682 年的威廉·潘带着一个理想的城邦而来。当时的欧洲和英国的其他殖民地都没有宗教信仰自由，威廉·潘试图按照贵格会的理想，建立一个承认宗教信仰和政治自由的乐土。那些不能在旧大陆做的试验，可以拿到新大陆来做。他想象中的城市应该为每个市民服务，市民只服从自己制定的法律，而不是皇室与教皇的权杖。在这里，人人可以自由交流，博爱而宽容。城市始终是绿色而开放的，既不对自然封闭，也不深筑高墙阻止世界各地的商旅往来。

因为威廉·潘是贵格派教徒，在我查找相关资料时偶尔翻到贵格派创始人乔治·福克斯（George Fox）的一些故事。不得不承认，贵格派的事迹给了我不少感动。福克斯说他 11 岁的时候开始懂得了什么是纯洁和正义，并要对万事万物保持赤诚，对内忠于上帝，对外忠于人类。第一次看到这句话的时候，我竟怔住良久。年轻时我也满怀纯洁和正义，然而长大以后，我不但没有找到上帝，甚至连人类也慢慢丢失了。

贵格派的教义可以简化为"人无贵贱高低，四海之内皆兄弟"。然而世界对他们并不那么友好。他们在美国一度受到清教徒的迫害，在离开英国的时候，更是受到来自英国国教的迫害。耐人寻味的是，革命以后，克伦威尔前一天晚上还和福克斯聊得潸然泪下，转天就对贵格派教徒毫不手软。

说回威廉·潘，现实并没有因为他拥有这块殖民地而变得更加美妙。虽然贵为总督，从一开始威廉·潘就将权力交给了议会，所以他不仅没有从这里得到多少好处，甚至不得不为此负债累累。1701 年，威廉·潘在英国再一次锒铛入狱，宾夕法尼亚差点成了他人的囊中之物。尽管如此，相较于他留给世界的宾夕法尼亚与费城的传奇，这点挫折已经微不足道了。虽说美国生长于四面八方的乡镇，但在政治与社会演进层面，费城终归是美国当之无愧的灵魂城市。

20 世纪 20 年代，马库斯·加维（Marcus Garvey）领导了美国历史上第一次大规模的黑人群众运动。因为提出了"回到非洲去"的口号，加维被拥护者奉为"黑人的摩西"。1927 年加维被美国政府驱逐出境，最终死在伦敦。对于绝大多数黑人来说，"回到非洲去"也只是说说而已。毕竟美国国土辽阔，并非完全被种族主义的黑暗笼罩。一个人如果有决心和能力回到非洲重新再来，不如选择去费城、纽约等有着相对自由的地方，像"前奴隶"弗雷德里克·道格拉斯（Frederick Douglass）一样改变自己的命运。

二　有污点的国父

"Freedom is calling"（自由在召唤）。随处可见的标语在风中飞舞。

转天上午，穿过著名的胡桃街，我在独立宫与费城宪法中心之间的草地上散步，无意中发现一间小型纪念馆。如果只是匆匆瞥见视频里华盛顿的面容，游客一定会误以为它正介绍华盛顿的丰功伟绩。

事实上，这是一家为九个奴隶而设立的纪念馆，其目的恰恰是来揭华盛顿伤疤的。这是个原址纪念馆，建立于2008年，正好坐落在自由钟边上。这也是美国历史上第一个由政府出资纪念具体黑奴的纪念馆。墙上的视频不断告诉游客华盛顿当年如何处心积虑在总统府里蓄奴。

说来话长。在总统任职期间，为了起居方便，华盛顿从弗吉尼亚弗农山庄的几百个奴隶中挑选了九个奴隶，将他们带到了费城。需要说明的是，以当时的民风，有钱人蓄奴并不是什么不光彩的事情。然而，华盛顿一家的精明做法实在是有违时代潮流，也让人看到了他内心的幽暗。

想起马尔克姆·艾克斯（Malcolm X）悲天悯人的感叹："我们都是黑人，所谓的尼格罗，二等公民，奴隶的后代。你什么也不是，只是奴隶的后代。你不喜欢这样的称呼，可你还能是什么？你就是奴隶的后代。你来时坐的不是'五月花'，你坐的是运奴船。身上绑满锁链，像牛马一样。你是被那些坐'五月花'的人带来的，那些所谓的'清教徒'、开国元勋。"

有关华盛顿的这件事还得从费城的一部法律说起。1780年，宾夕法尼亚州颁布《废奴渐进法案》，规定任何在费城出生的奴隶的孩子都不再是奴隶，任何在费城生活了半年以上的奴隶自动失去奴隶身份而变成自由民。为了规避后一条款，保护自己的私有财产，华盛顿想出了一条对策，即每隔半年，也就是家中的奴隶在费城即将待满六个月的时候，由夫人玛莎把他们带回弗吉尼亚老家一趟。这样再回到费城时，那半年的期限因被清零而又重新开始了。为了避免被人撞见而有失体面，华盛顿还让人在总统府挖了一条地道，方便家中的奴隶出入。

有的奴隶从费城律师那里偶然知道了费城有这样的《废奴渐进法案》，

于是选择了逃亡。然而，就在这时，为了保护奴隶主对奴隶的绝对拥有权，华盛顿于 1793 年签署了美国首部《逃奴追缉法案》，允许任何州逮捕、审讯逃亡的奴隶，并将他们归还原主。任何人一旦被发现窝藏奴隶或协助奴隶逃亡，将面临 500 美元的罚款并可能遭到监禁。

华盛顿死前曾经要求夫人解放他名下的奴隶。至于他的夫人，则至死也没有解放一个，而是将他们转给了自己的继承人。

研究历史者通常都会强调要回到历史现场去理解历史人物，然而这并不能掩饰华盛顿在对待奴隶的态度方面是有污点的。身为开国总统，他精明的巧计既有违当年费城的法律精神，也不符合当时日渐开放的民情。

蓄奴屋的发现是很偶然的事情，如果不是有心人揪住不放，这些黑历史会继续淹没在历史的灰尘里。对于这件事，我更愿意思考的是，一位有污点的国父如何变成一座高高在上的雕塑。这涉及历史的选择性书写与遗忘。我翻遍华盛顿·欧文（Washington Irving）的《华盛顿传》，里面对华盛顿蓄奴一事只字不提。经过时代"去芜存精"的淘洗，华盛顿当年被法国人活捉，以及在打完仗后举起酒杯遥祝乔治三世万寿无疆的故事更是鲜为人知。

在华盛顿被符号化之前，他只是一个走上了时代风口浪尖的普通人。站在华盛顿纪念碑下，我曾疑虑纪念碑上面的石头和下面的石头颜色为何不一致，后来查了资料才知道这些石头采自不同的地方。原因是，在该纪念碑没有完工的时候，部分同一批次的大理石被人扔进了波托马克河。

相较于同时代人，华盛顿无疑是位英雄。而一位英雄被符号化的过程往往是这样的：当他离开了这个世界，首先腐烂的是他的肉身，接着腐烂的是他部分的故事，而剩下的故事还会生长出新的故事。当虚与实缠绕在一起，慢慢地便有了全新的意义——一个伟大符号的诞生。整个书写过程，由此变成了一场旷日持久的圣化与加冕。

丹尼尔·布尔斯廷（Daniel J. Boorstin）在《美国人：建国的历程》里谈到了对华盛顿的美化。华盛顿还活着的时候，他曾受到各种攻击。《曙光报》甚至这样诅咒华盛顿："先生，美国人民迫切希望那个带有篡权者性质的人死去。"华盛顿在 1799 年 12 月 14 日死去时还是一个有争议的人物，不仅他的判断力，而且他的正直也公开受到非难。人们嘲笑他，使他不得不以不那么合乎宪法的手段来惩治他的政敌，压制反对派的新闻报道。但是，死后没多久，华盛顿很快被塑造成一个半人半神的国父。按布尔斯廷的说法，英雄崇拜常常源于某种心理需要。这些曾经漂洋过海而来的异乡人及其后裔，在割断与英国的联系后，急需在这片土地上找到一位精神上的父亲和引路人。

最初包装华盛顿的是一个名叫威姆斯的江湖骗子。他做过牧师，但最投入的事情是当推销员。威姆斯在华盛顿死前就收集了许多有关他的传记资料。他调查了图书市场，认为美国需要一个守护神式的英雄。所以当华盛顿死后，他兴高采烈地将《华盛顿生平录》推向市场，"像亚麻籽一样出售"。

这本书告诉读者，华盛顿生来就是不平凡的，在他还是个胎儿的时候，他的母亲就做了个梦，预示了华盛顿的伟大和革命历史。接着，威姆斯又在书中讲起了华盛顿受教育的故事。据说华盛顿小时候砍了父亲心爱的樱桃树，当被父亲责问时，他勇敢地承认了错误，为此父亲不但没有批评他，反而夸奖了他。而事实上，类似这种"诚实的华盛顿"的故事都是威姆斯胡编乱造的。"特别是有关他的早期生活的巨大空白，威姆斯通过借用、剽窃和杜撰把它填补上了。"

几年后，另一本名为《乔治·华盛顿生平和文集》的书出版。此时华盛顿已经变成了一个完美无缺的人，因为凡是不利于英雄光辉形象的段落都被删掉了。编撰者贾雷德·斯帕克斯（Jared Sparks）后来成为美国首位历史学教授。因为把华盛顿写得太过完美，华盛顿家族的人还从其墓地旁的雪松上砍了一根枝条，做成手杖送给了斯帕克斯。

"斯帕克斯一而再再而三地改动原文中的字句，目的就是要使这些话与这位英雄的身份相称。"斯帕克斯做了哈佛大学校长后，有英国贵族指责他不诚实。然而，整个美国学术界纷纷站出来表示了对斯帕克斯的支持。

我从来不鼓励自己带着洁癖去阅读历史。对于过往人物的褒贬，也尽可能放宽尺度，但这并不妨碍我去了解或厘清一些材料与事实。类似的故事还有很多。

记得此前若干天，在宾夕法尼亚州立大学图书馆里我曾读到一期《新闻周刊》（*Newsweek*），其封面文章即是揭露林肯是如何被梳妆打扮的。而托马斯·伍兹在《另类美国人——对美国历史的政治不正确导读》一书中也提供了部分细节。

1858年，林肯在与史蒂芬·道格拉斯的第四场辩论中宣称：

> 我愿意说，我现在不，过去也不曾以任何方式促成黑种人和白种人的社会与政治平等地位。我现在不，过去也不曾赞成黑人投票和做陪审员，不赞成他们担任公职，不赞成他们与白人通婚；除此之外，我还愿意说白种人和黑种人之间存在着身体上的差别，我相信这种差别将永远禁止这两个种族在社会和政治平等的条件下生活在一起。正因为他们不能如此生活，在他们和我们仍然在一起的时候，则必有地位上的优劣之别，我和其他人同样赞成把优等地位指派给白种人。

早在就任总统之前，林肯强烈支持对被解放的奴隶进行移民，坚信黑人不可能被美国社会同化，更不赞成给黑人以投票权。就任总统之后，林肯还赞成一项授权奴隶买卖与流放的宪法修正案。许多历史研究表明，美国南北战争的目的并不是解放奴隶，而是拯救联邦。事实上，1862 年林肯颁布《解放黑奴宣言》，其中也有些容易被忽略的事实，比如它只要求解放南方种植园里的奴隶，而不包括北方联邦里的几个州，按说就近解放北方岂不是更好？林肯对黑人最真实的态度是：给他们自由，送他们回非洲。

当然，一个政治人物有着怎样的观点与他实际上完成的历史事实并不完全等同。有一点是可以肯定的，起初并不完全赞同解放奴隶的林肯能够顺势而为，在客观上启动了美国黑奴的整体解放。而这也正是那些能在关键时期超越个人好恶，以完成历史使命的政治家的可爱之处。

三 妥协课

尽管华盛顿身上有不少污点，然而就其在领导美国独立战争及制定美国宪法等方面所做的贡献而言，国父之名实乃当之无愧。更别说他还有过人之处——既拿得起宝剑，又放得下权杖。

为更好理解中美政治史上的关键时刻，有两本书值得对比阅读：一是叶曙明的《国会现场（1911—1928）》，二是凯瑟琳·鲍恩（Catherine Drinker Bowen）的《民主的奇迹——美国宪法制定的 127 天》。

我读《国会现场（1911—1928）》，印象最深的是宋教仁在会场上挨打，以及立宪的可能性一次次被暴力中断。而《民主的奇迹》所呈现的则是闭门会议里此起彼伏的争吵，但大家却彼此尊重，其中许多细节颇值得回味。

比如，在经过漫长的几个月的讨论，大家依旧争执不下的时候，已经垂垂老矣的富兰克林站起身来：

> 主席先生，首先我必须承认，对于这部宪法的部分内容，目前为止我并不尽然同意，可是我也不敢说，我永远都不会赞成。我的岁数这么大了，不乏原以为自己眼光正确，可是后来经过深入了解，周详考虑，却不得不改变看法的经验，甚至有许多我一度以为正确的重大事件，事后却发现大谬不然。因此，我的年纪越大，反而越不信任自己的判断，愈发看重他人的判断。就像有许多宗教上的宗派一样，许多人总以为自己的一派拥有全部真理，只要别人的意见和自己不一样，就一定都是错的……先生，我之所以同意这部宪法，是因为我觉得恐怕再也找不出比它更好的了，而且我也不敢说它不正是最好的。我愿意为了公众福祉，牺牲我认为宪法中存有错误的看法。

这是富兰克林给大家上的妥协课。即使是这些在美国历史上呼风唤雨的制度精英，最后还得向社会妥协。在各方"费城暴政"的反对浪潮中，保障言论等自由的权利法案最终被写进宪法。

妥协是民主的血液。透过制宪会议，新生的美国给人印象最深的政治智慧就是以妥协求共存。在那里，有大州与小州就国会代表权达成的妥协，有北部和南部就税收和代表权上如何计算奴隶人数达成的妥协，有北部与南部就管理对外贸易和征税达成的妥协……而一旦丢弃了妥协的精神，就有可能迎来灭顶之灾。美国后来造成死伤无数的南北战争即是一例，中国亦有足够多的教训。在我所生活的这片土地上，南南北北战争无数，往往就因为在紧要处不知妥协，以致一次次血流成河。

回到胡桃街边制宪会议现场，就像坐在弗农山庄的葡萄架下——整整四个月，华盛顿都在会议里沉默地坐着，甚至在全体委员会开会期间、暂时不用担任主席的时候也不例外。他和弗吉尼亚代表采取一致的立场，在大会开幕之前就已经表明，赞同成立国家级政府。只有到了最后一天，9月17日，华盛顿才站起来参加辩论……他的沉默中蕴含着他的力量，他的坐镇使得联邦大会不致解体，议事得以进行。

在费城制宪会议现场，华盛顿是当之无愧的精神领袖。如果说没有富兰克林倡导的妥协，这次会议就不会达成协议，那么，没有华盛顿坐镇，这次会议就可能开不起来。大会原定13个州74位代表参加，但实际到会只有55位代表，真正凑足法定人数已经是40天后的事情了。没来的有的是在欧洲出差，有的是付不起路费，还有来了以后发现盘缠不够又走了的。不过大多数人还是留了下来，因为华盛顿将军在，这让他们隐约觉得自己正置身于一个伟大的历史进程中。只是，华盛顿不动声色，没有干扰他们。

四　如何讨论一本书？

富兰克林在制宪会议上做出了"伟大的妥协"，法国经济学家杜尔哥称赞富兰克林"从苍天处抓住闪电，从暴君处夺取民权"。回到费城现场，我好奇的是他因何具有这样一种视野和胸怀。后来我在他的自传里找到了答案。

早在当印刷工人时，富兰克林曾经在费城创办了一个读书会——密社

（也称"皮围裙俱乐部"，Junto）。按富兰克林等人的初衷，这首先是一个相互切磋琢磨的社团。所以，在加入这个读书会的时候，新社员需要以问答的方式牢记以下四条原则：

> "你是否对其他社员无礼？"答："没有。"
>
> "你是否衷心认同从整体上热爱人类，无论其职业与信仰？"答："是的。"
>
> "你是否认为一个人该为自己的观点或固执而受到身体、名誉方面的损害？"答："不会。"
>
> "你是否会因追求真理而热爱真理，并且以你的方式不遗余力地、公正地寻求真理，和其他人一起交流？"答："是的，我会。"

每周五的晚上是属于读书会的时间，各个社员须依次提出一两篇研讨道德、政治或自然哲学中任何问题的论文，并在会中讨论，每隔三个月要提交和诵读本人习作一篇，题目任选。每期读书会需要讨论24个问题，包括最近读到什么书？城里来了哪个作者，有什么启发？什么事情我们可以服务于人类？最近哪个年轻人小有成就，为什么？最近谁受了伤害，我们可以做什么？最近谁做了有价值的事情值得我们效仿？等等。

关于这个读书会，我印象最深的是它的罚金制度——

> 我们的辩论由会长主持，而且应当根据诚恳的探求真理的精神，而不是以爱好争辩或求胜的态度来进行。为了防止激昂的情绪，一切肯定意见的表达和直接的抗辩过了一些时候就成为非法的了，违者处以小额罚金。

也就是说，根据读书会的章程，当一个发言者说出"你绝对错了"或者"我肯定对"之类的话时，他必须接受经济上的处罚。理由是，大家聚集在一起，是为了无限接近真理，而不是听谁来宣布真理在握。

这是一种我称之为"追求真理，但不强加于人"的态度。富兰克林在回忆录中特别说明了这种自律给他以后的工作和生活带来了很多好处：

> 我经常禁止自己说出一切直接与别人的意见相左的和一切过分自信的话，我甚至按照我们"密社"的老规矩不许我自己使用英语中一切表明肯定见解的单词或词句，例如"一定地""无疑地"等。相反地，我采用了"我想象""我料想"，或是"我猜想一件事情是如此如此"，或是"现在在我看来好像是……"。当别人表示一个我认为是错误的意见时，我并不粗暴地驳斥他的主张，立刻指出他提案中某些荒谬悖理的地方，我放弃了这样驳斥时带给我的快慰。在回答时我开始指出在某些情况下他的看法是正确的，但在当前的情况下在我看来好像有些不同，云云。不久我发现了这种改变方式方法的好处，我跟别人的谈话比以前融洽了。由于我谦逊地提出了我自己的见解，这些意见反而更容易为人所接受，更少引起人们的反驳。当我发现我错了的时候，我也不至于过分懊丧；当我对的时候，我也更能说服别人放弃他们的错误，接受我的意见。

五　搭便车：精英素质与草根偏好

也是因为以上种种，我相信决定一个国家未来的主要是精英阶层的素质，而不是草根阶层的素质。前面提到为华盛顿作传的作家华盛顿·欧文，其小说《瑞普·凡·温克尔》（*Rip Van Winkle*）里面有个细节尤其耐人寻味。

瑞普·凡·温克尔是小说的主人公，他在村子里和所有人关系都不错，唯独受不了太太的种种苛刻和管制。有一天他上山打猎，看到一群人在饮酒玩乐，便走过去，喝了点酒。没多久，他感到头昏脑涨，两眼发眩，不知不觉睡着了。而这一睡就是二十年。醒后回到自己的村子，瑞普发现村子里没有一个熟人，连他十分惧怕的老婆也已经离开人间。

此时，村里的酒馆也发生了变化。原先挂着的是乔治三世的肖像，如今早已被华盛顿所取代。大街上的陌生人在谈论选票的事情。也就是说，瑞普是在独立战争结束之后才醒过来的，世事变迁似乎与他没有一丝牵连。

> 他过了好久才能参加日常的闲谈，才明白在他睡着时所发生的奇奇怪怪的事情：怎样发生了革命战争——美国已经摆脱了英国的奴役——他已经不是乔治三世陛下的臣民，现在是合众国的一个自由公民。事实上，瑞普不是什么政客；共和国和帝国的变化在他没有多深的印象；他只知道一种专制，他在它的压迫下吃了多年苦头，那就是妇人的专政。所幸这种专制也结束了；他已经摆脱了婚姻的枷锁，可以随自己高兴，愿意出去就出去，愿意回来就回来，不必再怕凡·温克尔太太的暴政了（the tyranny of Dame Van Winkle）。

以梦境谈论世事的小说很多。这部短篇小说最让我感兴趣的是它谈到了两种专政。从宏大叙事的角度通常都是革命史、国族史、阶级斗争史，包括专制与反专制等；若是回到个人，则具体入微、千变万化。如华盛顿·欧文所描述的，像瑞普这样在革命年代里如堕云雾的草根阶层，最关心的还是自己可以触摸的生活。如果不是被强力裹挟，他们大多只会以看热闹的方式、搭便车的心理顺应时代的变化。他们真正关心的仍然是家长里短、柴米油盐，以及茶楼酒肆里的喜怒哀乐。

因此，如果需要讨论国民素质与社会进步的关系，最需要面对的应该是精英（生产者）的素质，而不是普通民众（消费者）的素质。正如微信的出现首先来自技术精英的设计。如果它一开始就为公众所排斥，腾讯自然没有理由责怪用户素质不高，而应该反思该产品本身的实用性和易接近性。

社会变迁就像一个求积的过程。绝大多数草根所呈现出来的接近于一个正数的恒量（|G|），与其相乘的精英的产品（P）则有可能是正数，也可能是负数。在此意义上，一个社会究竟是朝前走还是大倒退，很大程度上决定于政治、经济、文化与技术等精英所提供的产品，以及他们如何面对合作与分歧。我这样说，不是为大变动时代乌合之众的恶行免责，亦非要抹杀底层民众默默无闻的创造，而是强调一个高质量的精英阶层更能担负起时代的重任。

在某种临界点上，草根也会起到推动历史的作用。比如精英完全失灵的情况下，草根阶层就有可能走到时代的风口浪尖。这方面，几十年前小岗村的农民按下血手印，实行"大包干"便是一例。他们的幸运是，这种拿生命冒险的举动很快得到了上层政治精英的认可。事实上，此前也有悄悄实行大包干的村庄，只是那些人并不像小岗村农民那般幸运。究其原因，仍在于是精英阶层在操控全局。

为什么说草根阶层所具有的是一个正数的恒量？我以为这就是人性。当一个产品符合人性，它就会有市场；反之则失去市场。相同的道理，美国政治理想的航船也只能在符合人性的河流上航行。一旦脱离人性，就可能面临搁浅的命运。

早先美国国父们想建立的是一个纯净的国度，没有奢侈品，没有酗酒，没有赌博，没有买春，不能跳舞，甚至不能手淫。这是清教徒的乌托邦。独立战争之后，美国开始了一场净化运动。据说年轻合众国当时的发明主要集中于反手淫方面。到 19 世纪中叶，人们可以买到种类繁多的装置和药品，用于控制自我把玩的欲望。其中包括阴茎盒和睡觉时戴的手套。甚至有 20 多种阻止女人张开双腿的装置获得了专利。

然而，底层民众有自己的美国梦，他们并不随时被革命者的禁欲主义蓝图牵着走。正如撒迪厄斯·拉赛尔（Thaddeus Russell）在《叛逆者——塑造美国自由制度的小人物们》一书中所声称的，如果没有一群酒徒，美国革命也可能是另一个结果。

虽然酒馆里还是挤满了底层美国人，但领导美国革命的那拨人却正在进行激烈的自我改造……美国的精英们放弃喝酒，改在咖啡馆扎堆。但普罗大众并未效仿。在诸位国父当中，乔治·华盛顿、詹姆斯·麦迪逊和罗伯特·莫里斯都支持在革命之后通过对酒类征收货物税从而对饮酒加以控制。但事实上，所有这些尝试都遭到了否决或者未能执行下去。1794 年，政府本来试图在宾夕法尼亚西部征收威士忌税，结果导致了后来所谓的威士忌起义，整个地区的叛乱者不仅拒不交税，还在收税员身上涂满沥青并粘上羽毛。

与此相关的是美国的两个宪法修正案。1920 年 1 月 17 日零时，美国宪法第 18 号修正案——禁酒法案正式生效。这项法律规定，凡是制造、售卖乃至于运输酒精含量超过 0.5% 以上的饮料皆属违法。由于民众的激烈反对，1933 年 2 月，美国国会通过第 21 条宪法修正案以取消第 18 号修正案。所以，美国宪法虽然有 27 条修正案，实际起作用的只有 25 条。

要言之，国父们有政治上的大革命，他们的价值是在制度上一锤定音，高瞻远瞩；而底层草根有自己生活上的小革命，他们的价值是跟随人性，细水长流。从更长远的角度来说，前者是手段，后者才是目的。更形象的说法是，生产粮食是手段，让大家吃得上饭是目的。

有一点需要说明，美国人谈论国父的时候，无论是 founding fathers，还是 founders，用的通常都是复数。也就是说，国父并非只有一个，而是一群。甚至包括后来因推动平权运动而死的马丁·路德·金也被美国人视为国父。由此而论，在这个国家，国父的队伍只会越走越长。美国之"可实现的乌托邦"，正是仰仗这种可以不断为历史做加法的开放性。

更有意思的是，美国史专家约瑟夫·埃利斯（Joseph Ellis）在他的书里直接将华盛顿、杰斐逊、本杰明·富兰克林、亚历山大·汉密尔顿、约翰·亚当斯等开创者称为"founding brothers"，以表明这些人之间所存在的亲缘性和平等关系。

六　被遗忘的国父

以我对美国的有限了解，至少有两个人可以被列入"被遗忘的国父"名单，他们是罗杰·威廉姆斯和托马斯·潘恩。

罗杰·威廉姆斯

罗杰·威廉姆斯（Roger Williams），既是美国宗教自由的先驱，又是政教分离的早期支持者。从剑桥大学毕业后，威廉姆斯成为神学家，开始传教生涯。由于憎恶宗教战争与宗教迫害给民众带来的苦难，他慢慢脱离了英国的国教派，而成为分裂派。威廉姆斯相信人人都该有宗教自由和良心自由。每个人都应该用自己的心灵去选择宗教，任何被强迫的信仰都会让上帝臭不可闻。

1631 年，威廉姆斯抵达美国，并在清教徒治下的马萨诸塞殖民地居住，没多久他便因信仰不同而被驱逐。随后，威廉姆斯在印第安人的领地上住了三个半月。威廉姆斯很有语言天赋，在上学的时候便掌握了拉丁语、希伯来语、希腊语、荷兰语和法语，到美洲后很快学会了印第安人的语言。他当年回英国申请殖民地特许状，马萨诸塞湾的清教徒干涉他，但还是拿到了，因为他那时候在英国已经很有些名气——他写了一本关于印第安语的书。后来他还写过一本《迫害的血腥信条》，被英国当作禁书。

由于在良心上反对英王特许状政策，并承认印第安人对土地的所有权，在拿到特许状后威廉姆斯便从印第安人那里买来土地，创建了宗教宽容、民主自由的罗德岛，使之成为良心自由的避难所。一个有关威廉姆斯的纪录片是这样评价他的——他坚持的良心自由，是美利坚献给人类的最伟大的礼物。"天路客和新教徒来到美国寻找自己的宗教自由，罗杰·威廉姆斯来到美国为所有人寻找良心自由，包括东正教、天主教、犹太人、穆斯林、无信仰者和异教徒。"

作为分裂派中的一员，威廉姆斯认为，为了保证信仰自由，必须政教分离。他非常形象地指出在"基督的花园"（教会）与"野生的世界"（政府）之间应该有一道隔离墙。一方面，政府无权干涉国民的精神信仰，在有关良心的事情上，上帝从未说过要用"钢铁之剑"（Sword of Steel）去帮助"精神之剑"（Sword of Spirit）。另一方面，教会也不该介入对政府的管理。

甚至，那时候威廉姆斯在北美十三个殖民地组织了一场废除奴隶制的运动。

平等主义、宗教自由、良心自由、政教分离、废奴主义……虽然这些精神并没有完全体现在美国 18 世纪的宪法当中，比如废奴主义，但从整体上说它们一直是几个世纪以来美国人所标榜或寻找的"国家的灵魂"。美国后来的国父们也从不讳言他们从威廉姆斯那里得到了灵感。旨在论述政教分离的著名的"杰斐逊之墙"，就是来自威廉姆斯"隔离墙"这一概念。

托马斯·潘恩

同样是被遗忘的国父，相较于罗杰·威廉姆斯，托马斯·潘恩的命运可谓不幸。

美国人为什么淡忘了潘恩？此前我曾将这个问题带到华盛顿纪念碑前。潘恩被称为在"三个世界造反的人"，他同时参加了美国、英国和法国的革命。关于法国大革命，潘恩有个折中的主张时常为后人所称赞，即希望雅各宾派不要杀死路易十六，而是直接将他流放到美国。不过潘恩也因此差点死在法国的大牢里。他曾经向华盛顿求救。这原本是轻而易举的事，只要证明他是美国人，但是华盛顿对此置之不理。从此以后，华盛顿在潘恩心目中的形象一落千丈，变成了一块忘恩负义的冷石头。

回溯独立战争史，华盛顿深得潘恩之惠泽。约翰·亚当斯说过，"如果没有潘恩的笔，乔治·华盛顿所举起的剑将徒劳无功"。（Without the pen of Paine, the sword of Washington would have been wielded in vain.）以我对美国历史的粗浅了解，如果没有潘恩的笔，华盛顿可能就是一个跪着造反的旧派军人。华盛顿年轻时带着北美的民兵为英军打仗，常为补给不如英兵耿耿于怀。他的梦想就是成为英国的正规军。早先，华盛顿带队同英国人打仗只是为了反对英国议会，而不是为了独立。直到潘恩为他指出美国还有另一条道路：

> 几个不能自卫的小小的岛屿，是一个王国把它们置于保护之下的最好的对象，但是如果据此认为一个大陆就可以永远受一个岛屿的统治，那就不免有些荒谬。自然界中从来也没有卫星大于它的主星的先例，既然英国和北美在彼此的关系上已经违反自然的一般规律，那么显而易见，它们已是属于不同的体系。简单说，英国属于欧洲，北美属于它自己。

甚至，连 The United States of America（美利坚合众国）这个名字也出自潘恩。在《常识》一书中，潘恩满怀深情地宣告北美是这个世界为热爱人类的人准备的最后一个避难所，而他自己后来却不得不接受被驱逐的命运。这不仅因为他揭露美国驻法大使迪安从法国援美经费中渔利的丑闻，使他与大陆会议中的很多人交恶；正是在潘恩的推动下，1780 年宾夕法尼亚州通过《渐进废奴法案》，因此潘恩在美国政府中受到排挤恐怕也和他激进的废奴主张有关。

除此之外，还有他对基督教的批评。在巴黎的监狱里，潘恩完成了《理性时代》，并且在扉页上将它献给"美利坚合众国的公民同胞"。潘恩在这本被联邦党人视为瘟疫的书里集中批评了基督教。

我相信一个上帝，没有其他的；并且我希望在这一生之外还有幸福。……我不相信犹太教会、罗马教会、希腊教会、土耳其教会、基督教会和我所知道的任何教会所宣布的信条。我自己的头脑就是我自己的教会。一切国家的教会机关，不论是犹太教的、基督教的或是土耳其教的，在我看来，无非是人所创造出来的，建立的目的在于恐吓和奴役人类，并且借此来垄断权力和利益。

每次读到潘恩的这些文字，我都心有戚戚焉。想起了精明的帕斯卡。帕斯卡假定所有人对上帝存在或不存在下注。对于一个理性人而言，他应该相信上帝存在。其一，如果上帝确实存在，那么他不仅可以得到上天堂的好处，还避免了下地狱的坏处；其二，如果上帝不存在，那么相信上帝存在也没有什么大的损失。更不用说，从宗教证伪的角度来说，没有人能证明上帝不存在。这就是著名的"帕斯卡赌注"。

我和帕斯卡的区别是：帕斯卡认为信仰上帝是一件只赚不赔的事情，因为如果真有上帝的话，你可以免受地狱之苦，还可以上天堂；如果没有上帝，你也不会因此损失什么。而我认为，生而为人最重要的是诚实地保有自己的怀疑精神。且不说没有上帝，就算有上帝，他也会尊重人所具有的怀疑精神。否则上帝为什么要赋予人类自由思考的能力？

我能想象潘恩的孤独。在生命的最后日子里，他为千夫所指。教士们憎恨他，甚至还有人因为他反对基督教而朝他开枪。一个原本当之无愧的美国国父，此时不仅被还原为居心叵测的异乡人，而且还是诋毁上帝的异教徒。纵观这由盛转衰的命运，美国上流社会对潘恩的嘲笑是——"他升起像一支火箭，落下如一根拐杖。"

1809 年 6 月 8 日，潘恩死了。这个后来被爱因斯坦称为"最伟大的美国人之一"的英国人，死得冷冷清清。此时已经很少有媒体愿意关注他了。仅有的一两家关注他的媒体也是言辞刻薄——"昨天，他葬于西切斯特县新罗歇儿附近，可能是在他自己的庄稼地里。我不知道他的年龄，不过他活得也够长了。他做过一些好事，可更多的是坏事。"（He had lived long, did some good, and much harm.）他的父亲是贵格派教徒，临终时，潘恩曾乞求能够葬在附近贵格派的墓地里，不过因为他反基督教的立场，没有得到允许。

几十年后，美国作家兼演说家 Robert G. Ingersoll 这样评价潘恩：

> 潘恩度过了他传奇一生的极限。大多数朋友和熟人一个个都抛弃了他。到处是中伤、排斥、躲避和憎恶——他的美德被当作恶行——他的奉献被忘记，他的人格被抹黑，他保持着灵魂的泰然与平衡。他是人民的受害者，但是矢志不渝。他是自由之军中的战士，一直努力启迪和教化那些焦急地盼着他早死的人。甚至那些声称爱他们的敌人的人（指基督徒）也在全心恨他，而他本是他们的朋友——全世界的朋友。1809 年 6 月 8 日，死亡终于来临。死亡差不多是他唯一的朋友。

"他是人民的受害者。"这是怎样的反讽！还记得美国宪法的开篇就是"we the people"（我们人民）。仿佛全世界人民都站在"我们"一边，令人头晕目眩！然而在这里，对潘恩完成某种迫害的也是人民。任何时代，无论是领袖还是人民，都逃不过人性的幽暗，都有难以遮蔽的污点。而那些让人努力去推动历史的力量，有的是基于改造现实的激情，有的是源于自我的完成，潘恩的幸运在于他将二者融为一体。

潘恩活到了 72 岁。他死的时候只有几个人送葬，包括两个黑人、尼古拉斯·波纳弗尔的夫人和她的两个儿子。波纳弗尔是法国人，潘恩在巴黎时曾经寄住在他家里。因言获罪后，在潘恩的帮助下，他的妻子带着三个孩子逃到了美国。而波纳弗尔同样晚景凄凉，身为出版商和作家，他在拉丁区开了家书店，但情绪一直悲观失落，最后的丧葬费是雨果等朋友一起筹措的。

至于潘恩，更令人心酸的故事还在死后。1819 年的一个夜晚，因为不满潘恩在美国的遭遇，英国记者威廉·科贝特将潘恩的遗骨偷偷挖出来，并带回英国。科贝特希望能给潘恩举行一个英雄的葬礼。不过，他的这个愿望一直没有实现，因为潘恩在英国同样被政府视为敌人。科贝特死后，他的儿子守不住家产，潘恩的遗骨一度被法院当作廉价品没收。其后又几经辗转，支离破碎，没有人知道这"遗骨奥德赛"的最终去向。

说来也巧，潘恩和我喜欢的法国作家罗曼·罗兰同一天生日。罗兰也曾经为潘恩的人生悲剧打抱不平，并预告将给"勇敢的理想主义者托马斯·潘恩"作传，把潘恩列入他有贝多芬和托尔斯泰的英雄长廊。最后不了了之。

七　国父的枕边人

说到被遗忘的国父，在美国还有一批人值得一提。如前所述，华盛顿在他所处的年代是一个饱受非议的人。比如在制宪会议前后，有两个人一直在反对他。一个是弗吉尼亚州州长伦道夫，他全程参加了制宪会议，但到最后没有签字，因为里面没有有关人权法案的内容。另一个是在会场外的帕特里克·亨利。宪法草案公布后他怒火中烧，声称这是"费城的暴政""乔治三世的暴政"。

正是在这些反对派的抵制下，才有了后来的十条宪法修正案，即权利法案。对此，华盛顿也不得不承认宪法最后的形式其实是正反两方共同的杰作。"由于反对意见的表达，为政府这门学问带来许多原本不会存在的新见地与启示。他们对于人类权利一事作了详尽公正的探讨，阐释得如此明晰有力，不由得给人留下深刻长久的印象。"

1934年春，罗斯福在第一个任期上待了一年后，许多人批评罗斯福新政是新独裁，正在使美国成为"一个权力不受约束的社会主义国家"。而刚刚上任不久的希特勒本人以及纳粹党的机关报《人民观察家报》等则对罗斯福"将集体利益放在个人之上"等精神大加赞赏，称罗斯福新政是"一场独裁主义革命"。同样，许多意大利人把罗斯福视为墨索里尼的革命同志。

美国最终为什么没有走向纳粹独裁？因为美国有深厚的地方自治精神和个人主义传统。而最关键的是民主制与自由的根基并没有被罗斯福破坏。事实上，在重视公民权利、反对种族隔离与偏见的政策上，罗斯福夫人埃莉诺较他要走得更远。

寻访美国过往历史，与埃莉诺遥相呼应的是第二任总统约翰·亚当斯的夫人阿比盖尔（Abigail Adams）。1800年白宫竣工后，阿比盖尔成为离开费城入主白宫的首位"第一夫人"，她也是第六任美国总统昆西·亚当斯的母亲。

阿比盖尔是一位彻底的联邦制拥护者。作为妇女解放运动的先驱，她留下了大量的书信。其中流传最广的是她写给约翰·亚当斯的这段话：

> 不要忘记女性，要比你的先辈更慷慨地支持她们！不要把无限的权力搁置在丈夫们的手中。记住，只要有可能，男人都会变成暴君。

如果不能给予女性特别的关心和照顾，我们肯定要酝酿一场暴动，如果法律不给予我们说话的权利，不能够代表我们的权利，那么我们是不会受制于这种法律的。

这是两个世纪前的"美国好声音"。说出心中反对的声音不仅使阿比盖尔的人格更完整，也让她对丈夫的爱更完整。

第七章　寻找瓦尔登湖

在某种意义上说，美国独立战争其实是一场有产者革命。有产者革命与无产者革命的区别在于：无产者革命的逻辑是"我的财产在别人那里，所以要夺回来"；而有产者革命则是"这是我的财产，你不能拿走"。

一　去伊卡利亚岛

离开费城的路上，我在当地一份报纸上读到一篇人物访谈。2004 年，作家 Mattew Quick 辞去南新泽西最好中学的教职，搬到马萨诸塞的一个地下室专职写小说，最近有一部根据他的小说改编的电影要上映。在接受采访时，Quick 说在坏老师与好作家之间他选择后者，并且忠告现在的学生不要只跟着科学跑——尽管那里钱很多——而要跟随内心，拥抱文艺，因为世界需要小说家、画家和音乐家。

世界需要有品质的精神生活。Quick 的话不无道理。不过我并不认为从事科学与文艺的人之间有那么大的鸿沟。生而为人，科学家和小说家、画家、音乐家一样，内心都有着关于未来的想象，以及与之相伴的乌托邦激情。如果说昨日世界是跟着意识形态跑，世界"一半好人一半坏人"，结果是希特勒死了，丘吉尔活了下来；而今日世界则是完全跟着科学跑，一荣俱荣，一毁俱毁。所以，在我看来，科学的危险完全不在于那里钱多，而在于科学作为一种新宗教制造了人类无所不能的幻象，而且夜以继日为这个幻象封圣加冕。

接下来是随遇而安的漫游，最后的目的地是波士顿。途中路过一个叫康宁的地方，它让我想起艾奥瓦州的康宁。1860 年，一群来自法国的理想主义者在伊卡利亚湖畔建了一个乌托邦。

值得一提的是其灵魂人物埃蒂耶纳·卡贝（Etienne Cabet）。卡贝是法国人，22 岁时已经拿到了法学博士学位。不过他对法律并不感兴趣，毕业后开始投身于政治和新闻业。1834 年，他被判了两年徒刑。按当时的法律，作为替代刑，他选择在英国过五年流放生活。正是在伦敦，卡贝接受了莫尔和欧文思想的熏陶，甚至变成了一个共产主义者。几年后，当卡贝重返法国时，他完成了《伊卡利亚之旅》。

这是一部空想社会主义小说。故事发生在伊卡利亚岛，在那里，人们过着军事共产主义生活：不仅土地和工厂归集体所有，私有制被彻底否定，甚至禁止佩戴宝石和昂贵的饰品；报纸只是官方的传声筒；所有消费品按劳动表现平均分配；早上 5 点起床，晚上 8 点击鼓熄灯，人们的生活像监狱里一样简单而有规律；为节约开支，整齐划一，连服装都装有松紧带以适合各种体型。

很多细节似曾相识。今天的读者认为小说里的伊卡利亚是一个典型的反乌托邦，不过当年它还是获得了很多支持者。1847 年，59 岁的卡贝决定去远方寻找他梦想中的伊卡利亚。为此，他在自己创办的《大众报》上发表了一篇动员文章《去伊卡利亚岛》，同时出版了一本名为《实现伊卡利亚共同体愿望》的小册子，介绍他的计划，并邀请热情的冒险者到报社报名。

卡贝有些异想天开，他以为刚开始可以征集一两万人，直至百万人规模。如果需要，那就按欧文的建议去地价便宜的得克萨斯买一百万英亩土地。可惜最后因为人没凑齐只买了一万英亩土地。现实中的伊卡利亚之旅是这样的：

1848 年 2 月，由 69 人组成的首批伊卡利亚人开赴得克萨斯州。由于在监狱关押了几天，卡贝未能与他们同行。这是一次糟糕的远征，目的地特里尼特是一个交叉地区，卫生状况极差，一些人抵达后因得了疟疾而死亡。与此同时，由于通信不畅，这个坏消息拖了很长时间才传到巴黎。而这期间，卡贝继续组织移民并集合了几百人。数月后，当卡贝一行抵达新奥尔良时，将他视为大救星的追随者们激动得热泪盈眶，直至此时他才意识到问题的严重性。早期的移民已经所剩无几，寻梦变成了逃难。虽然与此相关的乌托邦社区在不同地方也存续了一些时间，但终究是昙花一现。在诺伍村的共产主义殖民地，卡贝也因为独裁失去人心，最后带着少数的支持者走了。1856 年，这位狂热的理想主义者死于脑出血。

几年之后，当我坐在南开大学新校区宽敞的图书馆里，吹着空调的凉风，借着一些浮光掠影的材料回望这些寻梦者的种种波折，又岂敢责备他们当年如何"莽撞"！乌托邦实践的确为这个世界留下了许多笑话，但有一样东西却值得尊敬，那就是人类对美好世界的想象与激情。如果没有对异域的想象，不仅不会有古代的中国和今天的美国，恐怕人类至今还在非洲大陆，从一棵树蹦到另一棵树，时而听到大自然那雄浑的声音——春天来了，又到了动物交配的季节。

结束康宁的旅行，去了一趟尼亚加拉大瀑布，并在附近住了一晚。转天，我便到了神往已久的波士顿。

波士顿是马萨诸塞州的首府，新英格兰地区的最大城市。正是发生在这里的"波士顿倾茶事件"点燃了美国独立战争。这是一场没有预谋的战争，最开始美国人反对的只是制定贸易恶法的英国议会，而不是乔治三世。

在某种意义上说，美国独立战争其实是一场有产者革命。有产者革命与无产者革命的区别在于：无产者革命的逻辑是"我的财产在别人那里，所以要夺回来"；而有产者革命则是"这是我的财产，你不能拿走"。中国有句俗语，光脚不怕穿鞋的。对于社会稳定与长治久安而言，这显然不是一件好事。如果人人致力于保卫自己脚上的鞋，人人最后都会有鞋穿；而如果人们总是怀疑别人脚上的鞋是自己的，最后的结果就是谁也别想有鞋穿。波士顿倾茶事件之所以发生，就是因为要保卫私产，反抗者不允许英国议会把美国人脚上的鞋拿走。因为他们反对的是一种"制度性剥夺"，所以最后殃及了英王在北美的统治。而这也是新一代中国人越来越重视私产保护的价值所在。

回望发生在 17、18 世纪的三场革命，英国革命重自由而轻平等，法国革命重平等而轻自由，相较而言，美国试图将两种价值加以协调，避免顾此失彼。除此之外，美国之所以成功，原因还在于美国对英宣战并脱离英国，就像一个婴儿成熟后分娩。既然它空悬海外，本来就是逃离欧洲的人所建立的社会，离开母体自是必然之事。其所谓的痛苦，不过是生产时的阵痛，而不是被谋杀时的创伤。

美国革命可以分两个阶段：一是独立，二是制宪。前者，就"美国独立"这一目标而言，是否达到，很好确定——赶走穿红军装的英国兵就好了。由于时间短暂，目标明确，这一时期的革命没有对社会伤筋动骨。至于其后的制宪，因为与会精英奉行妥协，并不追求完美，同样可以轻松过关。与此相比，无论是英国光荣革命还是法国大革命，因为它们面向的是某一种抽象的理想（自由或者平等），这些恰恰是无法彻底完成的。而当这些抽象的概念压倒了具体的人，即平等与自由压倒了需要平等与自由的人，接下来只需枪声一响，这个国家就血流成河了。

二 山巅之城

1620 年 11 月 11 日，经过海上六十六天的漂泊，来自英国的"五月花号"帆船靠近了美洲的陆地。在上岸之前，船上的人签订了一份公约——
《"五月花号"公约》，签署人"在上帝面前共同庄严立誓签约，自愿结
为一公民团体"。这个团体是基于被管理者的同意而成立的，而且将依法
而治。这是美国历史上第一份重要的政治文献，虽然只有短短几百字，但
从某种意义上说，后来美国的其他法律文件包括宪法在内，都是此精神的
后裔。

　　回到历史，波士顿更是一座生长于乌托邦想象的城市。1630年9月17
日，来自英国的清教徒移民到这里定居。不久以后，这里变成了马萨诸塞
湾殖民地的一部分。与《"五月花号"公约》遥相呼应的是"阿贝拉号布
道"（Arbella）。这一年，为了逃避宗教压迫，清教徒律师约翰·温思罗普
（John Winthrop）移民美国。同样是上岸之前，他在"阿贝拉号"船上布
道，称上帝要把美洲塑造成"全人类"的典范：

　　……我们必须想到，我们应该成为山巅之城。全人类的眼睛都注
视着我们。没有人怀疑人性会在美洲得到弘扬，目标会在美洲得到
实现。

　　如果说《"五月花号"公约》垂范后世，为未来的美国立下了制度之
约，那么温思罗普的布道辞《山巅之城》则为未来的美国立下了理想之约。
在此意义上，称温思罗普为美国"被遗忘的国父"亦不为过。

　　从1630年移民北美到1649年去世，温斯罗普在北美生活了19年。弗
朗西斯·布莱默（Francis J. Bremer）在其所著《温思罗普：被遗忘的美国
奠基之父》一书中指出，温思罗普在缔造新英格兰活动中的贡献无人能与
之比肩。马萨诸塞湾殖民地建立的头三年，饥饿、疾病、气候等因素几乎

将新生殖民地扼杀在摇篮中，大批移民回流英国或移居其他地方，为马萨诸塞湾殖民地提供经济资助的英国人也对殖民地的未来丧失了信心。温思罗普领导殖民地度过了马萨诸塞湾殖民地艰难的初创时期，使这个在荒野之中建立的殖民地摆脱了夭折的命运。

走在美国的土地上，我不得不感慨这里曾经是人类最集中而又广阔的乌托邦试验场。除了前面提到的卡贝的伊卡利亚、欧文的和谐村和傅立叶门徒建立的法朗吉，事实上，还有其他许多"纷纷失败"了的乌托邦实践，它们早已经鲜为人知。

温思罗普是幸运的，在其治理下，马萨诸塞殖民地渡过了难关。当然这和他的制度选择有关系。如果像德拉沃尔那样搞"奴隶共产主义"，恐怕他要面对的也只有失败的命运。

三　乌托邦进化史

早期的殖民艰苦异常。由于环境恶劣，有些团体差不多全军覆没。同时他们也给印第安人带来灾难，比杀戮更严重的是传染病。

英国在北美建立的第一个殖民地是弗吉尼亚的詹姆斯敦。1606 年，詹姆斯一世授予弗吉尼亚公司特许经营权，转年弗吉尼亚公司组织了 105 名殖民者抵达切萨皮克湾的詹姆斯敦，开始第一次建立殖民地的尝试。两年后又来了一批殖民者，不过很快他们当中的许多人被活活饿死。由于此前的殖民者激怒了印第安人，作为报复，印第安人坚壁清野，提前把林中的野兽杀光了。最后这些清教徒饿得只能吃猫吃狗，有的甚至连男尸都找来吃，几百人饿得只剩几十人。这些可怜的殖民者，本以为在这里可以寻到天堂，却不承想自己很快坠入地狱。

而就在幸存者们准备回英国时，海边来了艘船，领头的叫德拉沃尔（De La Warr）勋爵，他是殖民地的第一位总督，有资料说德拉沃尔的丈母娘是亨利八世的私生女。

就这样，像是遇见了救星，准备离开新大陆的绝望者重新回到了詹姆斯敦。不过，接下来的生活并不如其所愿。在德拉沃尔及其继承者的管制下，殖民者被分成若干个劳动小组，犯禁者处以鞭笞、绞刑和车刑，而且所有粮食都必须交公。如果说这也是一种乌托邦实践，只能说是管理者一厢情愿的奴隶制。

这种没有人身自由和个人财产的集体农庄制很快就走到了尽头。一方面，德拉沃尔回到英国时，不得不面对各种告状信；德拉沃尔和他的继任者也意识到，将劳动生产与个人利益结合起来对大家都有好处，所以他们接下来就搞了"包产到户"，把土地分给那些当牛做马的殖民者。先来的多分，后来的少分。如果没有这次立竿见影的改革，詹姆斯敦不会从一个小村落发展为后来的弗吉尼亚，更不会有 1619 年奠定美国国基的弗吉尼亚议会。

温思罗普治下的殖民地也并非尽善尽美。他最想建立的是一个清教徒的理想国，为此对异教徒采取打压的态度。而在被温斯罗普驱逐的异教徒名单里，最有名的就是前文提到的罗杰·威廉姆斯以及安妮·哈钦森（Anne Marbury Hutchinson）。

1634 年，为了寻找宗教自由，哈钦森与丈夫及十几个子女从英格兰来到马萨诸塞殖民地。最初也是在波士顿，但是因为坚持宗教自由和言论自由，她被法院判决必须离开。比较人道的是，驱逐没有在冬天进行。天气转暖后，哈钦森和家人以及几十个追随者来到纳拉甘西特湾，建立了阿奎勒克定居点，慢慢地这里发展成了一个小镇，成为罗得岛殖民地的一部分。在这里，他们不仅实行宗教自由，而且签订契约，组建自治政府。作为良心自由的坚持者，哈钦森一家受到了威廉姆斯的欢迎。

哈钦森后来搬到现在纽约的长岛，当时是荷兰人的地方。荷兰人与印第安人发生冲突，导致哈钦森受到牵连，全家被杀得只剩下一个女孩。这个女孩后来又生了 11 个孩子，将这不幸的家庭变成名门望族，其后人包括罗斯福、布什、让哈佛成为世界名校的校长艾略特、第八任大法官富勒，还有引发美国独立战争的波士顿末代总督托马斯·哈钦森。

美国是先有社群，后有政府，最后才有国家。有个历史细节值得寻味。1987 年，马萨诸塞州政府为当年的驱逐事件向安妮·哈钦森道歉。几百年后的政府为什么为几百前的蠢事道歉？这种历史悔悟的背后，藏着一条贯穿乌托邦进化史的暗线。

和早期各自为政的乌托邦实践相比，立国之后的美国开始兵分三路：
一是联邦在整体协调美国的进化；二是充分保有地方独立性的各州进行市场政治的竞争；三是各种乌托邦社团继续存在，而政府也为此大开方便之门，这也是门诺派与阿米什社区能够在美国保有其独特性的理由。

在全球化攻城夺池的今天，这些社区的存在常常给人时空倒错之感。同样，在不同的州和宗教背景下，美国还存在着不同形式的婚姻制度。所有这一切，不仅为美国本土文化保留了多样性，更为不同的可试验的生活提供了可能。"总有一款乌托邦适合你。"基于对个人自由的推崇以及对社区自治的保护，这个年轻的国家继续在制度上保护着各种试验的可能。亨利·梭罗（Henry David Thoreau）当年提着一把斧子走进瓦尔登湖畔的树林，开始在一个小木屋中离群索居，按他的本意也是为了过一种可以试验的生活。

有人说爱默生是美国文学之父，也有人将这个荣誉给了圣约翰·克雷夫科尔（St. John De Crevecoeur），并称之为"18 世纪的梭罗"。克雷夫科尔是法裔美国博物学家，1780 年回到欧洲，开始在英国思考他在美国的生活。两年后，克雷夫科尔因出版《一个美国农民的来信》一举成名。从某种意义上说，正是这本书将"美国梦"的广告大张旗鼓地带到了欧洲，助推了老欧洲向新大陆的移民潮。《美国读本》特别收录了其中的一些段落，这些文字旨在说明作为避难所的新大陆如何成为人种的熔炉（melting pot）。

新大陆是现代社会，不像欧洲那样是由拥有一切的贵族老爷和一无所有的群氓组成的社会。这里没有贵族家庭，没有宫殿，没有国王，没有主教，没有教会控制，没有给少数人显赫权力的那种无形的权力，没有雇用几千人的制造商，富人和穷人不像在欧洲那样相去甚远。生活在这片土地上的人包括英格兰人、苏格兰人、爱尔兰人、法国人、荷兰人、德国人和瑞典人……他们混杂而居，在美国独特的政治环境、社会氛围以及地理条件的影响下，渐渐繁衍出一个叫作"美国人"的种族。

克雷夫科尔写道：

在这个巨大的美洲避难所里，欧洲的穷人总得以某种方式相会，出于各种各样的原因，他们为什么要互相问是哪国人呢？唉，他们中三分之二没有国家。一个到处流浪的可怜人，一个终日辛劳却还忍饥挨饿的人，一个总是生活在痛苦或赤贫如洗的境遇里的人，会把英国或其他王国称作自己的国家吗？一个没有面包给他吃的国家，在这个国家里他的土地没有收成，他遇到的只是富人的白眼、严厉的法律、监狱和惩罚，在这广阔的星球表面上他连一寸土地都没有，他能把这个国家叫作自己的国家吗？不！由于受各种各样的动机驱使，他们来到这里。这里的一切都促使他们获得新生，新的法律，新的生活方式，新的社会制度，在这里他们才是人；而在欧洲，他们就像是许多无用的草木，缺乏生长的沃土和清新的雨水，他们枯萎了，由于贫困、饥饿和战争而被割除掉。但是，现在通过移植的力量，他们就像其他植物一样，已经扎下根并且生长茂盛。以前他们除了被列入穷人的名单外，没有被列入他们国家的公民名单，而在这里，他被排在公民之列……一个贫苦的欧洲移民对一个让他一无所有的国家会有什么感情？语言知识以及对于几个跟他自己一样穷的亲戚的爱是联系着他的唯一纽带。而他的国家现在是那个给他土地、面包、保护和重要地位的国家。"哪里有面包，哪里就是国家"是所有移民的座右铭。

这些充满热情与喜悦的词句在一定程度上还原了当年移民者的精神风貌，却也脱不去乌托邦文学惯有的夸大其词。的确有很多人在这里实现了美国梦，但并不意味着这里没有矛盾。克雷夫科尔后来的见闻札记中明显增添了一些忧郁的色彩。主人公 S. K. 建立了一个农场，随着移民的涌入，这里慢慢变成了一个城镇，他的财富受人觊觎，他不仅受暴乱之苦，而且遭到了国民自卫队的追杀，最后不得不在野外生存。

在克雷夫科尔看来，社区无法实现理想社会，社区削弱了个体的创造性与自主权，美好的理想应该奠基于绝对的个人主义之上。在这一点上，克雷夫科尔与梭罗不谋而合。他们都在歌颂自由，却对社会与国家同时表达了某种失望。乌托邦是美好的，但又不得不面对另一种意义上的"他人即地狱"。或者也是萨特意义上的，在相互凝视中人性开始扭曲，大家彼此做了对方的奴仆。

值得一提的是，克雷夫科尔上述"人种的熔炉"，主要是指欧洲人，并不包括有色人种。就像 1908 年，犹太裔作家赞格威尔在剧本《熔炉》里宣扬的，欧洲所有的种族都在这个"上帝的熔炉"里熔化，重新形成……"上帝正在铸造美国人"。

四　乌托邦为何消亡？

乌托邦实践离不开社群。既然如此，就存在成员如何进入和离开等问题。早先欧洲的殖民者为了克服长途跋涉中的艰险，拉拽大车，共同抵御印第安人以及其他一些大大小小的目标，他们会选择抱团前行，每个集团都会订立一个类似《"五月花号"公约》的规章。到 1849 年淘金热开始的时代，这几乎成了一个确定不移的惯例。比如，有集团的公约便是这样写的：

> ……我们，决议的签名者，是前往加利福尼亚的格林和泽西的移民集团成员。此刻我们正在对约瑟夫集合。鉴于我们面前的旅程遥远而艰难，我们认为：为了安全、方便、好感，以及最为重要的——防止不必要的耽搁，我们的利益要求我们制定严格的规章制度以在旅途中约束大家。我们签字拥护这个决议，我们互相保证：我们愿意遵守本集团多数表决通过的一切规章制度，以便在旅途中照章办事；我们愿意坚决协助并支持任何被授权的首领严格执行可能制定的一切规章制度。此外，本集团的任何成员，如果由于丧失牲畜、损坏车辆、遭受印第安人劫掠，或者事实上出于任何不是他们所能控制的原因而丧

失了按正常情况与本集团一起前进的能力，我们保证决不抛弃他们，而是要用我们的财力和一切办法支持并协助他们到达萨特堡，我们实际上要在一切的情况下誓死互相支持……

这都是些类似大宪章式的文字。表面上看这些原则都带着某种功利色彩，然而正是从这种功利中生长出了集体的美德。

这些集团契约包括两个重要原则：一是少数服从多数；二是来去自由。当一个集团对一个人不再有用时，他可以自行离开，去参加第二个或第三个集团。后者尤其重要。生活在没有退出机制的乌托邦里，就如同在反锁着门的剧场看戏，也许剧情有时还不错，但遇到糟糕剧情就只能忍受，而且没有人有安全感，发生火灾之时更是无处可逃。与此同时，因为生活在封闭环境里，也会失去乌托邦竞争与用脚投票的机会。

美国早期的许多殖民者、寻梦者是幸运的，新大陆辽阔的土地和开放的环境为他们提供了足够大的舞台。正像约翰·克雷夫科尔在他的书中写到的，如果东部的乌托邦沦陷了，那就向西部逃。

的确，在此不断逃跑的过程中，美国当年很多乌托邦试验早已烟消云散。一些家财万贯的人最后变得身无分文，空手而归。一个乌托邦社区的消亡，会有多重原因。比如自然灾害，包括传染病的流行；还有来自政府的反对甚至打压，比如被收回了土地或被政府强行解散。

社区管理也是问题。一方面它必定受限于管理者的基本能力和道德水平；另一方面，当个人利益与集体利益发生冲突时，由哪些人以及如何定义集体利益？而个人又将如何对社区行使一票否决权，即自行离开？

此外，还有一个原因至关重要，那就是乌托邦的代际更迭。

这是一个非常现实的问题。第一代乌托邦建设者为了个人或时代理想可以吃尽苦头，但下一代为什么或靠什么坚持？新成长起来的一代有自己的生活，在触手可得的利益、目空一切的信念以及对未知世界的好奇心之中，哪一个才是他们命运的最终引领者？面对世界每天都在发生的变化，如何协调乌托邦与外部世界在各方面的落差？为逃避战乱而躲在一起的人，会不会在天下重归太平时走出曾经性命无虞的洞穴？更别说在第一代乌托邦建设者那里，部分人可能因为乌托邦社区的封闭性和"限量版自由"而选择离开。

由于上述种种，一个乌托邦团体，若没有经得起考验的组织系统和意义系统，可能会随着一代人的衰朽而自然消亡。其实，这也是许多全能主义政权走向衰落的原因。当早先秉持某种信念的那一代人渐渐离开人世，这个政权就有可能变得难以为继。虽然依靠暴力会维持相当长一段时间，但是任何靠强力维持的乌托邦，实际上已经走向了它的反面。

五　瓦尔登湖畔的梭罗

在波士顿坐完游船，我决定去康科德了。当知道我有意寻访我喜欢的爱默生与梭罗的旧迹时，在当地工作的 L 女士联系上了我，她家就住在瓦尔登湖附近。

转天中午，L 开车到波士顿接我。当时我正在波士顿公园周围闲逛，在离园门不远处有一座雕塑。立柱上面是一位医生怀抱着病人，下面的基座上有一句话——"NEITHER SHALL THERE BE ANY MORE PAIN"（愿世间再无伤痛）。这是为乙醚麻醉而设立的纪念碑。早在 100 多年前，波士顿的牙医威廉·莫顿（William T.G. Morton）靠着乙醚麻醉实现了无痛外科手术。后世对他的评价是：在他之前，手术是一种酷刑；在他之后，科学战胜了疼痛。

话虽如此，其实以我的看牙经验，科学至今仍有两个问题没有解决：一是它还没有完全战胜疼痛；二是科学没有消除我看牙时任人摆布的羞耻感。

坐上车，没多久就到了康科德。来到瓦尔登湖景区，梭罗的塑像安静地站立在丛林里，隔着山坡望去，仿佛正与我相向而行。走近后发现塑像后面是间仿制的木屋，里面果然放着三把椅子，我在其中的一把椅子上坐了下来。记得梭罗曾经说过自己来到瓦尔登湖畔不是为了避世，所以需要三把椅子：一把椅子为独处，两把椅子为与人交谈，三把椅子则是为了社交。

绕着瓦尔登湖走了一圈。梭罗当年的木屋遗址留着一个木牌，上面写着《瓦尔登湖》里的一段话：

I went to the woods because I wished to live deliberately, to front only the essential facts of life, and see if I could not learn what it had to teach, and not, when I came to die, discover that I had not lived.

我到林中去，因为我希望谨慎地生活，只面对生活的基本事实，看看我是否学得到生活要教育我的东西，免得到了临死的时候，才发现我根本就没有生活过。

带着一种似曾相识的恍惚感，在湖边徜徉了好一会儿。我仿佛走在故乡的青山上，听见了熟悉的《友谊地久天长》。我是说，环绕着我的人物与场景给了我一种回归故土的幻觉。这里不仅有和我说汉语的姑娘，还有与江南老家相似的地形和植被，红色的泥土，并不挺拔的松树，落满山坡与小径的松针……瓦尔登湖的英文单词"pond"，也有着我熟悉的"池塘"的味道。

那天的恍惚意义非凡。它让我理解了那些背井离乡的人，包括近年来我的那些陆陆续续选择离开中国的朋友。如果此地此时是不值得过的，那么就出去寻找理想的地方。若非如此，当年的清教徒也不会在美洲这片土地上扎根。我断定无论他们走到哪里，大自然都会把他们的故乡带到哪里。一样的湖水，一样的天空，一样的风雪。他们从来没有真正失去故乡，只是在更广阔的地方拓展了故乡的边界。

这些年，我从不掩饰自己对梭罗的喜爱，包括他善良的本性、节制而饱含力量的文字，尤其是对人生可试验的态度。同时，他又是开放的。在美国极端浮躁的时代，梭罗接受了孔子、老子的一些思想，有人甚至说《瓦尔登湖》是梭罗版的《道德经》。但是，梭罗接收东方文化是一个不断内化的过程，而不是全盘接受。他没有像老庄所宣告的那样退隐山林，做一个遁世者；他没有接受孔子的"君君臣臣父父子子"，而是提倡"公民不服从"，相信政府只是一种权宜之恶；他所提倡的非暴力不合作运动，不仅影响了美国本土的艾丽丝·保罗和马丁·路德·金，还在国外影响了托尔斯泰和甘地。

在梭罗看来，个人比政府更重要。与此同时，对大众和由多数原则建立起来的民主体制心怀警惕，这一点和托克维尔相似。这并不是说不要政府，而是通过必要的抵抗来谋求一个更好的政府；也不是反对多数人的福祉和权利，而是防范多数人的暴政。

梭罗认为为国家服务的人有三种：

第一种人用他们的身体为国家服务，作为肉体的机器。他们包括常备军、民兵、监狱看守、警察、地方民团等。在大部分情况下，他们自己的判断力和道德感没有发挥任何作用，他们视自己为木材、泥土和石块。这种人不会比稻草人或一堆土更能令人尊敬。他们在体制内当牛做马，却被普遍视为好公民。

第二种人用头脑为国家服务，诸如大多数立法者、政客、律师、牧师、官员等。他们的问题是很少去辨别道德是非，甚至有可能以侍奉上帝的虔诚为魔鬼服务。

第三种人用他们的良知为国家服务，有一些人真正称得上是英雄、爱国者、殉道者或改革家。他们用良心为国家服务，因而往往会抵制国家的行径，结果通常被国家当作敌人看待。言外之意，梭罗自况是"国家的敌人"。

六 人人可得的天堂

梭罗以崇尚自然简朴的生活闻名于世，这和他所处的时代有关，当时的美国城市人口急剧膨胀，工业化长驱直入，消费主义流行，节制而自然的生活被破坏……出于这些原因，在当时的新英格兰地区出现了不少乌托邦实验，其中最有名的是布鲁克农庄。这个农庄位于波士顿郊区，是由一群超验主义者创办的乌托邦。作家纳撒尼尔·霍桑经不住诱惑，想回到人类被放逐前的伊甸园时代，于是参加了这个社群。大家共同劳动，共享成果，的确是件非常浪漫的事。然而，生活并不如其所愿，很快他厌倦了这里的单调，扬长而去。几个月后，霍桑完成了小说《福谷传奇》的写作。

为了崇高的理想，领袖与追随者变成了施虐与受虐的共生关系。按这部小说的理解，布鲁克农庄之所以失败，无外乎所有参与者的人性与理性都不足以支撑一个完美的世界。是的，在那里不仅人性崩溃，理性也破产了，这是19世纪给20世纪的忠告。一切正如我在前面谈到的——人类本不完美，因何要求世界完美？乌托邦是梦想，本身并无罪过，但在实践它的过程中，自始至终应该遵循一个原则，即乌托邦为人而存在，而不是人为乌托邦而存在。这也是康德所谓的绝对命令——人是目的而非工具。

梭罗所处的时代，同样迎来了科学技术的大发展。约翰·埃兹勒（John Adolphus Etzler）在《人人可得的天堂》（*The Paradise within the Reach of All Men*）里提到了一个奠基于科学技术的乌托邦。这是美国历史上第一本有关科技乌托邦的书。在埃兹勒看来，当时的科技已经足够发达，如果加以利用，借助风能、水能和太阳能，人类将坐享其成，直通美轮美奂的天堂。

针对《人人可得的天堂》，梭罗特别写了一本批判乌托邦思想的小册子，名字叫《重得天堂》。梭罗不反对理想社会，他反对的是不切实际的集体主义。美好社会的起点是个人，所以他的一生花了大量时间为具体的权利而斗争，既约束政府，亦拯救奴隶。而乌托邦主义者总是对整体性的理想高谈阔论，却对个体的理想与能力只字不提。作为个人主义者，他看到了不受节制的集体主义的危险，因此无法接受各种乌托邦计划里的整齐划一。在他看来，乌托邦之所以虚无缥缈，就是因为忽略了个体的维度。"一个人先要自己成功，然后才可能推动集体或者社会的改进，不从个体的人着手的社会改革梦想只能永远停留于梦想。"

从一开始梭罗就对布鲁克农庄不抱任何幻想，他拒绝了该农庄给他发出的邀请。如果世界上还有一个乌托邦，那就在瓦尔登湖畔的小木屋里。

梭罗是在 24 岁的时候为自己做的这个决定,他像野人一样住进了森林。他宁可坐在自己栽种的南瓜上,也不愿去布鲁克农庄成群结队;他宁可一个人在地狱里孤独终老,也不愿在天堂里踢正步。而且,对于这种试验性的生活,梭罗知道自己也有可能发生变化,所以他为这个乌托邦设置了一年的保质期。据说由于"我"字用得太多,而当时的排版公司字量有限,以至于《瓦尔登湖》初版时无法一次性完成,只得分次印刷。这是否以讹传讹,不得而知,但梭罗重视自我的感受与个体的价值是确定无疑的。

《瓦尔登湖》只是一本散文集,无形中却为读者呈现出一个自然主义的乌托邦,想必这也是该书流行一个多世纪的最大理由。有人在它的基础上继续做梦——这就是《瓦尔登第二》(Walden Two)。只是,它完全违背了梭罗的本意。

《瓦尔登第二》是美国著名心理学家斯金纳(B. F. Skinner)发表于 1948 年的一部乌托邦式小说。它以梭罗的《瓦尔登湖》为灵感,以行为主义心理学为基础,杜撰了一个自治自足的公社。它由一千户人家组成,但是没有私有制家庭,居民都住在联合公寓里。儿童不与父母住在一起,交由专家抚养,目的是使成年人把一切儿童都当成自己的孩子,而每个儿童都把每一个成年人看作自己的父母。

看起来很像一个美好世界。这里没有监狱、酒吧、失业、毒品、精神病院,也没有战争和犯罪。由于斯金纳是行为主义心理学家,支撑他这个乌托邦的理论是,只要利用好物质和心理方面的必要技术,就能创造出一个乌托邦。这样的想法有些一厢情愿,就立意而言也与梭罗背道而驰。

心理学家马斯洛也曾有过类似的心理乌托邦——尤赛琴社会(Eupsychian)。他似乎以为,只要大家心理健康,世界就一定会变得美好。马斯洛曾经批评当一个人只有一把锤子的时候,看什么问题都是钉子。在这里，他似乎犯下了相同的错误。

七　为世界人民立法

告别瓦尔登湖，回到康科德镇上。遗憾的是，爱默生故居冬季闭馆，要到转年四月才开放。

理解现实中的美国，爱默生呈现的是另一条路。在《年轻的美国人》里，爱默生更是赞赏美国具有扩张性的人道主义，希望年轻人做这片土地上的贵族，（这个民族）"应该向全人类说话"。它与前面提到的温思罗普的"山巅之城"遥相呼应。不同的是，爱默生属于世俗主义，褪去了宗教内涵。他希望美国是一个前所未有的仁善之国，绝不像以前那些国家一样贪婪、排外、狭隘——"它与所有的国家都和睦相处，为世界人民立法。国家之间就像家庭之间本来就是要互助的。所有的进步都应该依靠脑力，而不是靠暴力或者机器。"

为世界人民立法，这的确是爱默生等几代美国精英的抱负。而美国在北美的扩张，也被赋予了某种神秘主义色彩。

对比梭罗和爱默生，虽然共事的时间很长，但是两人有明显的不同。梭罗是纯粹的个人主义者，甚至他的思考都像自言自语；而爱默生是基于个人主义的民族主义者，且好为人师。梭罗的重心在于立人，而爱默生的重心在于立美国人，故后者被视为美国精神的象征。爱默生的《美国学者》一文甚至被视为美国的文化版《独立宣言》，而梭罗甚至是对抗美国的，故而有《论公民之不服从》。在梭罗眼里政府不过是权宜之计，在某种意义上也是对爱默生式"美国霸权主义"的抵制。

他们身上有一点是共通的，那就是知识分子的独立性。爱默生曾这样谈到他的读书——"我宁愿从来没有看过一本书，而不愿意被它的吸力将我扭曲过来，把我完全拉到我的轨道外面，使我成为一颗卫星，而不是一个宇宙。"

任何批评者都有可能面对冒犯世俗的危险。当爱默生开始批评基督教唯一神教派死气沉沉的局面，竭力推崇人的至高无上，甚至声称耶稣也只是一个人，而不是神的时候，他立即被谴责成一个毒害青年的无神论者。自此以后 40 年，哈佛大学再也不邀请他做讲座了。这个细节，算是对托马斯·潘恩晚年不幸命运的一个注脚。没有谁可以得到十全十美的人生。既想保持超越时代的独立性，又想得到庸众的爱戴，两者近乎天然不可调和。你选择了什么，就必须担负怎样的命运。

回想我在马萨诸塞州的出行，另外一个收获是我于细微处找到了一点美国的地方精神。那还是在从波士顿到康科德的路上，来美国这么多天，我第一次注意到汽车车牌上印着一些铭文（motto）。比如马萨诸塞州的车牌上面写的是 "the Spirit of America"（美国精神），纽约是 "Empire State"（帝国之州），得克萨斯州是 "the Lone Star State"（孤星之州），康涅狄格州是 "Constitution State"（宪法之州），佐治亚州是 "In God We Trust"（我们信仰上帝），肯塔基州是 "Unbridled Spirit"（无羁的精神），路易斯安那州是 "Sportsman's Paradise"（运动者天堂）。当然，包括前面若干州在内，许多州的铭文并不局限一种，而且很多是富于地方特色的，比如保护当地的某种野生动物或者强调当地的某种特产。

虽然沿途有查尔斯河畔的美丽风景，我的心思却全在一闪而过的汽车屁股上。那天最让我眼前一亮的是新罕布什尔州的铭文——"Live free or die"。虽然可以翻译成"不自由，毋宁死"，但这句话与帕特里克·亨利的 "Give me liberty or give me death"的内涵并不完全相同。帕特里克·亨利的演讲词发表于 1775 年 3 月 23 日，而"Live free or die"出自约翰·斯塔克（John Stark）将军之手，时间是 1809 年 7 月 31 日。斯塔克是美国独立战争时期的名将，而这句话的源头在法国大革命那里，当时最流行的一句话就是"Vivre Libre ou Mourir"。

据我后来了解，美国各州车牌铭文中最有意思的或许来自华盛顿哥伦比亚特区：1985 年前为"国家首都"，自 1985 年改为"首都城市"，1991 年改成"庆祝与发现"，以纪念这座城市建立两百周年。考虑到特区在国会中没有议员但又必须缴税，2000 年特区颁布法律，授权将"Taxation without representation"（纳税但无代表）印在车牌上。当然这是抗议。和那句著名的宪政原则"No taxation without representation"（无代表不纳税）相比，它少了一个"No"。

当晚回到波士顿就餐，哈佛的一位学生认出我来。他说他们成立了一个"种子"组织，并且在对外推广时引用了我书里的某句话。这满足了我的一点虚荣心。简单聊了聊，L 送我去波士顿南站。像是遇到了鬼打墙，L 开着车在查尔斯河两岸来来回回转了四圈才将我送到目的地。

"是老天要我多陪你一会儿。"她笑着说。

由于这一年我犯了严重的荨麻疹，那天破例吃了几片抗过敏药，加上连日困乏，一路上聊天时竟然睡着了十几次，实在失礼。凌晨一点，我终于在波士顿南站坐上了灰狗巴士，接下来还要去纽约。感谢 L 这一天的辛劳，以及她发自内心的善意和光辉。

从美国回来没多久，波士顿发生了震惊世界的马拉松连环炸弹袭击事件。

我在微信上问 L 是否平安，她的回答不无哀伤——"鲜活的生命，就这样突然没了。心里还是蛮难受的，那天中午我还和同事去餐馆看电视直播呢。而且爆炸那条街就是我每周三都要去的地方。没想到自己离恐怖袭击那么近。"

第八章　纽约天空下

感叹万物皆有生死，当我站在纽约现代艺术博物馆（MOMA）里观看爱德华·蒙克的名画《尖叫》时，我不仅体悟了人类恒久的困境，同样听到了这幅油画在尖叫自己的命运。

一 人间的街市

初到纽约，我可以轻而易举地找到自己与这座城市的联系，比如胡适曾经在这里生活。有一天，我特别赶到纽约东 81 街 104 号。隔世而望，虽知其晚境有些许凄凉，想想他能在乱世之中平安度日，不仅有不说的自由，还有说"不"的自由，心里总还是庆幸的。

20 世纪 90 年代看《北京人在纽约》，有段话记忆犹新："如果你爱他，就送他去纽约，因为那里是天堂；如果你恨他，就送他去纽约，因为那里是地狱。"

那时候觉得纽约就是具体的美国，而不会把纽约当作一座独一无二的城市来看。若干年后，当我置身其中，知道今日纽约既非天堂也非地狱，而像巴黎一样是最合乎我想象的人类之城。

当我们到达一个闻名已久的地方，往往先有一段失落的过程。此前，你有的只是有关它的想象，并混杂着一些道听途说的故事以及被悉心裁剪的浮光掠影。然而我们永远不可能通过几张照片去理解世界。

毕竟，摄影是减法的艺术，断章取义的花招。当你从简单的想象世界回到纷繁复杂的现实，难免跌入"你到了远方，远方就死了"的审美之困。相较于明信片里的城市风景，纽约给我的第一印象是乱糟糟的，不过我很快适应了它并且做出积极的评价。毕竟是在新大陆生长出来的城市，这里没有一点帝制的旧迹，而相较于如今的新兴城市，它的基础设施如地铁又难免显得陈旧。

甚至，在看到大街上随处可见的小摊小贩时，我的内心还有一种说不出的喜悦。这才是人的城市，而且极具移民城市的品质。对于第一代移民而言，大街才是他们登陆这个国家的码头，才是美国梦的起点。当这些人在便道上支起一个个小摊，其意义并不限于讨生活本身，而是在告诉世界这是一座可以讨生活的城市。

一座美好的城市有时候就像一座丰饶的大山，如果它足够开放，能对各类谋生者敞开，那么它就具有了大自然慈悲的本质。在那里，即使是一个人流落在密林野谷，总还是有办法充饥解渴，渡过一生中的艰难时刻。

自有纽约城，就有小商贩。纽约大概是我见过的最有活力的城市，两万多家小商店活跃在各个角落。尽管他们有时会受到来自商业集团的抵制，但同样有类似城市公正中心（Urban Justice Center）这样的 NGO 组织为他们维权，并不断向政府陈情，帮助这些底层人群联系一些必要的技术培训或贷款项目。几年后，我开始了在牛津的短暂生活，尤其是在玉米市场大街上每天都会看到一些小摊小贩和街头艺人的表演，他们都是这座城市的边缘人或过客，他们的人生虽有或多或少的不如意，但一条开放的街道也许就能阻止他们滑入深渊，甚至可能否极泰来。在功能正常的社会，开放的街道不仅可以缓释一个国家在治理上的紧张，同样有利于实现社会成员之间的零星救济。

在对待小摊小贩方面，走得最远的是印度。几年前，印度最高法院做出裁决，禁止政府基于各种行政决策，剥夺街头小贩诚实经营的权力，其中有些细节极其耐人寻味。这场针对新德里市政府的诉讼是由一个叫阿宾德·辛格的人发起的，他领导的印度全国街头小贩联合会拥有几十万会员。重要的是，这些人虽然贫贱，但是手里握着选票。

泰国夜功府有一个世界闻名的菜市场。由于这个市场建在铁路上，当火车通过时，沿着铁轨买卖的摊贩就会迅速将摊位往后挪，或暂时回收遮阳篷；而当火车紧贴着各种水果、蔬菜摊位驶过，摊贩们马上又"恢复营业"，继续招呼买卖，仿佛什么都没有发生。有意思的是，这么混乱的地方，如今变成了一个市井民俗观光点。而它之所以长期存有两个前提：一是经过的列车速度很慢，二是很少发生交通事故。

我并不认为政府完全不必介入对街头小商小贩的管理，甚至也谈不上支持这样一个市场存在，而是想强调一个如此奇异的市场都能运行正常，就不要低估社会自我治理的潜力。在乌托邦的世界里，洁癖的背面是残酷。在现实世界里，不完美本来就是完美的一部分。拥挤、混乱、讨价还价本来就是人间城市的模样。

二　一幅油画的尖叫

我愿意在纽约多一些停留，同样因为纽约是一座艺术之都。

人类需要艺术，是因为人类需要以更多无害的方式呈现人的精神状态，以及对美的追求。在某种意义上说，乌托邦首先是一种艺术品，尤其是当它以文学或者梦想的形式呈现的时候。而付诸实践的乌托邦，则有另一番景象。想象之所以美，在于它的不确定性；而现实之所以残酷，往往在于它的确定性。当木已成舟，米已成炊，乌托邦想象变为现实中的几斤粮票几条枪，乌托邦之美就可能遗失殆尽，甚至走向反面。

真正的艺术，总是与现实若即若离。所以，像凡·高那样的画家可以沉醉在自己的世界里，通过鲜艳的颜料燃烧内心的激情。那里有一个属于他的艺术乌托邦，一种无害的乌托邦。

如今谈论自己如何喜欢凡·高，难免给人一种媚俗的印象。然而我对艺术的痴迷的确是从凡·高开始的。过去这些年，从巴黎、阿姆斯特丹到纽约、伦敦、牛津，我竭尽所能寻找凡·高的真迹。最喜欢的还是他后期的作品《星月夜》。那里不仅有后印象派的神秘色彩，更有表现主义的自我与深邃。也许是因为太注重思的层面，我以为绘画一旦脱离了表现主义的内涵，就像文学抛弃了隐喻。与此同时，我也热爱塞尚的色彩、纯粹以及对过往金科玉律和风细雨般的颠覆。我从来没有见过比他画得更美好的人体。

事实上，很多流派我都喜欢。华特·席格（Walter Sickert）有言，这世界无所谓现代艺术与古代艺术之分，正如人类的历史不是一条断裂的河流。只是从审美上我不太能接受艺术家们原封不动地照搬生活，沉醉于所谓写实主义对现实的抄袭，并将自己彻底矮化为照相机和传声筒。在古希腊时期，苏格拉底与柏拉图曾经主张将诗人和画家驱逐出雅典。在二人看来，艺术是对生活拙劣的模仿，是对世界虚妄的扭曲，艺术会妨害人们接近真理。对此，我是不以为然的。人类需要艺术，不是为了追求真理。就像一个人对另一个人说"我爱你"不是追求真理一样。一个艺术家可以通过诗歌或绘画表达自己对真理的态度，但这种态度同样与真理无关。真正的艺术注定是要"扭曲生活"的，因为它畏惧对现实的雷同。更进一步说，正是借助对现实的扭曲、提炼或升华，艺术才有希望成为人类的精神宇宙，使个体的灵魂能够挣脱现实的躯壳。

归根到底，人是为意义而生的，任何思考总是要借助一些具体的符号才得以运行。于是有了各种流派和主义。有人说，表现主义就像尼采一样，推翻旧有规则之后寻找自己的意义，即使是在扭曲与挣扎之中；而达达主义则像加缪，推翻旧有规则，在荒谬里找点乐子。其实，如果以表现主义所提出的最重要的主张（"是表现，不是再现""是精神，不是现实"）而论，很多流派都可以划归到广义的表现主义之中。非表现主义与表现主义的区别只在于：一个是以物（他者）为中心的再现，一个是以人（自我）为中心的表达。由此，加缪通常被列入存在主义的作品《局外人》自然也在表现主义之列了。艺术的价值恰恰在于它不具有真理性，也因此不具有排他性。凡有艺术精神者，其本质上都是热爱自由的。在所有艺术光谱中，蓝色只为蓝色存在。蓝色不会因为红色而否定自己，也不会因为自己而否定红色。

尽管我会带着一种平淡、从容的态度去欣赏艺术，然而，每当我走在艺术博物馆里，看着那些年代久远的雕塑与绘画，难免心潮起伏。博物馆不只是时空隧道，更是一个悲欣交集的存在。谓之悲者，当年的创造物还在，而创造者早已烟消云散；谓之欣者，创造物毕竟还是创造者生命的一部分。

这一切终究是可叹的——人莫不由物而来，随之皆归于物，所谓"来于尘土，归于尘土"。更残酷的是，最后连他所有的创造物也都要在大自然的轮回里消散殆尽。感叹万物皆有生死，当我站在纽约现代艺术博物馆（MOMA）里观看爱德华·蒙克的名画《尖叫》时，我不仅体悟了人类恒久的困境，同样听到了这幅油画在尖叫自己的命运。

《尖叫》完成于 1893 年，有人认为该作品反映了现代人被存在主义的焦虑侵扰的意境。红色的背景源于 1883 年印尼喀拉喀托火山爆发，火山灰把天空染红了。几年后，我在巴黎的现代艺术博物馆里看到茱迪·莱格（Judit Reigl）的一幅画。该画以一种简约的凝重再现了 2001 年发生在纽约的那场悲剧。两座摩天大楼起火，一个人孤零零地从空中跌落下来。此刻，人类还在，跌落者却已无所凭依。

三 分水岭

"9·11事件"发生的时候，我还在一家报社做新闻编辑。第一时间从CNN的直播中看到双子楼燃起大火，冒起浓烟，最后轰然倒掉。自此以后，恐怖主义愈演愈烈。随之而来的是军事报复，第二次海湾战争，萨达姆被拉上绞架，"ISIS"崛起，叙利亚难民如潮……仇恨最能激起世人的正义感，并将复仇等同于正义本身。哪有什么文明的冲突，到处都是野蛮的共谋。而人最善于做的事情就是欺骗自己，因为人只相信自己愿意相信的。

"9·11"成了分水岭。从某种意义上说，拉登真正变成了改变世界的人。

在美国旅行，曾经有人拿出一张20美元的纸钞，给我变了一个"魔法"。先是背面朝外沿长边对折，然后取长边的中心点，两翼各取45°角朝上对折，最后会看到一个恐怖的图像——"9·11"被袭击的双子塔。上面不仅有滚滚的浓烟，而且两侧文字"America"和"United"合起来正好是出事飞机所属航空公司——美联航。

难以置信的巧合！后来，我查了些资料，发现有人还通过20美元叠出了五角大楼被袭击的图像以及Osama（奥萨马·本·拉登的名字）。最牵强附会的是，还有人解释说，"9·11"里的两个数字加起来正好等于20。如此一来，恐怖分子冲向双子塔，一切仿佛天意！这既满足了大家对神秘世界的好奇，也可以借宿命论消灭人世的因果，所有错误与尴尬，都不是人类的问题。

我不想在此下一个什么判断，只想说所有这些牵强附会从本质上说都是断章取义的结果。这背后也有概率问题。世界既然一直在运动，就会有无穷无尽的巧合。我坐在这里写作，此时有人从楼上跳下来砸死地上的一个人而他自己却侥幸未死，从概率上说两者没有什么区别。区别只在于形式、结果与意义。

这与曾经闹得沸沸扬扬的"圣经密码"如出一辙。关于这方面的谜团，"无限猴子"理论似乎可以负责解释这一切——在无穷长的时间后，即使是随机打字的猴子也可以打出一些有意义的单词，比如 cat、dog、bear、god……由此类推，会有一只足够幸运的猴子，竟然敲出了一本《哈姆雷特》或者《西风东土》。

第二次到纽约时我去了一趟双子楼原址。纽约人没有把这里变成一道伤疤，而是把它建成了一个纪念广场，并在黑石碑上刻下了每个遇难者的名字。此时两幢造型更现代的摩天大楼在旁边拔地而起。我到的时候它们刚刚封顶，作为双子楼的精神后裔，挺立于茫茫夜色之中。

纽约不只有双子楼，它还有名闻遐迩的自由女神像、布鲁克林大桥以及 MOMA 等博物馆和画廊。

也许是与具体的人的命运相关，相较于自由女神像，布鲁克林大桥的故事似乎更能打动我。它最初由老罗布林于 1869 年构思。在一次勘测中发生了撞船事故，老罗布林被切断了脚趾，几年后因破伤风不治身亡。此后，小罗布林继承父志，继续造桥。不幸的是，就在建第二座塔桥时，长期的水底沉箱作业让他患上了潜水病，从此瘫痪在床。接下来，小罗布林不得不把主要工作交给妻子爱米丽来完成。而厄运还没有结束，日常的施工中灾难仍时有发生。比如提供钢索的公司偷工减料，导致坠桥事故——据说有的钢索竟然劣质到了一扳就断。到 1883 年 5 月 24 日完工时，前后有 27 人为这座桥丧命。当这座桥有朝一日终于成功连接布鲁克林和曼哈顿，成为纽约的最高点，它被称为"世界第八大奇迹"。

据说恐怖分子也曾试图炸毁布鲁克林大桥。如果这座桥也被撕碎，罗布林家族的两代人若地下有知，将怎样继续哀叹人类自我毁灭的命运？

不得不承认，也许是因为经历了死亡，双子楼在我有关纽约的记忆中依旧是独一无二的。有一天，我与妹妹一家在哈德孙河口坐 water taxi（水上出租车），望着纽约城一座座雄踞水边的高楼大厦，除了想起电影《海上钢琴师》里的某个镜头，剩下的就是已经消失却又被我的想象自动填充的双子楼。一种挥之不去的"你消散了，而我还在路上"的恍惚感。

这世界，有很多美好的东西，无论是你心仪的景物，还是故人，你不知道他们会在什么时候离开你。而双子楼之于我的意义更在于，我还没来得及爱上它们，它们便已经在我的世界消失了。

四　假如美国沦陷

记得我念中学时，被灌输了各种各样的历史规律。虽然满腹狐疑，却不知如何争辩。及至年长，多了些人生经验与知识，甚至连眼前的人物与风景都觉得不真实起来。

1831 年，当美国人开始高扬"天命昭昭"的旗帜时，年仅 26 岁的托克维尔开始了他在美国为期九个月的考察，回国几年后出版了《论美国的民主》。在书中他曾这样对比美国与俄国：美国人在与自然为他们设置的障碍进行斗争，俄国人在与人进行搏斗。一个在与荒野和野蛮战斗，另一个在与全副武装的文明作战。因此，美国人的征服是用劳动者的犁进行的，而俄国人的征服是靠士兵的剑进行的。为了达到目的，美国人以个人利益为动力，任凭个人去发挥自己的力量和智慧而不予以限制；而俄国人差不多把社会的一切权力都集中在一人之手。前者以自由为主要行动手段，后者以奴役为主要行动手段。托克维尔认为，虽然二者起点不同、道路各异，然而又都好像受到了"天意的密令指派，终有一天要各主世界一半的命运"。

这不是简单的历史决定论。托克维尔没有为未来的世界直接指出光明或黑暗的宿命，而是看到了人性的两种可能，即在追求自由与逃避自由之间摇摆。如今美国早已是世界第一强国，然而回到20世纪，美国同样遇到诸多危机，有的甚至可能给它带来灭顶之灾。

我无法断定是否有平行宇宙，但相信历史充满了无数偶然性。假如美军珍珠港不被偷袭；假如日本取道印度洋、进军地中海，与德国在近东和北非密切配合剿灭英军；假如德、日率先研制出核武器……恐怕二战的结果会被彻底改写。

想起菲利普·狄克（Philip Kindred Dick）的《高堡奇人》（*The Man in the High Castle*）。在这部完成于1962年的架空历史小说中，美国早在15年前便向纳粹德国和大日本帝国投降了。

小说并非完全杜撰，而是以历史上的一桩总统谋杀案为起点。众所周知，在美国做总统是一个高危行业，不少人都有过遇刺经历。区别只在于有的人因此丧命，有的则侥幸活了下来。富兰克林·罗斯福属于后者。谋杀发生在1933年2月15日的迈阿密，凶手朱塞佩·赞加拉是来自意大利的移民，他混在人群中朝罗斯福开了五枪。罗斯福的幸运在于这位凶手只有1.5米的身高。为了瞄准罗斯福，他不得不站在折叠椅上，当他开枪时被周围的人扯动了胳膊，子弹射中了罗斯福边上的几个人，包括做了替死鬼的芝加哥市长。

仿佛自此岔开了平行空间，《高堡奇人》假设了另一种可能——如果罗斯福遇刺身亡，接下来的美国命运如何？在书中，罗斯福的继任者是副总统约翰·南斯·加纳，其后由约翰·布莱克取代。两人都对美国的大萧条束手无策，而对于即将到来的战争仍墨守和平孤立主义，以求在乱世中独善其身。而在真实的世界中，罗斯福也是在备受指责中冲破重重阻隔将美国带进二战现场的。

　　政治上的袖手旁观与经济上的不景气让美国成为二战局外人。最后，英国及欧洲其余地区都落入轴心国之手。1947 年，同盟国向轴心国投降，包括纽约在内的美国东部被德国控制，加州及其余西部各州由日本管治。中间是两大帝国的缓冲地带。因为对德国城市实施地毯式轰炸等罪行，同盟国的领导人及军事将领在战后被送上法庭……

　　回到现实，因为犯有一级谋杀罪，赞加拉很快被处以极刑。据说当他得知没有新闻摄像机拍摄他的临终时刻时，他立即变得恼羞成怒。这位声称要射杀所有统治者和资本家的失意者与狂妄之徒，留给世界的最后几句话是："万岁！意大利！告别所有穷人！按下按钮！继续，按下按钮！"

　　值得一提的是，那把 32 式手枪是赞加拉在行凶前两天花 8 美元从一家当铺买的。这 8 美元没有改写美国的历史。时至今日，历史的沙尘早已湮没了它短暂的主人，却无法湮没神秘的偶然性。

五　想象世事缥缈

　　纽约的艺术不只在博物馆和画廊，更在中央公园（Central Park）。这个比我早生整整一个世纪的巨大公园位于寸土寸金的曼哈顿中央。每次去纽约，我都会在那里流连忘返。十几年前，我也曾在法国凡尔赛宫外的皇家园林里徜徉，不过几乎没有什么感觉。那些被园艺师们修剪得整整齐齐的造型，让我觉得自己仿佛走在一个个绿色魔方或假发套里。相较而言，中央公园虽然也是人造园林，但它更尊重荒野的本性。尤其在冬天，我还能闻到"枯藤老树昏鸦"般古朴而自由的气息。

最重要的是公园里的"人迹"。一是在树林掩映下，藏着不少雕塑。他们都是历史上的精英人物，如莎士比亚、贝多芬、彭斯、席勒等，莫尔也在其中。在这些人物里，最具争议的是谢尔曼将军。有关他杀人如麻的故事，至今仍在美国南部流传。我们常常苦恼于看不清历史的真相，一个重要的原因是不同的地域有不同的立场和讲述历史的材料。这未必不是好事情，只有借助足够多的拼图，才有可能接近历史的真实。同为谢尔曼，在中央公园与佐治亚州完全是两种形象——在北方他是拯救联邦的英雄，在南方则可谓"人屠"。

还有一种"人迹"来自对寻常逝者的纪念。在中央公园里有几千张绿色的长椅，为平衡公园支出，这些椅子大多已被人认领。这本来是一桩生意，但是做得恰到好处。凡是已经花钱认领了椅子的人，可以在其靠背的金属牌上留一段话。我曾经花了不少时间阅读那些文字——有对公园生活的赞美，有人生感悟，更多的是对逝者的眷恋。其中给我印象最深的一句是"They lived and laughed and loved and left"（他们活着笑着爱着然后离开了）。2018 年春天，刘泽华先生于西雅图病逝，在纪念他的文章里，我谈到一个人只要被人思念，就不会真正离开这个世界。这句话同样适合刻在中央公园绿色长椅里的那些名字。

第三次去中央公园时我特别去看了列侬的草莓地。这个名字来自列侬的经典歌曲《永远的草莓地》，地点正对着他当年的寓所。一个圆形小广场，马赛克地面的中央镶嵌着"Imagine"（想象）。

我到的时候有不少人正围在那里照相，几个流浪汉在旁边若无其事地聊着天。而当边上的一位女子唱起列侬的 *Imagine* 时，他们停止了聊天。这

样的场合，没有人会认真唱完一首歌，我相信这只是环绕在那位女子脑海
中的旋律，一不小心跑了出来。

Imagine there's no heaven（幻想世上没有天堂）

It's easy if you try（这很容易，只要你试试看）

No hell below us（在我们脚下没有地狱）

Above us only sky（头顶上只有一片蓝天）

Imagine all the people（幻想所有的人）

Living for today…（都为今天而努力活着……）

Imagine there's no countries（幻想这世上没有国界）

It isn't hard to do（试试看，这并不难）

Nothing to kill or die for（没有杀戮，没有牺牲）

And no religion too（也没有宗教之分）

Imagine all the people（幻想全人类）

Living life in peace（都生活在和平之中）

Imagine no possessions（幻想这世界没有占有）

I wonder if you can（我在想你能否做到）

No need for greed or hunger（不再贪婪，没有饥饿）

A brotherhood of man（四海皆兄弟）

Imagine all the people（幻想全人类）

Sharing all the world…（共享这美丽世界……）

You may say I am a dreamer（你可以说我在做白日梦）

But I'm not the only one（但我并非唯一的一个）

I hope someday you'll join us（但愿有一天，你能加入我们）

And the world will be as one（全世界就像一家人）

Imagine 是一首经典的乌托邦歌曲。创作它的时候，列侬还在英国。那是 1971 年年初的一个早晨。列侬声称这首歌几乎是共产主义宣言式的，虽然他本人不是共产党员，也不属于任何运动。反讽的是，尽管列侬有 "共产主义" 情结，在专辑出版后不久，列侬和小野洋子却移居笼罩在资本主义氛围下的纽约。由于遭到了美国移民局的阻挠，直到四年后列侬才拿到绿卡。至于为什么要移居纽约，列侬的理由是——在古罗马时代就该住在罗马，而今天的纽约就是罗马。

开放的社会，辽阔的国土，延续至今此起彼伏数以百计的乌托邦实践，或许这些都是列侬最后选择定居美国的原因。列侬的乌托邦情结同样体现在造词上。"Nutopia" 出自他 1973 年的一个专辑，当然这只是他写在 *Imagine* 里的精神上的国度，在这个地球上并没有真正属于它的土地。既然 "世事缥缈"（Nothing is real），空想也就同样缥缈，人终归还是要回到现实。不幸的是，几年后的一个冬天，列侬结束工作后和小野洋子一起回家时，在公寓的门廊处被枪杀，那年他只有 40 岁。

草莓地边上有个小山坡，上面立着一个有关和平生活的牌子。奇怪的是，牌子上写了很多国家的名字，却不见中国。至于为什么，我已无从知晓。

那一天，我由南向北，从下午两点一直走到六点半。当我走到汉密尔顿的塑像下时，天下起了雪。在风雪中，我继续读了一些长椅上的文字，其中一句是这样的："If life is important to you, spend a moment here with a friend."（若生命珍贵，当携友于此共度一时。）

虽然白雪纷飞，此时的纽约却并不算冷。杰奎琳水库也只在边上结了点薄冰，被新落的雪轻轻覆盖。靠近冰面的地方，有两只鸭子在游水。远处的喷泉依旧奋力喷射，仿佛要与老天唱对台戏。湖堤上热爱锻炼的人在奔跑，或三三两两，或像我这样孤身一人。那时，在一座小桥边遇到一位女子，我记住了她与我擦肩而过时的浅浅一笑。也许是因为她的笑容很美，也许是孤独的缘故，那一次无来由的擦肩，竟让我有些莫名的惆怅。这固然不是因为我动了情，而是因为想起了里尔克的诗歌《沉重的时刻》——"此刻有谁在世上某处走，无缘无故在世上走，走向我。"后来我把这段往事写进了《追故乡的人》。我相信记忆中没有大雪纷飞的日子是不值得过的。

六　Double V

对于喜欢历史的人来说，每一座老城都是一个时空隧道。纽约就是这样一座城市。当我站在纽约市立博物馆，看到当年有成千上万的美国人从这座城市出发，奔向欧洲和亚洲的战场。如果美国不被卷入二战，剩下的世界会衰败成什么样子？尤其对于英国而言，美国的归来显得意味深长。当人类文明经受着极大的考验，两国过去的恩怨早已一笔勾销。

而当时的美国还在进行一场鲜为人知的内战，这就是"Double V"（双重胜利）运动。在希特勒时代，纳粹分子相信团结民众的最好办法就是告诉后者祖国正在受到攻击。这个办法很多国家都屡试不爽，但它并不能说服所有人。前面提到，在一战期间有为妇女争取投票权的艾莉丝·保罗与美国妇女党，她们持久的努力改变了美国的宪法。二战期间，同样有许多人继续为黑人的权利奔走。不平等随处可见，即使是在前线立了军功的黑人士兵，回到地方后照样会遭受白人的私刑。

二战中约 250 万非裔美国人登记服兵役，其中 91 万人加入了美军。与一战不同的是，自由成为二战中美国官方的战斗口号。1941 年 1 月 6 日，罗斯福总统在国情咨文中提出了"四大自由"的主张，即言论自由、信仰自由、免于匮乏的自由和免于恐惧的自由。罗斯福宣称，自由是"所有不同信仰、不同种族和居住在不同地方的人都应该拥有的权利"，自由显示了"我们与敌人之间的本质区别"。反讽的是，当这些军人为了打垮日本或德国的种族主义而不惜流血牺牲时，他们自己却不得不饱受种族歧视与种族隔离的迫害。同样的入伍文化测试，白人 15 分即可，而黑人需要 39 分。

当历史发展到某个临界点，小人物也会走上时代的风口浪尖。詹姆斯·汤普森（James G. Thompson）写信给黑人报纸《匹兹堡信使报》（*Pittsburgh Courier*）时只有 26 岁，还是堪萨斯飞机制造厂的一名食堂工人。在信中他特别提到"Double V"：

> 代表胜利的 V 字被显著地用在了一切的所谓民主国家，它们都在为胜利而斗争……我们有色人种的美国人要用两个 V 来代表我们的双重胜利。第一个 V 是为了战胜来自外部的敌人，第二个 V 是为了战胜内部的敌人。

而争取后一个胜利的关键是废除推行种族隔离政策的《吉姆·克劳法》。借着这份报纸，汤普森的呼吁很快得到了全国性的响应。黑人抛出的问题是——为什么我们在为民主而战，而民主却不包括我们？

联邦调查局的第一任局长 Edgar Hoover 一直将这份黑人报纸视为眼中钉，并想以叛国的名义关闭之。不过他并没有成功，二战结束时，《匹兹堡信使报》有着近两百万的发行量。

作为一个阶段性的成果，二战可以说是美国黑人在争取权利过程中的一个分水岭。这个时期，全美有色人种促进会的会员从 1940 年的 5 万人发展到 1946 年的 45 万人。若干年后，我在纽约市立博物馆重新看到了这场席卷全美的 "Double V" 运动。1948 年，杜鲁门总统签署命令，废除了军队中的种族隔离制度。不过，尽管许多白人的观念因为黑人在战时的表现而发生改变，但还没有迎来最后的改变。

七　奥尼达公社

因为考察乌托邦，我理应去纽约附近的奥尼达（Oneida）走走，可惜没有足够时间。19 世纪的时候那里曾经有过一个非常著名的公社。创始人是约翰·汉弗莱·诺伊斯（John Humphrey Noyes），他认为人们通过信奉宗教以摆脱罪恶，到达至善境界。1847 年，诺伊斯因为组织跟随者进行 "换妻" 活动而被捕，不过很快他便在保释期逃亡。转年，诺伊斯在奥尼达地区成立了奥尼达公社。就在这一年，他还完成了《圣经共产主义》一书。和许多基督教共产主义者一样，诺伊斯相信耶稣已在公元 70 年重返人间，并要人摆脱原罪，走向全面的自由与完美。

许多乌托邦社区试图安排好人类的性交问题。奥尼达公社最具特色的是社员实行 "交叉婚姻"。性交在这里的作用是社会交往和生儿育女。同时实行优生学，由社区共同体选择谁拥有生育孩子的权利，以此控制人口数量并提高人口质量。性交是公共的，必须得到社区委员会的批准，建立在双方同意的基础上，并被记录和管理。由于有权决定是否接受怀孕，当时这里的妇女普遍认为自己的地位较从前提高了。

不过这一切都没有限制诺伊斯拥有超量的性交。在诺伊斯的教导下，男社员要过有节制的性生活，因为"射精是有害的"。而且，诺伊斯认为性交必须是精神性的，而手淫和不以生育为目的的性交是可耻和浪费的。为了安抚年轻人，诺伊斯让到了更年期的妇女给他们当性交导师，教他们如何控制射精。事实上，只有诺伊斯等少数有技巧和自控能力的人才有机会沾染年轻女性并让她们为自己生儿育女。1869 年，奥尼达公社通过优生学生育了 58 个孩子，其中 9 个属于诺伊斯。十年后，迫于外部的压力，奥尼达公社放弃群婚制，并在两年后改组为股份公司，生产银质餐具，从此美国多了一家百年老字号。

奥尼达公社解体，至少有两个原因：一是成长起来的年轻一代有自己的想法，不愿墨守成规，尤其在恢复婚姻家庭后，该公社已接近名存实亡；二是诺伊斯试图传位给他的儿子，招致其他社员不满。而教主大人也无心恋栈，因为涉嫌强奸，于此公社危急存亡之秋，心急火燎地逃向了加拿大。一个乌托邦在走向它的反面后彻底消亡了。

八　美国自街头诞生

前面说到美国黑人为了维权而发起的"双重胜利"运动。对于一个国家或一座城市而言，这种"双重胜利"常常表现为对"双重暴力"的克服。一种暴力来自外部，如侵略；另一种来自内部，有可能来自国家，也有可能来自社会。

每座城市都有自己的黑历史，暴力只是其中一环。梳理纽约的暴力史，最有名的莫过于发生在 1863 年的征兵暴动。这年 7 月 13 日，林肯政府的征兵法案正式施行。按规定，如果能出得起 300 美元可免于服役。从一开始，法案就引起了许多民众的不满。表面上是给予了富裕和特权阶层以兵役豁免权，背后的逻辑却是拿不出 300 美元的穷人只配在前线当炮灰。新来的爱尔兰移民也因为征兵令开始大打出手，有些人刚到纽约港就被联邦政府逼上战场。

在牛津的街头，偶尔会遇到一些嗑药汉。有一天，一个来自利物浦的老头和我大骂英国人 "nasty"（卑鄙下流），并和我说起英国当年对爱尔兰人的迫害，以及英国对中国输出鸦片和战争。他自称是爱尔兰血统，属于 IRA（爱尔兰共和军）的支持者。

在与英国的关系上，爱尔兰人一度是苦难的代名词。早先在爱尔兰，他们饱受英国人的奴役。英国占领爱尔兰后，颁布惩罚性法律，爱尔兰天主教徒既无选举权也不能担任公职，甚至上大学的权利也被剥夺，名副其实的亡国奴。当移民大潮涌起，到了美国后，作为天主教徒的他们又不得不受到来自新教徒的排斥甚至迫害，有的店铺直接贴出 "不欢迎爱尔兰人"。而喊出这些口号的大多数也是来自他们的死对头英国人。

这些漂洋过海来讨生活的异乡人，大多数是农民，为了能在纽约立足就把怨愤撒在比他们低贱的黑人以及本土废奴主义者身上，并为此大开杀戒。因为黑人一旦被解放，这些爱尔兰人更找不着工作了。事实上，他们的境遇此时甚至还不如黑人。按托马斯·索威尔（Thomas Sowell）《美国种族简史》一书所提供的数据，1847 年最多有五分之一的爱尔兰人死在了横渡大西洋的旅途中，而同时代英国从非洲运送美国的黑奴，其途中死亡率不到十分之一。

关于爱尔兰移民与纽约本地人的冲突，著名导演马丁·斯科塞斯（Martin Scorsese）在其执导的电影《纽约黑帮》里有所呈现。当这些后来的移民者到达纽约时，迎接他们的除了亲友，更多的是本地人扔来的垃圾。一场骚乱发展为全城混战，前来平乱的部队甚至动用了榴弹炮。至于当时究竟有多少人在这场骚乱中丧生，没有人说得清楚。有一点是可以肯定的，纽约历史上死亡人数最多的两个事件，除了"9·11"恐怖袭击，就是1863年的那次征兵暴动。

同样是纽约，《纯真年代》中的浮华和风花雪月在这里一去不返，取而代之的是无穷无尽的仇恨与暴力。克雷夫科尔笔下的"民族的熔炉"不再是按部就班的自然演进，它同样包括血与火的考验。有一个形象的说法是——美国自街头诞生。

在纽约，我曾有意路过当年黑帮激战的五岔口（five points），并在炮台公园凝视"the Immigrants"（移民者）纪念铜像，每一张脸上都刻着梦想的顽强与时代的煎熬。这世界上，哪一座城市没有自己腥风血雨的故事？

斯科塞斯不负"电影社会学家"的盛名。我在牛津访学期间，见证了来自世界各地的学生如何欢呼他的入场。他早先拍摄的《出租车司机》以及最新的《沉默》都给我留下了不可磨灭的印象。回到1863年的那场征兵暴乱，《纽约黑帮》里有一句经典台词非常耐人寻味——"为什么你总能征到一半穷人去杀另一半穷人？"

透过这句辛辣的台词，我所看到的不只是一个发生在纽约的故事，更是一部人类简史。

下 卷

第九章　上帝保佑亚特兰大

梭罗说，总想着天上的事情是对大地的侮辱。而我之所以呼唤人的价值而很少去问天上的事情，是因为我相信人世间的苦难绝大多数来自人类自身。

一　重新启程

回国若干天，日子过得有些无聊，却依旧忙碌。有一天，空中飘起了小雪，走在回家的路上，我发现自己对眼下的表格化生活越来越厌倦。日兮月兮，惚兮恍兮。我开始怀念几个月前独自穿透黑夜的旅程，想继续去远方游历，并给自己四十岁以后的生命一个仪式。

我曾经拒绝花太多时间去了解这个"新罗马帝国"，固然是因为过去这些年接触了太多美国化的东西。而当我偶有机会实地考察若干时日，又觉得自己过于走马观花。我需要一场孤独的远行。因为只有孤独的远行，才能让我真正感觉到自己像是走在寻道者的路上，每一天都过得全心全意。

这一次先飞纽约。在东京羽田机场转机时，感觉身体出现了严重不适。我至今未忘当时内心的忧愁，仿佛人生还没怎么开始，便要结束了。所幸并无大碍，休息了几个小时，待重新登上飞机，又满血复活了。路上的十来个小时，我完全沉浸在思维的乐趣之中。

每次到国外旅行，我都会特别备上几个本子，记下一路上的所遇或所思。有时一个灵光乍现，随之而来的都是顺藤摸瓜的悬念与惊喜。

至纽约海关时，黑人工作人员问我所来为何，我告诉他为了寻找与美国非暴力运动有关的精神资源，那一刻，我竟然忘了过去一直在谈论的"可实现的乌托邦"。黑人没有接着问下去，我也很快离开了机场。

在纽约先后看了几家博物馆，又去了趟中央公园。接下来坐车去亚特兰大。两个小时后，车子穿过 95 号公路位于 northwest harbor（西北港）的地下隧道，与巴尔的摩市区近在咫尺。巴尔的摩给我的好印象，多半是因为小 D 在那里读书。我第一次到美国时，她特地赶到华盛顿给我做导游，她的细心让我心怀感激。华盛顿一别，已经数月，她帮我在马丁·路德·金纪念公园拍的那张照片，后来被我用在了新书《这个社会会好吗？》的封面上。如今她已经留在美国工作好几年了。

我对巴尔的摩不甚了解，只知道美国国歌《星条旗》诞生于此。1812年，美英战争爆发。两年后，英国军队火烧华盛顿，随后分海陆两路进攻巴尔的摩。美国律师弗朗西斯·斯科特·基（Francis Scott Key）在目睹了英国海军对麦克亨利堡的炮击后，写下了《星条旗》。

此外，就是《恐惧的总和》一书里的那场著名火灾。1904 年，巴尔的摩被大火毁于一旦。当其他地方的消防队从哥伦比亚、费城和纽约等城市赶来时，他们发现自己爱莫能助，因为各地消防栓的接口不一样。"多样性"常常被当作一个好词来理解，但在需要效率的时候，也可能暗藏灾难。

巴尔的摩的这场悲剧直接导致了美国国家标准与技术研究院（NIST）的建立。一个国家若有反思精神，能随时总结教训，纠正错误，就不必等着"多难兴邦"，有一难就能学乖了。

二　美德与时局

东边不远处是马里兰州首府安那波利斯，作为曾经的临时首都，正是在那里，华盛顿辞去了大陆军总司令的职务。此前，美国刚从英国独立的时候，一些将领写信给华盛顿，决心拥戴他做国王。华盛顿拒绝了，他宁可回到弗农山庄的无花果树下安度晚年。

小历史还可以这样书写——一个饱经风霜的奴隶主终于可以回到自己的庄园，庄园里应有尽有，岁月静好。

华盛顿不恋栈权力，无疑是一种美德。是从将军到国王，还是从将军到公民，华盛顿果断地选择了后者，尽管当时的欧洲仍然盛行君主制。华盛顿本人的确不喜欢做国王，也讨厌别人做国王。

比照历史，华盛顿的归隐似乎对接了辛辛纳图斯的传统。熟悉古罗马历史的人或许会想到辛辛纳图斯。公元前 458 年，时任执政官的米努基乌斯所统率的罗马军队遭到意大利埃奎人的包围，已退隐乡间的辛辛纳图斯临危受命，担任罗马独裁官。在击退埃奎人之后，辛辛纳图斯随即交出兵权，重返乡村。

不过，美德并不是一种孤立的存在，它有可能是一连串事件。就时局而论，华盛顿不当国王，恐怕还有其他几个关键因素：

其一，华盛顿领导的美国革命，是一场有产者革命，革命者的首要目标是保卫自己的财产。而华盛顿便是这样一个有产者，在革命之前、革命之中与革命之后，保卫私产可谓贯穿始终。

其二，从革命效果来看，既然赶走英人之目的已经达到，大家各安其所，不存在"继续革命"的问题。而且社会未被暴力裹挟至失序状态，任何个人都可以及时退出革命而不必害怕被抛弃或清算。

其三，民情演变。这是最关键的一点，毕竟那正是一个忙着打掉王冠还要打掉脑袋的时代。在此前后，英王查理一世、法王路易十六都被推上了断头台，此时还要去做国王，既有悖于历史潮流，也会将自己推入险境。

此外，或许还与华盛顿没有血亲子嗣有关。就算抬轿者们将华盛顿推上王位，他也缺少生物学上的激情，所谓"自私的基因"。

透过以上种种，实在想不出华盛顿有什么理由要把那顶烫手的王冠戴到自己的头上。有史料记载，华盛顿最初辞去大陆军总司令时也在尽量保持廉洁的形象。回弗吉尼亚之前，他与财政部的几位审计人员一起核对了战争期间自己名下的账目。他的账目清楚而准确，有一些支出还是来自他自己的补贴。这大概算是黄仁宇在《万历十五年》中所谓西人重视法治与数目字管理的细节了。

车子继续在 95 号公路上奔驰，路过华盛顿时我又一次沉入梦乡。醒来发现车子抛锚了，这一次整整耽搁了两个小时。和我此前坐灰狗巴士的某次经历一样，遇到这种事，车上没有人会带着怨气找司机交涉或维权。有什么话都藏在心里，大家只是耐着性子静悄悄地等，犹如在夜色中等待黎明。而黎明终究会来，车子也会继续上路。着急并不能加快时间，反而会让时间越过越慢。虽说大家都是各奔前程，此刻既然同在一条船上，本该一起渡过难关。

除了受益于上述心理调适，旅客不争不吵还另有原因，如购票合约上明确规定了一项"零容忍"政策，禁止粗鲁的语言或进攻性的行为。更别说在成熟的市场经济中，消费者可以用脚投票，而不必为一次低质的服务大打出手。在此意义上说，市场具有化解暴力的作用。市场相信的是选择，而不是暴力。

再次醒来时换了个女司机。和前一位男司机相比，她略显优雅而且热闹，嘴里不时哼着小曲。当车子穿过一个叫康科德的小城，虽然是在南方，却让我想起在瓦尔登湖畔度过的那个下午。

三　种族与收入

大巴晚点了三个小时，到终点站德凯特时已是下午三点。德凯特位于亚特兰大的东郊。坐地铁去市区，前几站车厢里几乎是清一色的黑人，甚至连地铁广告上的面孔也都是黑人，直到 East Lake 站才上来一位白人，慢慢地，车里开始人满为患。黑人大多生活在社会底层，他们乘坐公共交通，而且住在偏远的地方。

出站打车，司机还是黑人。问他是否参加过马丁·路德·金当年发起的抵制运动，黑人说没有，那年他只有 14 岁。

1964 年对于美国黑人来说是一道分水岭。根据这一年通过的民权法案，种族歧视属非法行为。自此，白人群体和少数族裔间薪资的差距无论是绝对数值还是所占百分比上都开始逐渐缩小。马丁·路德·金在生命的最后阶段，除了强调黑人的政治权利，同样强调穷人在工作和经济层面的机会。

然而这种趋势只维持了十年左右的时间。由于职业分布和教育差距，此后黑人与白人之间的收入沟壑越来越宽。另一个原因是，随之而来的全球化和经济金融化在一定程度上加剧了财富上的马太效应。而且，这种贫富分化并非只发生在不同种族之间，还发生在相同的族群内部。二战以后，许多勤劳的白人都在展望自己的美国梦，但仅就财富分配而言，不得不承认的是，有些人的美国梦是一座金山，有些人的美国梦是一座谷仓。

2018 年 6 月 16 日，美国法学家加内什·西塔拉曼（Ganesh Sitaraman）在英国《卫报》官网发表文章，呼吁美国应恢复 1933 年通过的《格拉斯–斯蒂格尔法案》，以拆分大型金融机构的职能，减缓近三十年来美国经济金融化趋势。

而经济金融化的弊端，不仅在于破坏实体经济，还因为金融家们有着巨大的游说能力，可以通过一扇扇"旋转门"（revolving door）破坏国家政策的自主权。即使在 2008 年金融危机发生以后，各国政府也无意去阻止金融化进程。所谓旋转门，指的是个人在公共部门和私人部门之间双向转换角色，借此为私人或利益集团牟利的机制。就方向而言，私人可以通过旋转门输送利益、游说公共部门，公共部门的职员也可以通过旋转门进入私人部门以自肥。

经济金融化的另一个恶果同样可怕——国家变成了穷人跟着富人跑的游戏，由富人制定规则，财富分配两极分化愈发不可避免。

根据 2012 年的相关统计，美国最富有的百分之一人口年收入占到了全民年收入的五分之一，超过了 1927 年的历史最高纪录。如果按实际家庭收入的中位数计算，黑人的平均家庭收入只占白人的 59%。

需要指出的是，家庭收入与种族歧视之间虽有牵连，却不是必然关系。犹太人和日本人、中国人在美国同样受到过严重的歧视，但因为他们重视教育，而且有良好的文化资本和社会资本的积累，所以他们的收入反而超过了美国收入的平均线。这是许多黑人无法做到的，更别说犹太、日本和中国移民受益于母国市场，可以从中得到许多机会和收入来源。

四　中产阶级的宪法危机

2016 年美国大选之前，加内什·西塔拉曼（Ganesh Sitaraman）完成了《中产阶级宪法危机》（*The Crisis of the Middle-Class Constitution*）一书。在书中，西塔拉曼特别强调，宪法不仅需要一个特定的政治体系，还需要一个经济体系。这个经济体系的特征就是拥有一个庞大的中产阶级以及相对温和的社会不平等。而今日美国之所以出现大选时势同水火的民意分裂，在西塔拉曼看来，在中产阶级塌陷三十年后，在经济布局只为大人物设计的三十年后，以及在政治和宪法制度逐渐被经济精英所利用后，人民终于开始反抗了。

西塔拉曼的道理需要从古希腊讲起。普鲁塔克曾经警告贫富分化将会动摇雅典共和的根基。背后的现实逻辑是，当有钱人掌握了政治权力并且过度相信自己的见识与判断，有可能会把实现自己的利益当作实现公众的利益，从而不断完成对底层的盘剥，进入寡头政治；而受压迫的民众则呼唤解救者，与煽动家和未来的暴君眉来眼去。这意味着一个国家将在寡头政治与暴君政治之间徘徊。为此，国家应该提供一种秩序，让政府中既有富人代表，也有穷人代表。这也是古罗马设置保民官的价值所在。保民官不仅人身不受侵犯，而且享有一种特殊的权力——否决权。只要认为违背平民利益，保民官甚至可以否决罗马元老院的决议。

人类逐步走向文明在很大程度上归功于对平等这一价值的追求。当美国的国父们坐下来商议制定宪法之时，不少国家已开始思考怎样避免历史循环，即在制度上解决"富人贪得无厌不断压榨穷人，穷人起来造反没收富人财富"的问题。而西塔拉曼所谓美国的"中产阶级宪法"即美国政府必须保障这个国家拥有庞大的中产阶级群体，这样不仅能减少不平等，也能使国家保持一个稳定的状态。

与美国不同的是，英国试图将经济上的阶级权力吸纳进政治结构中。议会中有富人的上议院，也有平民的下议院。而当年的美国身处世界边陲，拓荒者的境遇平等，因此没有设置类似上议院、下议院和保民官等防范不平等的机制。然而随着镀金时代的到来以及贫富分化的加剧，富人渐渐将手中的经济权力转化为政治权力。

　　此时推进经济与社会平等的法律也相继出台，以弥补"中产阶级宪法危机"，包括出台反垄断法来打破经济权力的集中。此外就是个税征收合法化。身为国父的富兰克林说过，在这世界上唯有死亡和纳税不可避免。然而事实上直到1913年美国宪法第16条修正案通过之前，在美国征收个人所得税属于违宪行为。今日世界绝大多数国家都征收个人所得税。不同的是，有的征税点高，"敲富人的竹杠"，有的征税点低，"敲穷人的竹杠"。前者可以缩小社会贫富差距，扩大中产阶级；后者的结果只能是富人富得流油，穷人穷得滴血。

　　西塔拉曼认为，上述政治和经济层面的因素都创造了罗斯福所说的经济民主，而经济民主是政治民主的必要条件。二战后美国之所以迅速形成一个规模庞大的中产阶级，同样得益于此前发生的某些使社会走向公平正义的改革。如大萧条时期通过证券交易管理委员会、《格拉斯-斯蒂格尔法案》规范了金融业等。

　　不过，西塔拉曼遗憾地看到，二战后大部分人开始忽视经济平等对于美国宪政体制的必要性了。除生活条件有了普遍的改善，还因为整个大环境发生了变化。以前，新大陆与旧大陆的区别在于共和政体与贵族统治的较量，而冷战以后变成了资本主义和共产主义的较量，当后者把平等主义推到了某种极端，为了防微杜渐，平等主义在美国也被有意无意地束之高阁。

　　最好的状态是如何找到平等与不平等之间的平衡点。财富的两极分化会让国家失去存在的意义，而绝对的平等则会使社会失去活力与创造力，同时也违背人性。回想中国历史上的朝代更迭，最响亮的口号莫过于"等贵贱，均贫富"。这是一个理想状态，实际上"等贵贱"与"均贫富"时常背道而驰。简单说，"等贵贱"可能达到"均贫富"的效果，但是"均贫富"也可能因为忽略人的创造性而辱没人的尊严。在此意义上，我更认同"等贵贱而不均贫富"。"等贵贱"是为承认"人的价值"，而"不均贫富"是为了承认"人的创造物的价值"。严格说，承认平等与承认差异都关乎人的尊严。

五 节制之美

来到亚特兰大，同样引起我注意的是佐治亚州州徽上的图案。中心是三根柱子，柱顶上方半圆是"CONSTITUTION"（宪法），而柱子上分别写着"WISDOM"（智慧）、"JUSTICE"（公正）和"MODERATION"（节制）。

在这几个词语里，真正能让我停下来思考的唯有"MODERATION"。古希腊贤人追求四大美德，包括智慧、勇敢、正义、节制。在晚年柏拉图那里，节制甚至是高于勇敢的，因为节制是理智与欲望的和谐，而斯巴达的世界永无宁日。

这里的节制意味着适度、自我控制、不走极端，与中国古代的中庸之道神似。所谓"中庸者不偏不倚"，它绝非十全十美，对于调节社会关系而言，却不失为稳定器。只可惜到了近代中国，中庸之道完全被贬斥。在许多渴求革新的人那里，"中庸之道是反革命之道"。中庸不再平衡两端，它不仅变成了平庸、保守、腐朽、落后的同义词，甚至变成了一种罪恶。

而事实上，无论是政治上的妥协、商业上的讨价还价、社会纷争中的适可而止，都离不开节制与中道。从古希腊的雅典到先秦时代的中国，两地先贤不约而同地认识到节制与中道的价值，除了智慧启迪，还与各自共同的经验有关，即极端的甚至疯狂的行为，对个人与社群皆为祸害。

前文提到富兰克林的读书会，以及他在美国制宪会议上"愿意部分放弃自己心爱的观点"的发言，实际上也附着了节制与中道的价值。可叹的是，中国虽然自古讲中道，但其意义更多只在个体的修为，没有在政治上形成对王权的约束与平衡。事实上，"普天之下，莫非王土"是最违背中道原则的。

如果对接古希腊四大美德，今日之美国亦不乏智慧、勇敢以及对公正的追求，唯独在节制方面饱受非议。我在美国旅行期间，印象最深的是美国人对能源的浪费。而在国际事务中，尤其是近一个世纪以来，美国的确做出了牺牲与贡献，但是作为超级大国，其行动亦多盲目与草率。

回顾人类久远的历史，许多乌托邦之所以功败垂成，往往在于没有节制。柏拉图在其最后的著作《法律篇》中放弃了许多激进的主张，如共妻、共产甚至哲人王思想。这位一生都在思考的哲学家，此时开始意识到，哲人王可能虚无缥缈，最可靠的还是法律。至此，人间没有建成十全十美的乌托邦，柏拉图的理想国也在其晚年的思索中塌掉了一角。不得不提的是，虽然年事已高，那时候的柏拉图仍主张对屡教不改的异议者处以死刑。

古希腊的阿波罗神庙上刻着三句话，分别是"认识你自己"、"一切都需节制"和"誓言导致不幸"。世人追求完美，其实完美最需要节制。人若能节制自己对天堂的欲望，也就远离了对地狱的狂奔。

人不能没有情感，也不能没有理性。任何没有节制的情感和理性，都有可能造成灾难性后果。世人嘲笑情感的水放久了会臭，只有结成理性的冰才可以保鲜。然而理性同样需要情感的慰藉，如果冰不能变成水，对于需要水的人也就失去了意义。

六 废墟之城

亚特兰大隶属于佐治亚州，该州早期为印第安人聚居地，最初为西班牙人发现。1733年，一些英人前来拓荒，逐渐使这里成为英国在北美建立的第13个殖民地，并以英王乔治二世的名字命名。1861年，佐治亚州脱离联邦而加入南方邦联，这里很快成为南北战争的主战场。南方战败后，佐治亚州于1870年重新并入联邦。

这是一座崛起于废墟之上的城市。1861年2月4日，南方宣布脱离联邦的七个州在蒙哥马利开会。四天后，正式宣布美利坚联众国正式成立，并选举了杰斐逊·戴维斯为总统。戴维斯是基督徒，在就任总统时他说："我衷心感谢大家！同时我也满怀感激之情地感觉到，上帝一定会与我们的南方联盟同在，虽然它持续的时间可能很短，但它的意义却十分重大。我的主啊！我把自己郑重地交在您的手中，请您为我的国家和事业祝福吧！"

同年3月4日，新当选的林肯在华盛顿宣布正式就任总统。同样是在就职演说中林肯道出了上帝的两难："南北双方都呼唤上帝，每一方都希望上帝能保佑自己的事业成功。然而上帝却不可能同时帮助双方。"

战争开始后，南北两边战士所唱的歌曲，也多渴望上帝保佑。南方联盟的国歌就是《上帝保卫南方》(*God Save the South*)，"既然战争已经临近，既然我们武装起来赴死，唱着我们的战斗口号，'不自由，毋宁死'"，而"上帝是我们的庇护，无论在家里，还是在野外"。同在一片国土，交战双方都认为正义在自己一边，并乞求上帝的保护。上帝何去何从？如果上帝足够慈悲，会让他们都活下来。然而上帝从来只顾摇头，而历史总是另有主张。随着战事的发展，尤其在南方人眼里，上帝似乎变成了"糊涂的旁观者"或局外人。在谢尔曼率军攻打南部城市的过程中，联邦军总司令格兰特曾给谢尔曼下令，明确要求北方军队要给南方制造"浩劫与破坏"（havoc and destruction）。

很快，亚特兰大变成人间地狱，曾经的锦绣繁华变成了萧瑟废墟。是上帝无视当年美国人的苦难，还是命运另有深意？我若穿越时空身处其中，能提醒自己的话也许是——就算上帝保佑你，有些主意还得自己拿。

七 三种安慰

我不确定亚特兰大是不是美国教堂最密集的城市。穿行其中，随处可见的就是快餐店与教堂。

世上有三种东西可以有效地安抚人心：

一是乳头，布热津斯基所说的"奶头乐"（tittytainment）。这个词是英文"titty"（奶头）与"entertainment"（娱乐）的拼合，泛指那些能让人着迷且廉价的低俗娱乐内容，包括色情业、偶像剧、游戏、电影等。在中国，首当其冲的自然是嘲笑与麻将。

按布热津斯基的理解，当社会中下层沉浸于这些东西的时候，他们就像吸奶头的孩子一样忘记了周围的一切，既不反抗也不思考。而对于统治者来说，这是最好不过的事情，因为"奶头乐"为他们消灭了来自中下层的潜在竞争者。同样，在全球化扩大世界贫富差距的时候，要想使80%的穷人安分守己，最好的办法就是利用"奶头乐"来消磨他们的激情与斗志。

布热津斯基是在 1995 年为人类统治者献出这一计谋的。事实上，它无非是古老的"面包与马戏"的翻版。对于绝大多数人而言，如果能吃饱，而且有娱乐可以消遣，就算是天下太平了。严格说，这也谈不上什么阴谋，贪玩本是人性的一部分。

二是成功。相较于在低级娱乐中消磨斗志，追求成功会给人一种积极向上的印象，它是"奶头乐"的反面。有关成功的学问被称为"成功学"，它主张人们要做到良好的自我管理，以克服前进中的困难，达到胜利的彼岸。这些人并非都是孙子、马基雅维利和卡耐基的信徒，但都会把人生的终极快乐与存在感建立于对某些具体目标的实现上。由于这种成功具有竞争性和相对性，所以他们通常会很在乎来自社会的评价，"富贵不还乡，如衣锦夜行"。

三是宗教与神灵。表面上宗教不追求世俗意义上的成功，吊诡的是，许多宗教领袖却变成了尘世最有权势的人。而宗教对世俗介入之深，除了习俗的沿袭，更在于人心的战场。善有善报上天堂，恶有恶报下地狱，这是许多宗教的标配。其所对应的是人性中的贪欲和恐惧。这里不只有帕斯卡面对未来审判声称信上帝利大于弊的精明，就近考虑，只要学会变通，说服得了自己，神就可以变成一个人面向世间因果的防火墙。

尤其是在知识匮乏的年代，宗教为不同的个体或族群提供了有关人生的总体解决方案。心理学家弗洛姆曾深刻地指出人有逃避自由的倾向，既然每一种自由选择都可能带来意想不到的责任与艰辛，倘使一个人因为无所适从而备感痛苦，那么最省事的办法是把部分选择权上交给神。如果上帝死了，那就在地上造一个神，而这正是希特勒当年在德国获得无数支持者的重要原因。

通常情况下，当一个人困顿于生活的丛林和现实的苦难，冥冥之中有神灵的支持，终究是一件有希望的事情。此外，还有一种希望是作恶者通过忏悔和赎罪获得拯救。但是这个意义系统存在着一定的 bug，比如该如何避免"放下屠刀，立地成佛"者再次举起屠刀？假如真有神灵，"献礼式信仰”会不会堕落为一种变相的对神灵的贿赂？

　　人类的灵魂有多少种形状，上帝便有多少种形状。对上帝的信仰，能让人向善，也能让人向恶。这是马丁·路德·金与宗教恐怖分子的区别。可怕的是，如果失去了源于本性的良知折磨，当一个人以神的名义去杀另一个人的时候，他不仅无罪，而且有功。在那里，神为他担负一切。更玄妙者莫过于“善有善报，恶有恶报”。既然人有赋予意义的能力与激情，通常都会认为自己站在善与正义的一边。因此，一个人伤害另一个人，也会被想当然地解释为“恶有恶报”。

　　许多人虽然无法解释上帝为什么允许世间存在苦难，但是经验会告诉他们相信上帝可以帮助自己超越苦难。上述所有思考并不能得出以下结论，即宗教只是一种麻醉剂。毕竟，许多宗教都暗藏着人要寻找的意义与价值，并非所有人都将宗教信仰纳入成功学的范畴。宗教把人与神秘世界联系在一起，满足了人对过去、现在与未来的想象，也解决了有关存在的焦虑和对死亡的恐惧，给人超越现实的勇气和力量。一旦远离世间恩怨的泥潭，一心执着于信仰之事，他的生命便得到升华。至少表面上很多人是这样认为的。

八　反对上帝的人

　　虽然美国到处是信仰上帝的人，但也从不缺乏反对者。1931 年 7 月，哲学家威尔·杜兰特（Will Durant）给一些著名人物写信，提出“人生的意义是什么”的问题，其中著名评论家亨利·门肯在信中提到他为什么没有信仰。在他看来，基督徒信仰上帝的行为“是贬低身份而不是变得崇高”，因为"它要求你在一个存在面前卑躬屈膝，如果它真的存在，应该受到谴责而不是尊重"。门肯说，尽管上帝对他还不错，但他无法想象去崇拜"一个支持战争、政治、神学和癌症的上帝"，而基督徒的永生概念在他看来不过是"报复在这个世界上活得更好的人的手段"。

近年来在美国最负盛名的反上帝者当说是单口喜剧表演家乔治·卡林。在《你们都有病》中他曾这样不无放肆地嘲弄：

> 宗教居然让人们相信有一个隐身人住在天上，每一天，每一分钟，他都注视着你做的每件事。而这个隐身人有一个十件事的特别单子，他不想让你做这十件事。如果你做了这十件事中的任何一件，他就会把你送到一个特别的地方，充满了火和烟，燃烧、折磨和痛苦，让你在那里生活、受罪、被烧、窒息和哭喊，直到时间的尽头！但是他爱你！他爱你，而且他需要钱！他总是需要钱！他是全能的、完美的、全知的、全智的，不知为什么就是对钱没办法！宗教拿走了无数的钱，他们不交税，而且他们总是还想要钱……

这与其说是嘲讽上帝，不如说是嘲弄教会。与此同时，卡林还不忘批评现实中的狂热信徒如何嘲弄《十诫》中的第五诫"勿杀人"：

> 如果你稍微思考一下，你就会意识到宗教实在从来都不介意杀人。真的，用上帝的名义杀人，比用其他任何理由杀的人还多。举几个例子，想想爱尔兰的历史，想想中东、十字军、宗教裁判所、咱们国家的堕胎医生杀手，当然，是呀，还有世界贸易中心，看看信教的人们对待"勿杀人"有多认真……

在纽约、亚特兰大等城市的街道上，偶尔能看到几个高喊口号的年轻人。我听不清他们在说什么，立在旁边的布告牌负责解释一切——那是一幅头上长角的耶稣的头像。我无所谓表达赞同或反对，可以肯定的是，那里正发生着一场最小规模的宗教战争。直到今天，我仍能想起当时从这群年轻人面前经过时的那种紧张感。

今日世界变得越来越微妙，有的宗教可以批评，有的宗教完全不能批评。想起十几年前我在巴黎的时候，似乎当时一切宗教皆可批评，但现在一不小心就会险象环生。针对《查理周刊》的"大屠杀"给世道人心留下的恐怖阴影，恐怕短期内很难消退。人类曾经杀人无数，而且还会继续杀人无数。人类只是在怎样杀人更符合正义方面还存有争议。

2003年9月3日，佛罗里达州反堕胎激进分子保罗·希尔被处死。他是美国有史以来第一个因杀害堕胎医生而被处以极刑的人。这背后其实是一个连环杀人案——先是堕胎者杀死婴儿，接着是反堕胎者杀死堕胎者，最后由国家出面，杀死杀死堕胎者的杀人犯。

为什么良善的上帝容许苦难存在？为什么上帝万能却不能消除苦难？这是古老的天问。约翰·斯托德承认，"苦难的存在对基督徒是一个最大的挑战"。同样，就像乔治·卡林在上面提到的，罗素拒绝基督信仰的一个重要原因就是他不能理解为何神既爱世人又为世人准备了永罚的地狱。

"苦难问题"又被称为"伊壁鸠鲁悖论"（Epicurean Paradox），它由古希腊哲学家伊壁鸠鲁提出：

> 如果有全能、全善、全知的神存在，这个世界就不会有罪恶存在；
> 因为这世界上有罪恶；

所以这个世界上没有全能、全善、全知的神。

如果自由意志是上帝的恩赐，人因此必须遭受苦难，那么为什么苦难会降临于初生的婴儿？当一个孩子刚生下来就被老虎吃掉或被炸弹炸飞，这一切和自由意志有什么关系？那时候上帝的旨意在哪里？是那只垂涎欲滴的老虎，还是那枚飞来的炮弹？

相较于种种无力的辩解，犹太学者汉斯·约纳斯（Hans Jonas）给出了比较现实主义的回答，她的母亲在奥斯维辛集中营遭到灭绝人性的"处置"。如果他既要相信母亲的无辜，还要信奉上帝，最好的办法就是折中，相信上帝并非万能。上帝为什么允许奥斯维辛存在？不是因为他（上帝）不愿意，而是因为它不能。在此意义上，所谓"上帝与我们同在"就变成了上帝与我们一起受难，他没有在人类的苦难之外，而是在人类的苦难之中。

在感情上同时承认上帝和母亲都在受难，的确能够帮助约纳斯化解内心的冲突，同时获得安慰。当科特·狄汉（Kurt De Haan）坚信上帝要借助苦难"警惕我们、指引我们、塑造我们和团结我们"时，最后不忘补充一句"只要我们知道他是可靠的，就不再需要完整的解释了"。言外之意，重要的是你相信什么，而不是事实是什么。人类创造了上帝，只为让上帝回答人类无法回答的问题。理性之箭折落于意义之墙。

任何宗教于我而言只是意义之争而非真理之辩。既然无关真理与事实，那么选择相信还是不相信就只是个人内心的抉择了。在我看来，所谓圣徒也只是借助外在的有关神的想象，使这种神性的东西得以显现。就像伊拉斯谟对路德的否定——假如人在上帝面前是无能为力的，那么人行善有什么意义？由此我更倾向于认为人性的升华在于人的内心具有某些堪称神性的东西，而非一听到了天上的呼召，就二话不说跟了上去。而这也正是马丁·路德·金的意义。

梭罗说，总想着天上的事情是对大地的侮辱。而我之所以呼唤人的价值而很少去问天上的事情，是因为我相信人世间的苦难绝大多数来自人类自身。

第十章　人性或历史的怪圈

　　我在南北战争纪念馆入口处伫立良久。纪念馆没有对这场战争进行政治或者道德审判，而是在入口处开宗明义地称之为"观念之战"。应该说，历史的复杂性与人的局限性在这里得到了尊重。北方要实现联邦的价值，而南方要实现独立与自由。

一 大好河山

亚特兰大不仅有可口可乐、达美航空、UPS 快递、CNN，还有玛格丽特·米切尔、吉米·卡特和马丁·路德·金。而在全城近 300 个博物馆中，我最感兴趣的无疑是南北战争纪念馆。

早在战争爆发前二十年，托克维尔就在《论美国的民主》一书中断定不管南方美国人尽了多大努力去保留蓄奴制，他们永远也达不到目的。因为在现代的民主自由和文明中，奴隶制绝不是一种能够持久存在的制度。它要么被奴隶推翻，要么被奴隶主取消。

托克维尔看到了美国南北双方在是否保留奴隶制方面存在分歧。在北方，蓄奴制对于奴隶主而言只是一个商业和工业的问题；而在南方则是生死存亡的问题，尽管那里的奴隶主并不认为蓄奴制是发财致富的唯一手段，也意识到奴役黑人是一种罪恶。在南方，没有哪个白人家庭穷得没有奴隶，他们从小就获得了一种家庭小霸王的权力，这似乎已是一种传统和文化。当时间指向 1860 年，南方白人颐指气使的好日子终于到头了。凡是被历史的车轮碾压到的地方，最后都变成了断壁残垣。

托克维尔预言内战可能爆发，去除奴隶制的过程会伴随"严重的不幸"，但这场战争并不像他预言的那样直接发生在黑人与白人之间，"不是黑人消灭白人，就是白人消灭黑人"。南方白人也没有遭到西班牙摩尔人那样的命运，"被迫逐步退回到祖先迁来前的地点，把上苍似乎注定要给黑人的这块土地还给黑人"。

　　托克维尔低估了北方维持联邦统一的决心。在他看来，尽管从整体利益来说，大家都需要联邦，但如果联邦的某一部分真要与其他州脱离关系，不仅没有可能去阻止，也无人想去阻止。其结果是美国被削弱，而且有可能招致外敌入侵。"分裂以后，就要另建一套内陆关税制度，瓜分山川大地，用一切办法去折磨上帝赐给他们治理的这片大好河山。"

　　南北战争的起因可以简化为：北方的废奴运动导致南方几个州脱离联邦并率先攻击了北军。为维护联邦统一，北军被迫南下平叛。纪录片《盖茨堡战役》分析了盖茨堡战役如何成为美国南北战争的转折点。一是南军罗伯特·李将军过于自大，以致用兵失误。如果冲锋时兵力是三万而不是一万五，将会改变南北战争的结果。二是在冲锋时南军遇到房屋外的栏杆，因此许多士兵像衣服一样被挂在栏杆上挨枪子。冲破栏杆时，他们又被集中扫射，最后一半成了俘虏。三是南军炮弹严重浪费，没有看清北军在哪里便乱开炮，不管效果如何，只顾打完了事。

　　整体而言，南方一直处于劣势。回想日军当年为何能在中国攻城夺池，一个重要原因是日本已建成工业国，而中国尚属农业国。蒋介石在日本留学，知道两国差距，所以才奢望"以空间换时间"。而南北战争中北军讨伐南军，同样相当于工业国长驱直入农业国。自从美国独立后，北方走的是资本主义道路，经济发展迅速，至19世纪50年代，工业革命基本完成；而南方诸州实行的是种植园黑人奴隶制。两相对比，1860年美国铁路总长的71%、制造业的90%以及军工生产的97%都集中在北方，南方的唯一优势是有大量的棉花可以出口。当南方的外贸被北方彻底封锁后，投降便指日可待了。更糟糕的是，南方联盟并不具备当年中国在人口、人心、地理，尤其国际支援等方面的优势。仅就兵力而言，北军投入210万，相当于南军的两倍。

这场为保持美国统一、顺便解放奴隶的战争，从一开始便把南方带进了地狱。根据 1860 年的统计，有 8% 的 13—43 岁的白人死于战争，其中北方的比例是 6%，南方为 18%。大约 5.6 万士兵死于监狱，6 万人肢体残疾。整体上全美至少有 103 万人（相当于当时美国 3% 的人口）死于战争，包括 62 万军人（其中 1/3 死于疾病）以及 5 万平民。也有历史学家认为军人的死亡数可能达到了 85 万。

战争尤其给南方带来了难以计数的财产损失。由于获胜的联邦政府不承认南方邦联的债务，南方债券的投资者最终落得血本无归。加之大多数银行倒闭，铁路瘫痪，商业凋敝，自此南方人的收入不及北方人的 40%。这种状况一直持续到 20 世纪初。

那一天，我在纪念馆入口处伫立良久。纪念馆没有对这场战争进行政治或者道德审判，而是在入口处开宗明义地称之为"观念之战"（WAR OF IDEAS）。应该说，历史的复杂性与人的局限性在这里得到了尊重。北方要实现联邦的价值，而南方要实现独立与自由。在南方人看来，买卖奴隶是一种古老的市场经济，物权理应得到保障；而许多黑奴并不这样想，他们要把这些白人脚下的物权变为自己脚上的人权。

二　被解放的奴隶

然而真实的历史绝非如此粗枝大叶。当我试图回顾这场战争时也带出了不少问题：比如当年奴隶的地位如何，他们是否欢迎解放，现在的南方人对当年的战争抱着怎样的立场等。

历史不是单线叙事。对于许多刚被解放的黑人来说，他们似乎更怀念以前的生活。这么说无疑是一种"政治不正确"，但也是部分事实。还是奴隶的时候，他们生活简单，不用做太多的工，可以经常逃跑，磨洋工，生活不积极，不必为保卫自由而献出生命——因为他们本来就没有那些空洞的自由需要保卫。而作为主人的私有财产，主人似乎也没有太过恶劣地惩罚他们，谁会跟自己的财产过不去呢？虽然没有什么前途，但如果他们本来就不追求什么前途的话，这样的生活也足够安逸了。

如果主人不那么坏，所有宠物都会怀念与主人一起走过的日子。这的确是相当一部分黑奴的想法。他们只需要活在自己被历史和社会设定的角色里，并不奢求主人把他们当人，因为做人并不免费，需要付出代价，而逃避自由自有逃避自由的好处。否则，这世界哪来那么多的领袖、英雄与圣徒？

用《叛逆者》里的话说："奴隶制的绝妙反讽之处在于，它能保证提供食物、住处、衣服、卫生保健，子女享受保育照顾，甚至允许拥有奢侈品和钱，而无须像'自由'劳动力那样克己忘我。"很多奴隶如果觉得奴隶主不好，他们会想尽办法玩忽职守装病开小差，这样就可以在主人忍无可忍的情况下被转卖到他处，以此"炒掉老板"。如此一来，不仅有奴隶市场，也有了"奴隶主市场"。

"与我们对废奴运动的印象相反，当奴隶们获得离开庄园的机会时，大多数人都选择了留下。"有人回忆说，北军来了之后，"自由在一开始的时候并没有给我们那地方带来太大的变化，因为绝大多数奴隶都留了下来，一切维持战前的样子，主人杰克告诉他们自由了，但那些想留下来的，还会像战前一样得到照顾。没有多少人离开，因为主人杰克对每个人都很好，大家不想离开。"

据历史学家保罗·埃斯科特（Paul Escort）的定量分析，只有9%的奴隶在获得自由后立即离去。而现在，懒惰不可以了。内战结束后，所有新的州立法机构都颁布了一系列法律，也就是所谓的《黑人法》，该法授权地方逮捕那些没有工作的黑人，对流浪行为加以罚款。

同样是用计量史学的方法，1993年诺贝尔经济学奖得主罗伯特·福格尔（Robert William Fogel）对南北战争之前美国奴隶的生活状况做过非常细致的分析，并且得出了不少有悖主流观点的结论。当然，即使是在这些所谓的历史证据面前，福格尔也不得不小心翼翼地声明，他并不反对废除奴隶制度，毕竟这不是人类该有的制度。而且，就算真的有相当一部分黑奴日子过得不错，像小说《乱世佳人》里的女仆一样，也不能就此断定包括这些人在内的所有黑奴不应该被解放。一个人的命运，不能决定于另一个人的好脾气。

处于历史转折点上的当事人，注定要承受比其他时代更多的压力。失意者怀念以前的糟糕年代，不是反对自由的价值，而是有没有能力或机会享受自由的好处。站在历史巨大的伤口上，自由对于他们来说还只是一种概念上的利益，而不是具体的好处。换句话说，鱼儿离开水缸不是自由，除非水缸之外另有江河。

有一个细节不容忽视：对黑奴的大规模迫害与虐待不是在南北战争开始之前，而是在南北战争结束之后。黑人被解放了，短期内他们并没有得到真正的自由，并不拥有公民权。早先这些人在某种程度上会受到主人的保护，而现在只能任人欺凌。换句话说，此时他们既失去了人治时代的温情，也没有得到法治时代的公平。他们被解放的同时伴随着被抛弃。"打狗还要看主人"的待遇没有了，主人离开了他们，白人至上主义者开始现身。从受保护的奴隶到被欺负的贱民，哪个命运更好些呢？在南方，他们成为随时可以被迫害的对象。之后的几十年间，许多南方小城镇上的白人（尤其是老兵）开始成群结队宣泄心中的仇恨，他们认为解放黑奴运动是南北战争的起源。未经任何审判，数以千计的黑人被白人毒打、挖眼或阉割生殖器，直至最后被吊死或直接焚烧。

当年一场接一场的焚烧，对于美国这个"民族的熔炉"来说真是绝妙讽刺。历史从来不会像人们预想的那样美妙或简单。玛格丽特·米切尔笔下温文尔雅的艾希礼，同样是以迫害黑人为重要任务的三K党成员。而如果需要为自己的行为辩护，他们一样可以表述得义正辞严。

三　在米切尔的故居前

米切尔故居在亚特兰大桃树大街 990 号。第一次去时已近黄昏，不巧关了门，在后院坐了好一会儿，脑海里总是电影《乱世佳人》(*Gone with the wind*) 的主题曲 *My Own True Love* 以及陶乐庄园那棵屡次出现的大树。

转天又去了一次。问讲解员陶乐庄园是否真的存在，讲解员说那只是在加利福尼亚搭建的一处场景。为了淡化种族主义色彩，拍摄时对小说做了些修改。比如郝思嘉家被入侵时，书里是一个白人和一个黑人，而在电影中删去了黑人。同样，小说中的三K党活动也被概括为一场 "political meeting"（政治集会）。

真实的故居此前已毁于火灾，如今的这个家庭博物馆只是按原样重建。床上放着一张照片，是米切尔的第二任丈夫马什拍的，当时米切尔正看着第一任丈夫厄普肖。厄普肖与米切尔结婚时，马什曾是伴郎。一楼有台打字机，当我准备拍照时，讲解员阻止了我，并给我提供了一个有用的信息：这台只是摆设，写《乱世佳人》的打字机在 Fulton 图书馆。

郝思嘉错过了白瑞德，米切尔却等到了马什。米切尔该为自己的第二段婚姻感到庆幸。正是在马什的鼓励下，米切尔开始了《乱世佳人》的创作，而马什也陪她坚持了数年之久。

人总是被动解放的，因此逆境有时候会成为条件。另一个机缘是婚后不久，米切尔的脚踝意外受伤，只好离开《亚特兰大日报》回家休养。那时候她每天花很多时间看书，有一天马什终于忍不住对她说："看在上帝的分上，佩吉，难道你不能写一本书而不是读几千本书吗？"为此，马什给她在家里准备了一台打字机。他对于妻子的天赋深信不疑，并且热忱地拥抱这种天赋。而米切尔也曾经这样形容自己如何才思泉涌——"当我坐到打字机前面的时候，我的每一个细节都清晰可见。"

两个小时后，我在附近的 Fulton 图书馆里找到了米切尔的那台 Remington 打字机，在五楼的一个小展区里。它略显陈旧，仿佛还能看到上面有米切尔的指印。

据说《乱世佳人》在美国的销售早已超过几千万册，读者数量仅次于《圣经》。米切尔的用人曾这样回忆 1936 年该书刚出版时的盛况："电话铃每三分钟响一次，每五分钟有人敲门，每七分钟有一份电报送上门来。公寓门口总站着十几个人，他们在静候着玛格丽特出来，以便请她在小说上签名。"

而我之所以喜欢这部小说，不为爱情故事，也不为它是什么成长小说（Bildungsroman），而是因为它散发着独一无二的阳光和泥土的气息。几年前，我以 "Gone with the western wind" 作为《西风东土》的英文书名，也算是对 "Gone with the wind" 的某种致敬吧。

据说小说最初定的名字是 "Tomorrow is Another Day"，直到出版时米切尔才改了主意。"Gone with the wind" 出自英国诗人欧内斯特·道生的长

诗《我一直按自己的方式对你忠诚，西纳拉！》。对于米切尔而言，取意
"随风而逝"有双重隐喻——既代表着在茫茫人海中逝去的旧爱，也代表着
被无边战火吞噬的南方。

自古美人如良将，不许人间见白头。米切尔和我喜欢的作家加缪一样，
都死于盛年时的一场车祸。上文提到的诗人道生，也是命运多舛，一生凄
凉无伴，死时不过 33 岁。

四 道德圈

《乱世佳人》中有些细节让人过目难忘。当郝思嘉驾着马车穿越战火以
及飘满雨水的河流，历经困苦周折回到了自己的陶乐庄园，她看到的却只
有荒废的田野和几近一无所有的家园。随后她从地里爬起来，手握泥土对
天发誓："上帝啊，你为我见证，做我的见证人！他们不会击败我，我一定
要撑住这个家。而且，等一切都过去之后，我决不再挨饿，我的家人也决
不再挨饿！即使我在说谎、偷东西、欺骗、杀人……上帝啊，你是我的见
证人，我决不要挨饿！"

感性层面，这段独白让我看到一个自强不屈的灵魂；理性层面，是人
类道德圈的缩小。有些小说或电影之所以迷人，正是因为它们揭露了人性
中的幽暗。世人爱谈道德，但道德往往是最靠不住的。这不仅体现在不同
的人有不同的道德，而且就算是同一个人，在不同的时候也有不同的道德
半径。

管仲说"仓廪实则知礼节，衣食足则知荣辱"，其所反映的是一个社
会道德圈的变化。特朗普的上台也让世人似乎看到了美国的道德圈的缩小，

这与美国目前面临的某些危机有关。中国古代知识分子常以"达则兼济天下，穷则独善其身"自我标榜，所涉及的是道德圈的自我调整。而郝思嘉说为了自己不挨饿，宁可去杀人，则是将人类的道德圈进一步缩小（人类道德圈缩至最小甚至归零，恐怕就是食人寝皮了）。而如果她摆脱了困境，也可能会赈济邻里甚至毫无瓜葛的人，那时候她的道德圈忽地又变大了。

若干年前，我开始以"道德圈"来思考人类的行为，当我用"moral circle"搜索的时候，发现网上会出现大量资料。最早提出"道德圈"的是19世纪的历史学家威廉·莱基（William Lecky）。莱基认为道德圈一开始很小，后来随着时间的发展不断扩张："人类最初降临于世的时候，他们的仁慈善心与自私本性比较起来，力量简直微不足道；而道德的作用就是逆转这一局面……仁慈善心曾经只限于家人，后来圈子逐渐扩张，首先扩张到一个阶级，然后扩张到一个国家，再后来扩张到国家联盟，之后扩张到全人类。最后，就连我们对动物的感觉也受其影响。"

达尔文赞同莱基的看法，在《人类的由来》（*The Descent of Man*）中，他谈到在人类的发展过程中，人们慢慢有了超越人以外的同情心，它越来越细腻、柔和，广被一切有知觉的生物。这是一个渐进的过程，"起初只是少数几个人尊重而实行这个美德，但通过教诲和示范作用，很快就传播到年轻一代，而终于成为公众信念的一个组成部分"。

人类道德的建立，和宗教有很深的关系。不过，不同的宗教，其道德圈也并不相同。有的急于寻找异教徒，并将他们推进地狱的烧烤架；有的则将慈悲推及众生，有所谓"扫地不伤蝼蚁命，爱惜飞蛾纱罩灯""地狱不空，誓不成佛"。

年少时喜欢读一些佛学类的书，知道有个叫眣子的菩萨，他最有名的一句话是"走路不敢太重，怕踩着地疼"。眣子的道德圈大到无我的地步。

这难免给人一种荒谬感，就像在说"走太快了也不行啊，会撞伤空气！"然而我能理解晗子的悲悯，我虽然没有敬过外在的神，但总相信人有内在的神性。晗子的这番话，即是人性中神性的流露，只是对人类似乎没有什么用。

道德圈可分为两种，包括纯精神层面和行动层面，其所对应的是理想道德半径与现实道德半径。所谓伪善，有时未必是伪善者品行恶劣，而是因为他在现实中可以走完的道德半径，赶不上理想中的道德半径。两个圆圈的疏离与晃荡，难免让人视之为忽悠。实际上也是另一种意义上的"心有余而力不足"，心半径大而力半径小。

时人常说"能力有多大，责任就有多大"。人类的困境是，在道德圈不断扩大的同时，破坏半径也在扩大。核武器的出现，意味着地球上的这个年轻物种具有了将其世世代代所积累的道德资源清零的能力。

五　三K党

历史并无公正，叙述者各有立场。如果支持联邦政府，体现国家意志的北军无疑代表正义的一方，而在美国南方的小说叙事与电影中，他们可能只是杀人如麻的大反派。谢尔曼将军对南方采取的暴行，与日军后来在中国的"三光政策"相似。而被人指为"暴徒"和"白人至上主义者"的三K党，以及罗伯特·李（Robert Edward Lee）将军，则变成了保卫南方的英雄。

2017年8月12日，弗吉尼亚的夏洛茨维尔市发生严重骚乱，起因是当地拆除李将军的塑像。夏洛茨维尔本是一座大学城，这里的居民以自由派居多，2016 年总统选举时 86% 的人投了希拉里的赞成票。几个月前，夏洛茨维尔市决定拆除李将军雕塑，引发右翼团体不满，相关团体已经组织数次抗议活动。8 月 12 日，从全国各地赶来的白人至上主义者聚集了好几千人，其中很多都是三 K 党及其支持者。他们打着"一个民族，一个国家，停止移民""鲜血和土壤"等标语，同时行纳粹礼，如此场面足以令人毛骨悚然。尽管李将军和纳粹甚至右翼没有任何关系。

如果了解南北战争以来的美国历史，上述冲突的发生就不会觉得那么突兀了。这也是特朗普能够当选总统的时代背景。正因为此，对于这一事件，特朗普的措辞也不如弗吉尼亚州长特里·麦考利夫那样强硬和鲜明。

对于南北战争，南方人多有愤懑不平。除了米切尔在《乱世佳人》里对南方的间接辩护，最有名的是 1915 年的电影《一个国家的诞生》。这部由大卫·格里菲斯（David Griffith）执导的历史爱情电影，从南方的角度回顾了南北战争，谴责了北军对南方的严重破坏，并对三 K 党为恢复南方荣誉、惩治黑人给予了积极评价。由于严重的种族主义倾向，该片在美国多个州被禁止上映。为此，格里菲斯特别印发了一本名为《美国言论自由的兴衰》（*The Rise and Fall of Free Speech in America*）的小册子为自己辩护。

三 K 党是美国白人至上种族主义的代表性组织，最初主要由南北战争中被击败的南军退伍老兵组成。在发展初期，三 K 党的目标是在美国南部恢复民主党的势力，并反对由联邦军队在南方强制实行的改善旧有黑人奴隶待遇的政策。这个组织经常通过暴力来达成目的。1871 年，尤里西斯·格兰特总统签发了《三 K 党执行法案》，强行取缔了这个政治组织。一战期间，三 K 党在美国东山再起，至 1920 年的巅峰时期拥有 400 万以上成员，其中包括许多政治家，如先后做过美国总统的威廉·麦金莱、伍德罗·威尔逊、沃伦·甘梅利尔·哈定、卡尔文·柯立芝、哈里·杜鲁门以及大法官雨果·布莱克等。

六　历史之债

伍德罗·威尔逊曾在 1913—1921 年间担任美国总统，他也是三 K 党历史上举足轻重的人物。影片《一个国家的诞生》引用了威尔逊所著《美国人史》中的句子。"白人们不过是被一种自我保护的本能所驱使……直到最后，一个保护南方国家的伟大帝国，三 K 党诞生了。"正是在具有种族主义倾向的总统影响下，威廉·西蒙斯在 1915 年感恩节那日重建了三 K 党。如果顺着这个脉络，就不难理解为什么若干年后主张"美国人优先"的特朗普赢得选举会引起巨大的恐慌。不过，特朗普虽然任性，但特朗普拥有他的幸运，即他在美国拥有足够多的支持者的同时，也拥有足够多的反对者。如果他真的走上一条彻底错误的道路，也会行之不远。2018 年，美国政府所谓的打击非法移民"零容忍"政策导致大批儿童与父母强制分离，引发多方批评抗议。6 月 20 日，特朗普撤回了这项"骨肉分离"的政策。

威尔逊是个公开宣扬"白人至上"的种族主义者。1902—1910 年，威尔逊任普林斯顿大学校长，公然拒绝接纳黑人学生。当然，威尔逊有他的民意基础。在他死后 11 年，普林斯顿才有第一位黑人学生来报到。学校看到这个学生的肤色后，立即将他送回家。普林斯顿大学直到 1942 年才开始接纳黑人学生。

1913 年当选总统后，威尔逊主持的政府甚至向国会提交了一项旨在降低非裔美国人公民权的提案，甚至毫不掩饰地在联邦政府里实行种族隔离。而这一政策直到杜鲁门时代才终结。1924 年，杜鲁门曾交纳了 10 美元会员费。在一次会议上，三 K 党干部要求杜鲁门如果再次当选郡法官就不再聘请任何天主教背景的官员。考虑到自己的许多战友都是天主教徒，杜鲁门拒绝了这个要求。在当年，对于一个政客而言，加入三 K 党意味着拥有一座巨大的票仓，不过杜鲁门还是选择了退出三 K 党。相较于威尔逊在三 K 党中的作用，杜鲁门算得上踏雪无痕了。

1919 年 4 月 11 日晚，巴黎和会就日本提出的种族平等进行表决。日本代表团要求在国联盟约中承认禁止一切形式的种族歧视。与会的 17 位委员中，有 11 人投了赞成票，而主持会议的威尔逊却投了反对票。一二十年后，日本沦为法西斯，而美国以捍卫世界自由的面目出现，历史是何等戏谑和反讽。

尽管保持着浓厚的种族主义色彩，在国际关系上威尔逊还是试图建立起民主的形象。早在 1918 年 1 月 8 日，他发表了包括"签订公开条约，杜绝秘密外交""消除国际贸易壁垒""裁军和限制军备""公道地处置殖民地""建立国际联合机构"等在内的"十四点和平原则"。1920 年，威尔逊因为推动国联建立而获诺贝尔和平奖。不过出于种种原因，美国事后并没有加入，而主要由英法控制的国联主张对德国施以极为苛刻的惩罚。为此，德国丧失了 13.5% 的领土、12.5% 的人口、100% 的海外殖民地、16% 的煤矿和 50% 的钢铁工业。除承担战争责任外，德国还须支付巨额赔偿。

一战结束后，约翰·凯恩斯曾作为英国财政部首席秘书参与巴黎和会及《凡尔赛和约》的制定。这位年仅 36 岁的经济学家以其理性和不厌其烦计算出德国可能承受的最大赔款额度，而和会上提出的赔款额度却数倍于此。在成名作《和约的经济后果》中，凯恩斯批评《凡尔赛和约》带来的只是"Carthaginian Peace"（迦太基式和平），意思是德国的命运如同布匿战争中的迦太基。当古罗马军队终于攻下城邦迦太基，便通过大肆的抢劫、纵火以及在农地上撒盐等方式彻底毁灭了这个国家。

刚到巴黎时凯恩斯原本是满怀希望的。一战结束，新世界的大门即将打开。然而，就在他指望欧洲建立自由贸易区互相合作的时候，各国却在忙着抢占地盘。政治家们把战争赔款当作神学问题在解决，而对造成战争的贫穷与欧洲的四分五裂漠不关心。几大巨头坐在那里，为实际上并不重要的事情斤斤计较，仿佛是无望的人类的缩影。

为此，凯恩斯像游吟诗人一样把巴黎比作"梦魇"——"那里的每一个人都是病态的。灾难迫近的感觉充斥于各种无聊的场所，世人在重大事件面前显得无助和渺小；意义重大的决策混合着不切实际的成分；轻率、盲目、傲慢、混乱的叫嚣声四起，古典悲剧中所包含的一切要素都具备了。"在《赔款》一章的末尾，凯恩斯更是直言不讳："作为一个将使德国的一代人处于奴役状态、降低千百万人的生活水平、剥夺整个国家幸福的政策，即使它可能使我们富裕，并且不会撒播令整个欧洲的文明生活衰退的种子，这种政策也是令人憎恶的。"而真正的正义，绝不会把对一个国家父辈的仇恨转嫁到他们的子孙身上。

《凡尔赛和约》的签订被视为一战的正式结束，而历史的行进总是伴随着隐秘的暗线。茨威格《昨日的世界》里的黄金时代回不去了。为了表示抗议，1919 年 6 月，德国海军主力舰队共 51 艘，自沉于苏格兰最北端的斯卡帕湾，全部船员殉国。当苛刻的报复在千疮百孔的德国积聚起巨大的仇恨时，《凡尔赛和约》实际上已经变成第二次大战的隐秘开始。或者说，《凡尔赛和约》至少在谈判桌上完成了针对德国的又一场战争。十几年后，作为一战老兵的希特勒之所以能够上台，一个重要原因就是德意志人想洗刷一战失败以及《凡尔赛和约》带来的耻辱。

站在一战的废墟上，眼含深情与恕道的凯恩斯成了那个时代罕见的清醒者。然而，他被忽略了。欧洲只有经历过二战又一次铺天盖地的血洗之后才开始走向欧盟。尽管欧盟具有乌托邦色彩，但是在合作中求生存也不过是人类最低的生存法则。上一代的疏忽与过错，总是由下一代或几代来还。这就是历史之债。

不幸的是，今日欧盟内忧外患，又开始摇摇欲坠。

凯恩斯曾感叹巴黎和会上的威尔逊一事无成，就像是一个又聋又哑的堂吉诃德先生。威尔逊主张"民族自决"，却默认日本接管德国在山东的殖民地。他虽然反对《凡尔赛和约》中"以眼还眼，以牙还牙"的极端做法，但奉行孤立主义的美国对和谈并未产生实质性影响。一战中英法两国付出了沉重的代价，这与美国主张并动员其他国家退还清政府庚子赔款时的语境完全不同。毕竟，中国被列强瓜分在先，冲突在后，而且终究于世界无害，其命运令人同情。

而在德国那里，尤其与之积怨甚久的法国最想完成的事情就是将之彻底摧毁，使老虎变成羔羊。然而即使是如此苛刻的条约，法国的费迪南·福煦元帅仍认为对德国非常宽容，称这不是和平，而是"20 年的休战"。20年后，这世界真的如其所愿，希特勒卷土重来。当人们为福煦的"神预言"赞叹不已时，却忘了历史自有因果。

回到威尔逊，他留给后世的是一个暧昧十足的形象。一方面，他在任内做了不少促进平等的事情，包括反托拉斯、男女平权以及建立独立平等的新型国际关系；另一方面他又是一个不折不扣的种族主义者。前者连接世界的未来，后者延续着他的过去。

应该说，没有谁不受到始于童年的价值观的影响。威尔逊成为一个白人至上主义者，显然和他的家世有关——南方出生，在佐治亚州度过了大部分童年时光。威尔逊的父亲是奴隶主，南北战争期间还做过一段时间的随军牧师。而威尔逊关于南北战争的最深记忆是他曾经站在罗伯特·李将军的身边，仰视过他的面庞。而威尔逊在巴黎和会上主张"民族自决"，恐怕也和他关于南北战争中南方的伤痕记忆有关。

七 怎样正确投降？

有关南北战争的影视文学作品还有很多，比如《南北军将士》《光荣战争》《盖茨堡之役》《众神与将军》《小叛军》《冷山》等。有的站在联邦的立场，有的站在南方的立场，整体上维持着一种平衡。

《冷山》出版于 1997 年。相较于描绘战争场面的其他小说或电影，《冷山》因为拉远了战场而避免了司汤达效应——那些在战场上的人，对战争的进程可能一无所知。

李安的电影《与魔鬼共骑》谈到南北战争中打仗的不是军队，而是邻居。南方的丛林游击队、浴血拼战，但是毫无胜算，他们偷袭北军和亲北方的游击队，不论投靠哪一方都有危险。为了避免站在双方的火力中央，他们只好选择站队。然而，这样做违背了他们的本性。被敌人杀死，他觉得冤屈；杀死敌人，自己也不会真正快乐。

《冷山》是一部关于南北战争的奥德赛。有的人悄悄离开战场，而回家的路是那么艰辛。战场上胜负未分，而故乡已布下天罗地网。有家难归，无处可逃。

关于这本书，后来才知道扉页上的几行英文对应的是"人问寒山道，寒山路不通"。据说这是凯鲁亚克等垮掉的一代引起寒山诗热后的一个成果。如果是这样的话，把"cold mountain"译为"寒山"或许更合适。当然，在意境上冷山比寒山似乎更有切肤之痛。

而现实中的罗伯特·李将军也在寻找回家的路。

南北战争爆发时，李将军没有接受林肯的委任去讨伐南军，而是回到了弗吉尼亚保卫家乡。他爱联邦，但更爱弗吉尼亚。在某种意义上，这种舍大取小更符合美国的立国原则。众所周知，美国是先有地方，后有中央，是一个从地方乡镇发展起来的国家。

战争即将结束时，李将军没有接受打游击继续反抗北军的建议。作为西点军校的毕业生，他相信打仗是军人的事情，决不能为了最后的胜利把妇女儿童绑上战场，尽管此时后者早已同仇敌忾。为了避免因军民不分造成进一步的生灵涂炭，李将军宁愿选择投降。南方的国家消失了，但是南方的社会还在。

这究竟是一次伟大的投降，还是懦弱的投降，不同的人自有不同的评价。为什么李将军没有"宁为玉碎，不为瓦全"？个人可以这样要求自己，但政治家没有这个权力。也许是迎合了人性中死本能的缘故，古往今来，主张战死者总是比主张在妥协中活下去的人更容易获得荣耀。

阴差阳错的是，反对奴隶制的李将军在为南方打仗，而拥护奴隶制的谢尔曼将军却在为北方打仗。也许这并不难解释，因为他们还有高于奴隶制存废的目的：一个为了家乡，一个为了联邦。

谈到南北战争，托马斯·伍兹（Thomas E. Woods）在《另类美国史》中提到这样一个细节，当年弗吉尼亚、纽约和罗得岛三个州在签署宪法的时候，附加了一个条款："如果这个新政府变得具有压迫性，那么它们就可以从联邦中退出。"正是在此基础上，这三个州才加入了联邦。弗吉尼亚在1861年退出的时候，援引过该州批准宪法时的这一条款。在林肯那个时代，许多人都认为各州脱离联邦是理所当然的权力。然而当南方真正要求独立时，南方便开始面临灭顶之灾。

当美国瓜熟蒂落、执意抛弃英联邦的时候，它所进行的是独立战争；当南方诸州以相同的逻辑试图从美联邦中独立出来时，则被定义为叛国。这就是我们熟知的历史。暴力总是有着吊诡的相似性，而结果却各有不同。

第十一章　祝你生日快乐

虽然平时并不过生日，不过此刻我的感受的确有些不同。一个飘零异乡的游子，生日这天先后接受了来自世界"黑白两道"的祝福，而且没有任何繁文缛节的烦扰，这日子还算不赖呢。

一　永恒的困境

四十岁的第一天，告别亚特兰大，坐大巴去了蒙哥马利。

85 号公路两侧有一些挺拔的松树，中间隔离带是草坪。除了广场，美国的土地总是显得比中国宽阔。

车上依旧多是黑人。早在几十年前，黑人坐巴士从一个州到另一个州还会受到三 K 党暴徒的围攻。1961 年 5 月 20 日，组织"自由乘车"运动的白人吉姆·茨威格在蒙哥马利市车站竟然被打掉了七颗牙齿。寂静无声的旅途，偶尔泛起如此纷乱的历史场景，难免让我产生某种恍惚感。

一晃这已经是五六年前的事情了。原本想在这一年对自己的人生做一个总结，写一本类似胡适《四十自述》的回忆录，可我没有给自己半天的时间。如果你问我在这一年印象最深的事情，恐怕就是在美国的这段孤独旅程吧。

那一天，利用在车上的一点时间，随便翻了两本书，都是在纽约的莎士比亚书店买的。一本是 *Electoral Dysfunction*（《选举失灵》）。它让我想起《理性选民的神话》以及一百多年前威廉·莱基写在《民主与自由》一书中的话——"当下最让人担忧的迷信不是宗教，而是政治；在我所了解的各种形式的偶像崇拜中，没有比这种盲目的唯数量（多数）崇拜更缺乏理性和让人鄙视的了。"

民主为人所向往，但多数人的暴政同样需要警惕。这也是托克维尔的忧虑："当一个人或一个党在美国受到不公正的待遇时，你想他或她能向谁去诉苦呢？向舆论吗？舆论是多数制造的。向立法机构吗？立法机构代表着多数，并且盲从多数。向行政当局吗？行政长官是由多数选任的，是多数百依百顺的工具。向公安机关吗？警察不过是多数掌握的军队。向陪审团吗？陪审团就是拥有宣判权力的多数，而且在某些州，连法官都是多数选派的。因此，不管你所告发的事情是如何不可争议和荒唐，你还得照样服从。"去美国之前，托克维尔曾经忧心忡忡地给朋友写信，担心穷人对富人心怀妒忌，而贫困阶层总是占据多数，因此，他们有时会通过选举将后者排除在公共事务之外。

2016 年特朗普当选后，美国陷入了某种程度的混乱。反对者上了街，有的州甚至嚷着要闹独立了。最积极的是得州和加州，这两个州的独立运动由来已久。自英国公投退欧成功后，"Dexit"（得州退出美国）和"Calexit"（加州退出美国）也成了热词。

只是因为厌恶特朗普吗？不是。早先奥巴马当选时，也有很多反对派表达了独立的倾向。奥巴马的诸多政策，尤其是医改方案让相当一部分美国人反感。说到美国医改方案，"奥巴马保险"最让人无法接受的是"不买保险就属于非法"。在反对者看来，如此强制国民购买保险侵犯了公民最基本的权利，即自由权和财产权。与此相反，支持者则认为奥巴马的医改方案如天降甘霖。

为什么闹独立？如果用手投票不能给自己一个好的预期，那么就用脚投票，小则一家移民，大则一群人独立，说到底都是为了挣脱自己与他者的关系。然而这一切并不那么容易。今日世界变得宽容，似乎相信好聚好散。我不知道如果现在美国还有州闹独立，会不会出现南北战争那样的悲剧。英国最近几次和平公投被世人引为典范，其实，无论怎样的公投都不会彻底解决"他人即地狱"这个问题。

比如说英国全民公决脱欧，当赞同脱欧的人举起香槟欢呼他们的胜利时，反对脱欧的人可能在暗处哭泣。为什么这一半人能够决定那一半人的命运？有人找出种种不服输的理由。再投一次又如何？就算结果有变，也只是换一群人狂欢，另一群人哭泣。

"他人即地狱"出自萨特的经典作品《监禁》。三个亡灵在地狱，那里没有刑具与烈火，唯一折磨和约束他们的是他们的关系。"何必用烤架呢，他人即地狱。"萨特的本意并不在于强调"他人即地狱"——那是死人的活法，我们这些活着的人和他们不一样，因为我们可以选择。而人一旦可以选择，他就是自由的。

问题是，在壁垒森严的各种制度下，谁又是自由的呢？绝大多数人都不得不在别人的选择中生活，并在某种程度上成为约束他人的选择者。换句话说，如果每个人都自由选择，也意味着每个人都不能自由选择。他人心中的光明于我也许是黑暗。既然你无法代替别人选择，那么民主所遭遇的困境就不只是民主的困境，从本质上说更是人类永恒的困境。

为什么是少数服从多数？在历史书上它被描绘成人类进步的源泉，公意即由此产生，然而它对人的奴役同样有目共睹。在此，且不说多数在很多时候与真理、正义无缘。既然人是自由的，凭什么一定要少数服从多数？更糟糕的是，谁来界定这个多数以及怎样的多数合法？为什么有的是过二分之一，有的是过三分之二，有的是过四分之三？既然都是议定出来的一个含混的数字，可多可少，就说明它们并不具有真理的普适性，而只是一群人图方便搞出来的权宜之计。过百分之五十是真理，而具体过多少，则是意义。"嗯，就这样吧，我看差不多。"于是各位会议代表匆匆回家睡觉了。

美国大选结果出来后，有朋友对比说希拉里是旧媒体，官方、高冷、精致；特朗普是新媒体、作秀、情绪化、标题党。谁胜谁负，一目了然。那又怎样？无论两位候选人水平、禀赋如何，这个世界信奉了"多数教"。"多数"，成为一种"必要的恶"。

我并不怀疑民主为人类带来的价值感，我要讨论的是怎样的形式能够真正服从这一原则。2016 年美国大选，支持希拉里的人之所以愤愤不平，还有一个原因，按选举人票数特朗普胜出，但是按投票人票数则是希拉里胜出。如果不考虑程序正义这个词，究竟哪个结果更公平，恐怕谁也说不清楚。

有一点可以肯定，无论谁胜出，最后的结果都可能是"半数人的暴政"。如果说专制的恶果可能是所有人都在哭泣，民主的优势则至少保证一半人在笑。当然还有一半人也可能在哭。

有比民主更好的方式吗？多数人不可靠，少数人也不可靠。如果你迷信真理掌握在少数人手里，少数人就可能成为寡头或独裁者。

人类乐意群居，同时互为缺陷和牢笼。有时我也会陷入一种感动——不完美的人类，既无力创造也不配享有一个完美的世界，却又无时无刻不在为一个完美的世界努力。民主制度是为不完美的人类设计的不完美的制度，也是人类对自身缺陷的妥协。从本质上说，这是一个可以不断试错以避免最坏而不是探求最好的制度。问题是：既然无法打破"他人即地狱"与"半数人暴政"的困局，这种努力会是一场西西弗斯式的徒劳吗？

另一本书是 *Why civil resistance works：The Strategic Logic of Nonviolent Conflict*（《公民抵抗为什么可行：非暴力冲突的策略性逻辑》）。我曾经在"理想国译丛"选题会上推荐译介这本书，不过最后不了了之。两位作者分析了 1900—2006 年全球发生的 323 次民主反抗运动，结果发现，非暴力的民主反抗案例成功率为 53%，相比之下，暴力反抗的成功率只有 26%。而按地区分，在亚洲，两者的成功率都在25%—30%。由此可以看出亚洲社会变革之艰难，无论暴力还是非暴力，似乎都没有高概率胜算。

不过，对非暴力社会运动被冠以"failure"（失败）的评价，我是不以为然的。毕竟那不是拳击比赛，可以看出输赢。世人习惯于以短量长，然而事物自有因果，今夜种下善因，明夜未必有善果，这不是失败，只是还需要一点时间。也许善果就在又一个转日的黎明。

二 与黑人同行

两三个小时后，车子到达蒙哥马利东郊。乘客们陆续下车，如诗人特朗斯特罗姆所说的那样，车一停，原来的那个世界就崩溃了。真不巧，接下来我也崩溃了。

糟糕的终点站，离城区还有很长的距离。一片荒芜，找不到一辆出租车，看不到一个公交站牌，更别说轻轨和地铁了。一时不知所措，我仿佛被抛到了美国边境。这是读书人从书本回到现实时常会遇到的窘境。

同车的乘客陆陆续续被亲友接走了。对于旅行，我通常是随遇而安，很少提前做准备。有时候完全不顾命运将我带到哪里，只当命运就是我的方向。毕竟命运见多识广，比我更了解这个世界，会带我去意想不到的地方。我唯一的希望是，无论命运将我带向何方，我都别把自己丢在半路上，否则那样的旅途实在是太寂寞了。

我承认几十年来没有花心思安排好自己的生活。不过这一次目的极为明确，我必须在下午看完罗莎·帕克斯（Rosa Parks）博物馆，因为转天早上还要坐车去俄克拉何马。倘使我知道下车后会困在原地，提前和那些人说说应该可以搭便车进城。可惜始料未及。

拖着沉重的行李箱，就在我东张西望寻车的时候，一个落单的黑人女子从我身边走过，背着一大一小两个包裹。这时大巴车也已经开走了，车站只剩下我们俩。我猜想她是当地人，于是向她打听如何进城。如果她开了车，那就最好不过了。

"我的车死翘翘了，扔在了亚特兰大。跟我走吧，我正要去前面的公交车站。"

就这样，我们一起朝车站走去。起初并不知道有多远，为了感谢她的帮助，我特意让她把其中的一个包裹放到我的行李箱上。毕竟有轮子，会省点力。没想到这位女子毫不客气，竟将最重的那个压了上来。以我这东方人的性格，满以为她会将小包放上来，这样我拉着也不至于太重。但帮她是我提出来的，也只好硬着头皮朝前拖着走。

沉重的行李，漫长的道路，虽然还是春天，正午的阳光已经非常烤人。一路上，我们有一搭没一搭地聊着天。由于包裹越来越沉重，有一段时间我走得有些不耐烦了，就停下来看风景。黑人女子没有察觉，兀自走出二三十米远。如果我长得足够黑，相信她转过头时会望见自己苦海茫茫里的祖先。

回想当时的场景，总觉得像是某部电影里的镜头。一个春日的正午，两个素不相识的人，各自帮了对方一个忙，被捆绑在一起寻找一个车站，然后分道扬镳。

走了四五十分钟，终于找到了公交站牌。在等车的过程中，黑人女子问我到蒙哥马利做什么，我便和她说了自己最近几个月在美国的一些经历，并着重提到想就美国的非暴力运动写点东西。

"是吗？"她睁大眼睛。

"我必须在闭馆之前赶到罗莎·帕克斯博物馆，不过照这样等下去恐怕来不及了。"我叹气道。不知道为什么，站牌上写着的两趟班车都没有到。

我们继续聊天。黑人女子名叫 Mary，25 年前从密西西比搬到蒙哥马利，一直在为美国空军部门工作。在她看来，蒙哥马利还算是一座不错的城市，有不少好东西，不过还是有些种族主义的东西存在，所以她不想在这里待一辈子。随后，我邀请她在我的本子上写几句话。外出旅行时，我喜欢搜集一些文字性的东西，仿佛搜集昨日世界的供词。

就在 Mary 在文后署上日期的时候，我告诉她今天是我的生日。

没想到她惊叫起来。原来今天也是她的生日。为了证明这一点，她还掏出身上的证件给我看。

"世界上竟有这么巧的事！"我有些喜出望外。

"生活真美好！"说完，和她简单地拥抱了一下。这就是生活，时常有一些莫名其妙的巧合。它本身也许并没有什么意义，但人活着总得找点乐子。

三　老爷车

由于急着去罗莎·帕克斯博物馆，终于放弃了言而无信的公交车。我得找人搭顺风车了。旁边有个停车场，里面不时有车出来。都是黑人司机，不是方向不对，就是不置可否扬长而去。考虑到车已上路司机会懒得停下来，我准备直接去停车场里拦车。就在这时，一辆车开到我身边，司机摇下车窗，问我是否需要帮忙。这是一位白人女子，后来知道她名叫 Carla。在我说明情况后，Carla 欣然答应送我到罗莎·帕克斯博物馆。若不是她肯帮忙，我此次到蒙哥马利的唯一收获恐怕就只有体察民间疾苦了。

这是一辆老得掉牙的车，少说也开了 20 年。挡风玻璃下面的塑料因为日久年深已经出现龟裂，当车子跑动时散落在边上的碎片会跳起来，发出吱吱的响声，仿佛万物欢腾，我只当它是一种蒙哥马利式的舞蹈。对于我来说，车子虽然破旧不堪，却是这里最友好的车了。

Carla 与我年龄相仿，她之所以主动过来，一是看到我几次搭车都没有成功；二是因为她曾经在韩国教过一段时间英文，便以为我是韩国人或日本人。当然，也可能是中国人，她到过威海，那里给她留下了美好的印象。至于中文，则只会说些"你好""谢谢"之类的话。

Carla 说她是从纽约的水牛城搬到这里的。她问我多大年纪，我说今天刚好四十。

"Happy Birthday！"Carla 转过头，很应景地表现出一脸惊喜。接着 Carla 和我解释中国的虚岁和美国的周岁的区别，里里外外有时候会差出两岁呢。

假如当时她也告诉我今天是她的生日，我宁愿相信这世间真有上帝，而不是伟大而神秘的偶然性了。虽然平时并不过生日，不过此刻我的感受的确有些不同。一个飘零异乡的游子，生日这天先后接受了来自世界"黑白两道"的祝福，而且没有任何繁文缛节的烦扰，这日子还算不赖呢。

"你有宗教信仰吗？"想着她这么热心帮助我，我便问了 Carla 这个问题。

"没有啊。我不信教，不过对佛教有些兴趣。我这边有些韩国朋友去寺庙时，我也会去，但蒙哥马利没有寺庙，只能就近去亚特兰大。"

蒙哥马利是一座响当当的小城。虽说是亚拉巴马州的首府，南北战争期间甚至还做过美利坚联盟国的首都，如今人口也不过 20 万。此前在路上

Mary 和我聊到蒙哥马利没有浸礼派教堂，如果想做礼拜必须去亚特兰大。

四点左右，Carla 将我送到位于蒙哥马利街的罗莎·帕克斯博物馆。在互留电话后，我送了她一本《这个社会会好吗？》作为纪念，并将有罗莎·帕克斯照片的那一页翻给她看。

与此同时，我的内心难免有些懊恼。为什么只是因为她在我面前做了一件好事，我就问她是不是信仰某种宗教呢？在旁人看来，这只是最正常的问话，而我所看到的却是自己从别人那里学来的隐秘的偏见与媚俗。这些年来，许多人说中国人底线败坏是因为缺乏宗教信仰，潜意识中我也被这种气氛沾染了。事实上这并不是我的主张。我一直认为人的内心不只有善良，更有某种神性，这种神性不必假借外在的上帝。我深信人性中光辉的一面，它有可能被遮蔽，但时常也会显现。

四　寂静的勇气

罗莎·帕克斯博物馆里只有一男一女两个工作人员，都是黑人。男的负责接待与讲解，女的把守着入口处的一堆书籍和纪念品。我在里面待了不到一个小时，只遇到两个游客。

这个博物馆完全为罗莎·帕克斯打造。最显眼的是一辆公交车，它非常细致地还原了罗莎·帕克斯拒绝向白人让出座位时的场景，并播放了相关视频。公交车前面还有可口可乐的广告，这是我在其他任何资料上不曾看到的。不过这只是赝品，20 世纪 50 年代的那辆公交车现在保存在密歇根的福特博物馆里。正是那辆普通的公交车，让这个原本名不见经传的裁缝走上了时代的风口浪尖，被美国国会称作"现代民权运动之母"。

罗莎·帕克斯生于 1913 年，原名罗莎·路易丝·麦考利。虽说是黑人，身上也有部分苏格兰、爱尔兰血统。高中时因为要照顾年迈的祖母辍学，结婚后在丈夫雷蒙德·帕克斯的鼓励下继续读书，并有了一份裁缝的职业。

1955 年 12 月 1 日，下班后的罗莎·帕克斯像往常一样坐公交车回家。不过这一天不一样，因为有些累，她拒绝向白人让出座位，随后遭到逮捕，并处以罚金。

由于当时民权运动开始兴起，罗莎·帕克斯的被捕很快发酵并引发了蒙哥马利长达 381 天的黑人抵制公交车运动，而组织者是当时同样名不见经传的马丁·路德·金。在他看来，非暴力抵抗主要有以下六个特征：

积极而非消极，从根本上说是强者的手段。

不寻求打败或羞辱对手，而是要赢得他的友谊和理解。

抵抗的目标指向邪恶本身而不是正在行恶者。

非暴力抵抗者愿意接受痛苦而不报复，接受对方的打击而不还击。

非暴力抵抗者不仅避免外在的物质上的暴力，而且避免内在的精神上的暴力，即：不是恨，而是爱对方。这是一种冷静的、善意的、寻求保存和创造共同体的爱。

非暴力抵抗者深信世界站在正义一边。

基于以上几个原则，"罢乘运动"是所有人都可以接受的，没有谁为此做出巨大牺牲，重要的是需要耐心和时间。由于乘车的 70% 是黑人，汽车公司的损失日益显现。转年底，美国最高法院裁定公共汽车上的种族隔离违宪，这是最高法院继 1954 年在"布朗诉教育委员会"案中宣布学校实行种族隔离违宪后的又一历史性判决。这一事件也直接推进了 1964 年美国民权法案的出台。

1955 年 12 月 1 日原本是无比平凡的一天，但正如斯蒂芬·茨威格在

《人类群星闪耀时》一书序言中所写到的，人类的历史会有平庸而漫长的流逝，但它们同时也在积累，直到突然出现闪亮的群星。那个时代，也因此被我们赋予伟大的内涵。而罗莎·帕克斯就在那个"tipping point"（临界点）出现了。与罗莎·帕克斯并肩战斗的马丁·路德·金，也以其反种族隔离的事迹和决心最终获得诺贝尔和平奖。

如果没有达到临界点，曾经发生过的那些愤怒、牺牲与反抗，则完全可能被历史无情地忽略。正如在小岗村农民按血手印包产到户之前，中国农村其他地方也出现过类似的事情，只因机缘未到，这些超前的努力宛若小石扔进深海，意义转瞬即逝。就在罗莎·帕克斯拒绝让座的数年以前，曾经有位黑人牧师在公交车上受到侮辱，被白人司机勒令下车。当他号召车上其他人一同下车以示抗议时，却无人响应。事后这位牧师感慨，就是上帝也不会给这些黑人自由的。

五　科尔文的忧伤

第一个不让座的黑人女性不是帕克斯，而是克劳德特·科尔文（Claudette Colvin）。科尔文做了和罗莎·帕克斯一样的事情，而且还要早几个月。不幸的是那年她只有15岁，而且与某位有妇之夫偷情怀孕。虽然都是"全国有色人种协会"（NAACP）会员，但该协会的领导人认为科尔文"争强好胜""大话连篇""感情用事"，而帕克斯"沉着冷静""彬彬有礼""勤奋好学"，是正常社会的典范，所以决定用后者而非前者来作为象征，发起他们的抵制。

对此，科尔文在后来接受采访时难免愤愤不平："年轻人认为罗莎·帕克斯只是坐在公共汽车上结束种族隔离，但事实并非如此。"科尔文认为此前她与其他几位原告及律师在法庭上的努力也不应该被历史忘记。

科尔文的抱怨并非没有道理。然而历史总是这样，它会教人类记住一些象征和符号，因为人类习惯通过一些意义符号进行简化的理解和运算。事实上，被符号化的罗莎·帕克斯已经不是罗莎·帕克斯本人，前者比后者多，又比后者少。多的是她的反抗中也包含了科尔文的反抗，少的是她生活中所有的缺陷都被这场运动的意义所忽略。因为其他的事情并不重要，正如马丁·路德·金是否嫖娼并不重要一样。从这一点来说，科尔文的确是不够幸运。

罗莎·帕克斯的反抗并非完全偶然。在博物馆的另一个房间，有不少罗莎·帕克斯的名言摘录。其中一句是——"the only tired I was, was tired of giving in"（我唯一疲惫的是屈服）。

离开博物馆时买了本罗莎·帕克斯的自传，发现封底同样印了这句话。据她解释，当时并不是因为身体疲惫而不愿站起来，毕竟那年才42岁。这是一种心理上的疲惫，经年累月的"你让我屈服我就必须屈服"已经让她受够了。所以她就坐在那里，司机呵斥不管，逮捕也无所谓，不必大吵大闹，只需要"quiet courage"（寂静的勇气）。这个细节让我想起艾莉丝·保罗的"寂静的哨桩"运动。而这种寂静的勇气，在雪莱、梭罗、甘地、马丁·路德·金身上也都有所体现，它是世界各地非暴力运动中至为重要的精神来源。

名副其实的用脚投票。对于为什么发起这场罢乘运动，马丁·路德·金的解释是："我们意识到，长期来看，屈辱地乘车不如有尊严地步行。因此我们决定以一种安静但不失尊严的方式，用疲惫的双脚代替疲惫的灵魂，行走在蒙哥马利的大街小巷，直至摇摇欲坠的不公义之墙被急速升起的正义之锤击毁。"

无论罗莎·帕克斯，还是马丁·路德·金，在谈到这场抵制运动时，都不忘强调宗教信仰给他们带来的力量。马丁·路德·金不是没有恐惧过，他害怕三K党朝他家里扔炸弹，害怕白人政府对他进行迫害，害怕无名氏打来的要求他立即离开蒙哥马利的恐吓电话，而且这一切都真实地发生了。所幸还有上帝，在他犹豫退缩的时候，可以祈祷上帝站在他一边：

> 就在那时候，我仿佛听见一个微小的声音对我说："马丁·路德，为公义站起来，为正义站起来，为真理站起来，我就与你同在，直到世界的末了。"……我听见耶稣的声音说要继续争战。他应许永不离开我，永不会剩下我一个。不，永不孤单。不，永不孤单……

的确，宗教会给人力量，这是事实。然而，真正起作用的是对宗教的信念，这才是信仰的本质。而这种信念，本是人可以赋予万事万物的。具体到非暴力运动，我更相信这种力量与其说来自对上帝的信心，不如说来自人对人的信心。毕竟，人不仅有利益之分，还有良知，没有谁会迎着一挺喷着子弹的机关枪或一块飞来的巨石讲非暴力。梭罗在《论公民之不服从》里也谈道，和他争吵的是收税官，而不是羊皮纸文件。所以，重要的是回到人类的境遇与人性的明暗本身，而这正是非暴力运动的希望所在。

六 "我们可以飞"

回顾历史，美国在国家层面多次运用暴力，如独立战争、南北战争、扩张领土的战争以及对世界其他国家的干预等，但具体到日常的社会改造则主要依靠非暴力运动。这首先得益于美国在制度设计上为此提供了足够的空间，而这也是宪法第一修正案的最大价值所在。

美国的政治制度并非一人一票的民主的产物，而是来自"精英共和"。美国革命的最大幸运就在于既没有毁灭传统的精英政治，也没有毁灭新生的草根政治。在此基础上，"精英共和"并不排除民主的检验，而民主也不是简单的一人一票。在具体的制度设计上，有草根民主制与精英代议制的妥协。

就在我离开蒙哥马利一个月后，罗莎·帕克斯的铜像雕塑揭幕仪式在华盛顿国会大厦举行，这是美国国会首次将一尊完整的非洲裔妇女塑像放在国会大厦的塑像大厅中。奥巴马说，"帕克斯的一生充满尊严和优雅"，她在一个特殊的时刻改变了美国和整个世界。

今日的美国，华盛顿的雕像随处可见。以华盛顿为首的美利坚合众国的创建者们，对美国独立及政治的落实无疑厥功至伟。但是，伟大的华盛顿并未成就一切，他虽有能力拒受王冠，却没有能力甚至心愿解放黑奴。两百多年后，奥巴马能够问鼎美国总统，得益于几代人的不懈努力，他们包括林肯、道格拉斯、罗莎·帕克斯、雪莉·奇瑟姆、马丁·路德·金，还有数以万计的无名氏。

格莱美奖获得者、黑人歌手 Jay-Z 曾这样深情地说道："罗莎·帕克斯坐下来了，所以马丁·路德·金可以走路；马丁·路德·金起步了，所以奥巴马可以奔跑；奥巴马奔跑了，所以我们可以飞。"

七　65 号公路

走出罗莎·帕克斯博物馆，我再次跌入现实之中。

考虑到第二天早上还要去南城郊区坐灰狗，我决定在车站附近找家宾馆住下来。然而，在蒙哥马利大街上我寻不见一辆出租车，甚至连私家车也少见。当终于有一辆警车路过时，我差点打起了警车的念头。

一位父亲带着孩子在博物馆旁的喷水池边嬉戏。他告诉我往北走几个blocks（街区）就是蒙哥马利市的交通总站，那里有去往全城各个方向的公交车。谢天谢地，没走多久果然找到了一个公交站。心中暗自庆幸，如果这个总站离博物馆远，又不知还要折腾多少冤枉路、花多少时间才能"逃出"中心城区。而这一天的现场体验，也让我深刻地感受到当年黑人们罢乘公交时的艰辛。

询问售票窗口里肥胖的黑人妇女，我要去的是西南大街上的灰狗站。由于需要中转，她向我详细地介绍了路线图。17：35 分出发，18：00 到达11 号线中转，我已经不介意会有多少次中转了，在这座荒郊野岭一般的城市，有车坐就是幸福。

车厢里满是黑人，除了我，还有一位白人妇女。在车站候车时她很热情地帮我指明乘车的所有细节，我们聊了好一会儿。很多细节已经记不清楚，印象最深的是"中国很好啊，可惜没去过。但我给女儿取了一个中国名字——Juan Tung。"董娟？我连声说好。那一刻，突然想起我寻访多年的农学家董时进，Tung 是他的英文姓氏。过不了多久，我将去旧金山看望他的儿子董保中先生。

下了车，在中转站等了大概 40 分钟。车站周围一片荒凉，只有暗暗的几盏电灯，加上不时晃动的黑影、走近的陌生人，这或多或少给了我某种紧张感。如果发生抢劫，我最担心的是辛辛苦苦记下的几本旅行日记。我最宝贵的东西，就是平日里这些零星的见证与思考。好在旁边有一位肥胖的黑人妇女，正举着手机给远方的亲人演讲，不时挥舞着拳头，为我起到了驱邪避鬼的作用。

不过，即使没有黑人妇女助威，我的这种紧张感也不会长久。当我渐渐熟悉周围的情况，而且其他人陆续走了，我就在这里慢慢地站成了"原住民"，一切运筹帷幄。一种奇异的感觉，我仿佛经历了移民者从早期"心神不宁地闯入"到"这是我的土地！"的全过程。

40 分钟后，我终于上了 11 号班车，因为人并不多，坐在我面前的是几位黑人妇女。其中一位老妇和我打招呼，在说完她今年 82 后问我多大，我说今天刚好 40 啦！

"Happy Birthday！"这一回轮到全车的黑人妇女都向我祝寿了。我连忙回礼，并在黑暗中送上我这东方男人的腼腆微笑。

老妇人接着问我信什么宗教，什么职业，是不是做……我一一作答。见我没听懂后面那个词，她便做了个手势。

"您是说 meditation（冥想）？"

"对。"老妇人连忙点头。

我说是呀，我经常写点东西，偶尔也会冥想，不过和信教者的冥想不同。我对未知的东西保持敬畏，但并不会盲目地跟着别人去相信。后面还聊了些什么完全记不得了，只知道在我说完这句话时边上有位黑人妇女不住地点头。

到达灰狗车站时已是 19 点 15 分。从罗莎·帕克斯博物馆出来算起，路上折腾了两个多小时。事实上，当我用谷歌地图丈量时，发现两个地方的直线距离不过几公里，打车用不了十分钟。而这两趟公交走了城市的一个大圈。

　　拖着行李，在车站附近找了家名为 America's Best（美国最好）的廉价宾馆。虽然附近有不少宾馆，但都是一片萧瑟景象。此前找了家叫 Travel 的旅馆，在外面按了半天门铃，也不见一个人出来，像闹鬼一样。难怪许多恐怖故事发生在郊外的汽车旅馆里。

　　接下来的这一晚我就住在 65 号公路边上了。有几位网友知道我在美国旅行，问我是不是沿着 66 号公路穿越美国。那是一条从芝加哥到旧金山的荒弃公路，而我现在完全在美国的南方。如果要走 66 号公路，要到俄克拉何马以后才能接上。按计划，我转天就要动身去俄克拉何马了。

　　灯火阑珊的夜晚，疲惫不堪地躺在 65 号公路边上的这家旅馆里。这一天我在蒙哥马利度过了四十岁生日，得到了这座城市里若干萍水相逢者的祝福。没有人知道一整天我粒米未进，只是在罗莎·帕克斯博物馆的前台喝了几口生水。闭上眼睛，想象在地球的背面，此刻正车水马龙。几十年来，我知道自己的内心一直燃烧着一团火，却不知道命运会将我带向何方，也不知道未来之我与过去之我将在怎样的际遇中相逢。好在世间还有文字，可以为我见证并记录一个人的远行，一个人的乌托邦。

第十二章　漫游与往复

美国虽然是一个国家，实际上是美联邦（United States），各州有相对独立的自治与分权。为此，联邦记忆与地方记忆可以各自表达，相安无事。尽管后者有时会表现得"政治不正确"，但不得不承认，美国的历史与精神时常体现在这些细碎的地方记忆之中。

一　退票

　　早起去灰狗车站买了从蒙哥马利到俄克拉何马的车票，168 美元。平日旅行我很少提前订宾馆，凭感觉走到哪算哪。如果命运不济，像一只孤狼露宿野外也没有问题。只是人到中年，想对自己好一点。前一天从亚特兰大去蒙哥马利的路上，我为自己做了一个决定，每年拿出一部分稿费作为游学之资。没错，这是个好主意。不过，后来才知道在中国的大学里有个奇怪的规定，出国游学必须有国家或国外可信赖的基金会的资助。也就是说，如果我想花自己的钱去海外游学，在制度上竟不被支持。自食其力者的遗憾。

　　又将是一次漫长的旅行，按计划我得在灰狗巴士上待足一天一夜。然而生活总是充满了戏剧性，前一天晚上在蒙哥马利发的一条微博彻底改变了我的行程。有朋友知道后说到旧金山来吗，到迈阿密来吗，而就在我准备登上灰狗西进的时候，X 兄打来电话，他就住在南卡罗来纳州的首府哥伦比亚，希望我能去他家玩，顺便可以拜访一下住在佐治亚州的林达（李晓琳）。

　　这些话都没有说动我，因为我已决定途经伯明翰、梅里第恩、达拉斯到俄克拉何马，我对这条线路已有所期待。

　　"我正准备穿越南部呢……"

　　"那我可以带你去看看黑人贸易最大的港口，还有打响南北战争第一枪的地方。"X 兄继续劝道。

不用他再费口舌，我被劝服了。接下来我必须改变行程。关于南北战争，有些问题我还没有探讨清楚。我说好吧，我现在就买票去哥伦比亚。

由于事先没有购买最贵的可返还票价，刚买的票已无法退还，只好全部作废。至今我的日记本里仍夹着那张联程票。虽然当时没有用上，但它见证了我坐灰狗巴士穿越美国的日日夜夜。

二 不平等的乌托邦

走出车站的时候，一位黑人老头儿从后面追了上来，手里端着一个iPad。原来我把它遗忘在售票窗口的柜台了。

连忙道谢。回想在美国这些天的旅行，我发现黑人仿佛承包了这个国家的服务——机构门前的保安、公交部门的售货员、跑长途的司机、清洁工……虽然美国有不少黑人明星，甚至还有可能当选总统，但就整体而言，他们身处美国社会底层的命运并没有真正改变。我在亚特兰大和蒙哥马利街上偶尔见到的被逮捕者也都是黑人，仿佛连犯罪也被他们承包了一样。

就健康而言，他们当中许多人都因营养不良而肥胖。在亚特兰大，我看到一个黑人胖子，他的肚皮像屁股一样分成两半。这仍是一个温顺忍让的民族，有时候他们爱喧闹，在大城市，如果你远远听到有车载音乐的喧哗，不用回头，基本可以断定那是黑人。

没走多远，在路上遇到一位衣衫褴褛的年轻黑人。他向我要两美元，并指着边上不远处的 Kangaroo Express 加油站，说是要给那里的 homeless（无家可归者）。我正为刚才没能退成票懊恼，所以只把从口袋里翻到的一块零钱给了他。

"我要的是两美元。"

"很抱歉，我这只有一块零钱。"我说。

黑人没再央求，看了看我手里作废了的车票，转身走了。临走时没忘补上一句"我看你像个有钱人"。脸上笑容讪讪，又像是夹带着善意的嘲讽。

这只是一件小事，每次想起，内心总有一种异样的感觉。当时我本可以多给他一美元以满足他的要求，然而我并没有那样做。在内心里，我对年轻人的乞讨行为是完全拒绝的。从客观上说，给他们钱等于纵容他们不去工作。从主观上说，我承认自己从来没有全心全意地追求过平等。

同样，作为一个建立在近现代观念上的国家，直到今天，美国也没有真正实现其所标榜的平等。一方面固然是因为种子发芽、理想实现需要时间；另一方面，这也与人性的自我设防有关。柏拉图说，灵魂有多少种形状，国家就有多少种形状。由此想到自己，我虽然渴望这个世界有着"完整的慈悲"，但事实上并不渴求有什么绝对的平等。不完美的人类并不配享有完美的制度，而绝对的平等不仅让人堕落，而且会让这个世界失去审美的价值。

相较于平等，我更在意的是对自由的保障，如第欧根尼所说的"请不要挡住我的阳光"。激进的革命者和高谈"政治正确"的人时常标榜自己致力于建设一个没有差别的乌托邦，然而这并不符合人类的自然本性。我们之所以认为大自然是美的，不是因为大自然整齐划一，而是因为它错落有致，大树与小草、山峰与河流在太阳底下各成其美。我猜想人类世界之所以还有些美好的东西，也是因为人类或明或暗遵循了这一自然的美德，即在追求平等的自由权利时，不忘建设一个有差异的乌托邦。

三　西奔东走

如果早知道 X 兄在南卡，熟悉那里的情况，此前我应该安排先去南卡，再到亚特兰大，然后由蒙哥马利西进，也免得此番西奔东走。不过，既然有这样一个电话，也算是天意。由于当日凌晨三时起赶写日记，我明显觉得身体不适。如果连坐 24 小时车去俄克拉何马，难免为自己担心，而现在只需要坐 8 小时就到了。

重回"美国最好"宾馆，刷卡进门时发现连房卡这样的小东西上竟然也写着"Made in China"。中国之钥匙，美国之最好，仿佛黑色幽默。

在宾馆继续整理笔记，下午三点坐灰狗前往哥伦比亚市。坐在与罗莎·帕克斯当年差不多的位置，发现自己差不多又一次被黑人妇女包围了。前面是位漂亮姑娘，上车后她一直在手机上查看网店卖的各色上衣。后面是位年轻的母亲，带着未满一岁的孩子。在孩子睡着之后，她一直用电脑处理一些事情。左边是一位老妇人，上车没多久，便一直打电话，而且总加上一句"Yes, my husband"。这样的对话场景也着实温馨与甜蜜。老妇人在一个叫门罗的小镇下车了。

而我更多的时间都在手写本上忙着记下有关意义世界的思考。当汽车停靠在一个叫雅典的小镇，我心里一阵苦笑。当年在欧洲的时候没有去希腊，没想到在美国却遇到了一个赝品的雅典。几年后，我特地去了一趟雅典，并且在那里小住数日，算是一了平生所愿。

论及古希腊，最让我感慨的是它基于人性生长出来的神话体系，其次才是如今在世界各地开花结果的民主制度。美国误入歧途时，会回到 1787 年制定的宪法；而早先欧洲文明之所以能够冲破"黑暗的中世纪"，则是回到了人文主义的雅典。文艺复兴就是从至高无上的上帝回到满身缺陷的宙斯，并且在奥林匹亚诸神的罅隙中找到人性与理性的光辉，而不必仰仗上帝赠予的宿命般的神启与恩典。

基督教神话是说完美的上帝按自己的样子造人，然而人类社会却如此污秽不堪；而古希腊人是按照人的样子造神，所以神既有对人力的超越，也有人类的所有缺陷。简单说，古希腊人通过他们的神话体系拓宽了人的边界，让神成为人的一部分。

没有绝对的统治者，没有完美无缺的神，没有一劳永逸的天堂。在那里，神性被人性解构，力量与力量寻求平衡，诸神注定与完美无缘。所以，宙斯既代表正义，同时又是一个诡计多端的诱奸者。而在奥德修斯回家的路上，不仅有波塞冬和雅典娜，还有内心的无畏与挣扎。正因为这是人的世界，隐喻或记录了人类的痛苦、无望与自我超越，所以我喜欢《奥德赛》甚于《出埃及记》。如果人类的痛苦与欢乐注定只是完成上帝的棋局，人类的意义何在？人生的意义何在？

灰狗再次路过亚特兰大，这回又延误了，到哥伦比亚已是凌晨一点。X兄在车站等候多时，到他家后继续聊天，一晃到了凌晨三点。又差不多24小时没睡了。

四 记忆与反抗

对于我过去的写作，X兄曾经帮过不少忙。完全没想到他有一半时间在美国生活。难怪近些年有人说，到了美国才发现当地的华人朋友比在中国多。出于种种原因，这些年来我有不少熟人或朋友悄悄离开了中国，或至少将一只脚跨在了门外。

X 兄的夫人是加拿大华裔，现在美国读书。两人是几年前在美国观察大选时认识的，没多久就结婚生子。我在 X 兄家里小住了几日，和他的小孩相处甚洽。他很爱往我怀里钻，我俩在一起时总是笑个不停，好像什么烦恼都没有了。回国后我也时常会想起他，并翻看他的照片。想起当时的种种，嘴角不由自主地会泛起微笑，好奇妙的缘分！

那几天的逗留让我对美国有了更多了解。

前文提到南北战争对于南方造成了毁灭性破坏。和佐治亚州的亚特兰大一样，哥伦比亚也是重灾区。南卡罗来纳州的箴言是 "Prepared in mind and resources；While I breathe，I hope"（备齐思想与物力，一息尚存，满怀希望）。不过，在南北战争期间，该州对退出联邦显然没有做好充足的准备。当大批北军压境而来，这里很快变成了屠宰场。

"谢尔曼大火"也因此闻名。1864 年 7 月底，南军被迫撤出亚特兰大。9 月 2 日，谢尔曼大军开入亚特兰大后，实施恐怖战略。他下令毁坏一切工业设备，连铁轨都被拆下来弄弯，把亚特兰大城烧毁近半，这座南方最大的工业城市顷刻间变成了一座死城。接着，谢尔曼提出"向海洋进军"的计划，目标是佐治亚州的沿海重镇萨凡纳。在一个多月的时间里，谢尔曼大军长驱 300 余英里，沿途尽力毁坏南方的种植园、城镇村庄、工厂企业，削弱了南军的战争潜力。

至于谢尔曼是否直接下令屠杀平民，在此姑且不下结论，不过，他的几封书信透露了他身为军人极其冷酷的一面，或可为佐证。1862 年 7 月，信奉"战争即地狱"的谢尔曼在给妻子的信中写道："战争可能很快会执行一场灭绝政策，针对的不仅是士兵，这只是麻烦的最少部分，还包括那里的人民……有一类人，包括男人、女人和孩子，他们必须被杀死或流放……"同样，在 1865 年 1 月写给格兰特将军的信里，谢尔曼再次解释了他有关大屠杀的想法:"我们不是对抗敌人的军队,而是对抗敌人的人民。年轻人和老年人、富人和穷人都必须感受战争的铁拳。"

时至今日,南卡罗来纳州仍在以其特殊的方式保护着有关南北战争的记忆。

比如在 Senate 街上有个英国国教教堂,据说这是哥伦比亚在南北战争期间唯一没被焚毁的教堂。当时的北方兵很多是爱尔兰的天主教徒,他们以为这是一个天主教堂,就没有去纵火。

此外,在州议会大楼前,有一块献给为南方独立而战死者的纪念碑。它设立于南卡退出联邦之后,重归联邦之前。最"不讲政治"的是,在纪念碑的旁边有个旗杆,旗杆上面高高飘扬着一面原南方联盟国的旗帜。

在州议会前立了一座华盛顿塑像,让我好奇的是这位开国总统的手杖短了一截,看起来像是一柄被反握着的匕首。细看旁边的一段铭文,才知道这是当年谢尔曼大军的杰作——塑像上的手杖是北军砍断的。为了给北军的野蛮留一段见证,南卡罗来纳州一直没有将这把手杖复原。同样,大楼的左侧还立有一块石碑,上面记录了这座大楼当年如何被谢尔曼烧毁。

或许是为了平衡南卡对往日南方联盟的怀念,也因为总有些黑人抗议示威,十几年前在大楼右侧设立了一个美国黑人纪念碑。和林肯一样,谢尔曼对黑人的态度起初也是暧昧的,他在战前并不主张解放奴隶,不认为黑人应该享有平等权和识字权。对南方的奴隶主,谢尔曼一直抱着一种同情态度,甚至认为黑人能从奴隶制度中得到好处。所以战争刚开始的时候,他拒绝招募任何黑人士兵。

在大楼的里里外外转了很久,所见所闻,尤一不在问自己一个问题,即地方如何记忆。美国虽然是一个国家,实际上是美联邦(United States),各州有相对独立的自治与分权。为此,联邦记忆与地方记忆可以各自表达,相安无事。尽管后者有时候会表现得"政治不正确",但不得不承认,美国的历史与精神时常体现在这些细碎的地方记忆之中。

在一个开放的社会，各种记忆均要得到尊重。南卡的人不会纪念谢尔曼，他们记住的只是谢尔曼的残暴；而在首都华盛顿以及纽约的中央公园，我却看到了谢尔曼驰骋沙场的英姿。尤其是中央公园那个金光闪闪的雕塑，谢尔曼身披战袍，骑在一匹振蹄飞奔的骏马上，马的前方是神话中的胜利女神。

历史是幸存者的回忆。而任何回忆，从本质上说都是一种叙事方式与意义表达。不同的角度和立场，会还原出不同的历史面貌。

五　"终于自由了，终于自由了"

X 兄开车，外出比较方便。有一天我们特地从哥伦比亚赶到亚特兰大，与卡特中心的人一起就餐，林达也从附近赶了过来。我原本想和她聊点写作上的事情，没想到那天聚的人太多，完全泡了汤。而且我们当时不是很熟，所以没起念去她家玩。等到后来熟了，我们在网上经常会聊到一些中国或美国的事情。在美国，我曾遇到几位比我年长一些的华人，从他们身上我总会听到略带伤感甚至痛到刻骨铭心的故事。

等大家作鸟兽散，我和 X 兄一家去了 Auburn 街 501 号的马丁·路德·金故居。不巧当时不仅吃了闭门羹，天还下起了暴雨。一行人只好在屋檐下避雨。过了好一会儿，有一个讲解员带着几位游客来了。虽然没来得及从附近领取免费的参观票，在我的请求下，讲解员还是同意我们随她进去了。

那是一栋小洋楼，上下一共九房两厅两卫。看得出，相较于其他黑人，马丁·路德·金的父辈家底殷实。他的外祖父亚当·丹尼尔·威廉斯博士和父亲先后担任过亚特兰大市埃比尼泽浸礼会教堂的牧师，都是当地黑人民权运动的积极分子和领袖。

在马丁·路德·金所处的时代，黑人虽然不再是奴隶，过的依旧是贫穷而屈辱的二等人的日子。而马丁·路德·金相对殷实的家境及其所接受的教育，让他有改变现状的决心。所谓"要面包，更要玫瑰"，这也是人类在解决温饱之后谋求精神上升的固有激情。在中国，精英意识被贬斥并非只是因为某种偏见。真正的精英意识，不是常怀高人一等的虚妄，也不是在关键时候随时想着购一张优先逃生的船票，而是以一种舍我其谁的责任心，为心中的理想世界身体力行。

半个小时的浮光掠影，印象深刻的是有面墙上挂着弗朗索瓦·米勒的《拾稻穗的人》。十几年前我曾在巴黎奥赛博物馆看过它的真迹。罗曼·罗兰说，从来没有一位画家像米勒那样将万物所归的大地给予如此雄浑的表现。前面提到我对表现主义作品的偏爱，这并不意味着我反对其他现实主义的表达方式。毕竟，任何现实主义作品从本质上说都是对现实的断章取义，因此会有足够的留白供人想象。

考虑到纪念马丁·路德·金的缘故，我当时想，倘使在这个房间里能挂上米勒的另一幅油画《播种者》，或许会更有一番意蕴。在某种意义上，马丁·路德·金就是一个播种者。不过转念一想，或许会遇到另一个审美上的问题，当艺术或象征性行为与现实过于紧密，甚至变成一个严丝合缝的隐喻时，同样会带来某种窒息感。正如我在联合国总部楼前看到的那支被打结的手枪，毫无疑问，它有着非常好的创意，但因为在表达上过于具体和猛烈，从而失去留白之美。

从旧宅出来，一行人又去了埃比尼泽浸礼会教堂和边上的墓地。马丁·路德·金和他的夫人合葬在一起，墓石上有两句话：

第一句是 "Free at last, free at last, thank God Almighty I am free at last"

（终于自由了，终于自由了，感谢上帝我终于自由了）。这句话出自一首黑人歌曲。也许应该感谢的不是上帝，而是死神。那些上帝不能拯救的，死神能够拯救。一个人在现实生活中无论吃了多大的苦，一想到实在熬不住了还有死神可以信赖，好歹也算是有件令人欣慰的事情。

这并不意味着痛苦的人要自寻短见，在此我想要强调的是有关死亡的想象可以拓展一个人在世上的空间和维度，并排除生活中的虚饰。自杀会摧毁一个人，但有关自杀的想象则有可能将人拽出痛苦之海。这世上，有多少人靠着一个可怜的自杀的念头度过漫漫长夜。待一觉醒来，书在枕上，鸟鸣窗前，转天真是美好的一天。

第二句出自《哥林多前书》："And now abideth faith, hope, love, these three; but the greatest of these is love"（如今常存的有信、有望、有爱，这三样中，最大的是爱）。

大雨仍未停歇，与之相和的是墓台边上的喷泉不断喷涌。这些年来，在那些为心底的慈悲而献身的人面前，我很少有哀悼之情。或者说，我的羞愧总是多于哀悼。我曾见证一个个美好的灵魂离世而去，但我觉得没有资格去哀悼他们以证明自己活得还不赖。人生在世，对于想穷尽自我的人来说，他最大的忧虑是配不上理想中的自己。

回到哥伦比亚，晚间吃了个蔬菜拼盘，身上的荨麻疹又犯了。转眼已经一年，荨麻疹未见好转。看见镜子里满胸的红疹，想起老家春天漫山遍野的映山红，心中不免笑了起来。

加缪说："重要的不是治愈，而是带着病痛生活。"不要为疾病忧虑，没有谁拥有一个百分百健康的灵魂与身体。这才是生活的真相，以及我们应该采取的态度。这世间，有多少人只是为了保持身体的健康而毁掉了自己的人生。同样，既然我们无法医治人性之恶以使自己变得完美，就不如大胆承认人性中的明与暗，在不祸害他人的前提下，为自己的梦幻人生绘出该有的光影。

六　上帝与小王子

根据皮尤研究中心的最新调查，该州在宗教信仰方面的人口占比分别是：基督教 78%，非基督教信仰（包括犹太教、穆斯林、印度教、佛教等）3%，无宗教信仰者 19%。在新教中排前三的分别是浸礼会（47%）、长老教会（30%）和卫理公会派（16%）。

X 夫人是基督徒，我在哥伦比亚的几天，她与我聊得最多的是一些宗教性话题，比如彼拉多金盆洗手和浪子归家的故事。大概是在她的影响下，X 兄很早就信了上帝。

这些年，偶尔会遇到一些传教者。当他们和我谈论上帝的时候，我实在是没有感觉。有很多原因，比如像罗素一样从逻辑和慈悲的角度不能够接受一个有地狱的教派。此外，我也不喜欢过一种合群而盲目的生活。我是一个内心有信仰的人，很难从外部的神仙市场中赎回一个金身。而 X 兄将我无法接近上帝的原因解释为"理性的傲慢"。

"上帝，只要信了就可以了。"X 兄说。

这是很多基督徒的观点。通常他们还会补充一句："其实你已经离上帝很近了。"

而我最礼貌而又不卑不亢的回复通常都是——倘若真有上帝，既然他赋予了我独立思考的自由，那么他也应该尊重我从他那里得到的这一份自由，其他基督徒也应如此。更多的时候，我认为《圣经》只是一部写满隐喻的文学作品，而文学的神奇之处就在于它能通过各种隐喻支撑起一个个独特的意义世界。在此基础上，信仰上帝和信仰圣-埃克絮佩里（Antoine de Saint-Exupéry）笔下的小王子并没有本质区别。重要的是，你在二者身上赋予了怎样的世界观和怎样的人生价值。

苏格拉底说，未经思考的人生是不值得过的。虽然不完全认同这句话，但我相信思考之于我存在的意义。我不会跟着人群去相信上帝，就像大海不会因为陆地上人多而否定自己。有人或许会说，向上帝求救吧，那样日子会好过点。而我在这求救声里只看到了荒谬：如果一个人陷入绝境是上帝的旨意，那么他向上帝求救岂不是违背上帝的旨意？

总而言之，我尊重他人所信奉的宗教，却无法拒绝内心的诚实。我知道我是有信仰的，这种信仰所涉及的是我为何存在以及如何存在。如果这个世上有天堂，我必不外求，而只在自己的灵魂深处将这天堂建造，并雕琢它的模样。这也是另一种意义上的"小路朝天"。

最近这些年，美国出了个飞天面条神教（Pastafarianism 或 Flying Spaghetti Monsterism）。该教认为宇宙是由一个会飞行的意大利面条怪物在"一次严重的酗酒后"创造的，而这个意大利面条怪就是唯一的真神，所以又被称为"飞面大神"。虽然这是一个讽刺性的宗教，但它已经在若干国家变成了合法宗教。这一切无疑是荒诞的，然而我又不得不承认这一荒诞在一定程度上揭示了宗教信仰的本质就是相信自己或他人讲的故事。

信仰是件很私人的事，就像我坐在屋檐下读小王子和他的 B612 星球很私人一样。也是这个原因，我对近年来偶尔见到的所谓"基督教宪政"等提法不以为然。别指望通过某种宗教完成历史变革。严格说，这种"交易式信仰"是生意，是筹码，是政治，唯独不是信仰本身。

第十三章　查尔斯顿

　　我之所以尊重他人的信仰，同时又在保卫自己的信仰，也是因为我深知真正的信仰不是逻辑的产物，而是人心的产物。这世上最动人的词语，莫过于一个人从心底说出的"我愿意"。在那里，不仅有人对自由意志的运用，更有人对自由意志的承担。

一 第一炮

昨夜雨疏风狂，醒来阳光万里。

X 兄开车带我去查尔斯顿，大约两个半小时的车程。我们先到了布恩大厅庄园（Boone Hall Plantation），据说这是《飘》的重要外景地，全美唯一完整保留了黑奴居住小屋的种植园，最繁盛的时候有 300 多个奴隶，而白人不过十几个。

不巧的是，当天种植园没有开放，我只能站在门口悻悻地看着那些长须飘荡的橡树。早先，有美国基金会通过网上投票，将橡树定为美国的国树，因为它不仅绿树成荫，而且是力量的象征。

查尔斯顿的阳光格外明亮。这个充满南欧和拉美风情的小镇，早在 1790 年以前一直是南卡的首府，也是那时美国南方最富有的地方。尤其值得一提的是，查尔斯顿不仅有美国最早的海关和奴隶市场，南北战争第一炮也在此打响。

既然已经宣布独立，就免不了要对近在咫尺的萨姆特堡先下手为强。1861 年 4 月 12 日，南方将领皮埃尔·博雷加德命令部队向镇守萨姆特堡的联邦军队开炮。两天后，战斗以北军投降结束，一场耗时四年之久的内战从此揭开帷幕。4 月 12 日，不仅在 20 世纪改变了中国的历史，也在 19 世纪改变了美国的命运。

萨姆特堡国家纪念碑游客中心有一个小型展览，那里挂着一面北美十三州的国旗，大得如同一堵高墙。和当年针对英国的独立战争不同，在南方人所谓的"第二次独立战争"中，北方军队没有被隔于大西洋，随时可以挥师南下。这仿佛是一场木棍与钢铁的较量。

二　奴隶的价格

查尔斯顿的另一个特色是这里有一家旧时奴隶交易市场博物馆。就像前文说的，尽管南北战争结束了很多年，但南卡当局依旧可以通过保留特殊的记忆来对抗联邦。而黑人，也在艰难地保留属于他们祖先的屈辱记忆。

没有"青春无悔"，也没有"黑色浪漫"，"Lest We Forget"（唯恐我们忘却）是这座博物馆的宗旨与灵魂。在北美曾经有过许多黑奴交易市场，查尔斯顿属于其中较大的一个。在禁止跨大西洋贩卖奴隶后，美国有许多domestic slave（国内奴隶）在查尔斯顿被继续转卖。

过去如何买卖奴隶是这家博物馆所要呈现的重点。据说在出售之前，卖方会让奴隶们好吃好喝，染发涂油，再换上一身好衣服。被卖的那天也许是奴隶们一生中穿着最体面的时候。至于价格，主要看年龄和身体状况。根据在福赛斯县（Forsythe）发现的一份记录，在1850年早期，一岁的黑奴价格为100美元。此后以每年25美元递增到7岁，7岁时卖250美元。然后又以每年50美元递增到20岁。20岁是一个奴隶最值钱的时候，价格为900美元。此后又以每年25美元递减，到50岁时为150美元。55岁为100美元。到60岁，只剩50美元。如果是一个非常能干的男人，可以突破上述900美元的高峰而达到1500—1600美元。

按上面的标准，像我这样一个40岁的男人，作为奴隶在当时的市场上只能卖到400美元。而根据博物馆提供的换算标准，这笔钱在今天不到一万美元。

聚焦黑奴生活的博物馆在美国十分少见，旧时奴隶交易市场博物馆也是几经转手才得以留存。几年前，华盛顿特区的郊外亚历山德里亚市新开了一个名为"自由之家"的小型博物馆，该馆所在的建筑当年曾是全美最大的奴隶交易市场。

据我所知，世界上最有名的奴隶博物馆在利物浦。与其他地方不一样的是，利物浦国际奴隶博物馆采用多线叙述，而且注重不同个体的历史回忆，讲述者既有奴隶，也有贩卖者与庄园主。由此，参观者可以更好地走进那段暗黑的历史。此外，展出内容还包括对曾被奴役和囚禁的当代受害者的访问。这种连接旨在表明，现代文明虽然已经在名义上消除了奴隶制，但奴隶制的种子还广泛存在，或者说，它就是幽暗人性的一部分。

1865 年 2 月，当联邦军队开始占领查尔斯顿时，被关押在该市场里的最后一群奴隶终于获得了自由。那天，当我参观完博物馆，从昏暗的空间里走出来，真有一种换了天地的感觉。

查尔斯顿曾经入选美国十大友好城市。这里不仅有美丽的海滩，还交织着西班牙与墨西哥风情。当我穿行其中，最喜欢的是每栋 house 底层都有一个宽敞的门廊，那可真是听风沐雨的好地方。

三　一个枪手的自白

曾经的奴隶市场如今早已烟消云散。不过，生活从来没有停止向人类贩卖悲剧，区别只在于是批发还是零售。

在我离开查尔斯顿两年后这里发生了一桩惨案。2015 年 6 月 17 日，一位名叫迪伦·鲁夫（Dylann Roof）的白人至上主义者在当地的黑人教堂里枪杀了九名黑人，其中包括六女三男。有一位女性侥幸活了下来，是因为鲁夫想留一个人做见证，好告诉别人这里发生了什么。这一年鲁夫刚满 21 岁，枪是用过生日时父亲给他的钱买的。

鲁夫之所以要在黑人教堂大开杀戒，是因为他觉得黑人已经"接管世界"，所以他必须为白人做点什么。我曾读过鲁夫的一份宣言，内容让我多少有些震惊。表面上，鲁夫是一个白人至上主义者，但在那份宣言里他却提到了"逆向种族主义"。鲁夫说在美国黑人对白人不公平，黑人才是种族主义者。优秀的白人做出很多贡献，却没有得到应有的尊重。而且，历史上并非所有白人都在奴役黑人，因此没有必要要求今天所有的白人都要为从前的蓄奴制度赎罪。事实上，黑人在庄园里过得并不糟糕，甚至有奴隶提到主人的死去是自己一生中最不幸的事情。

而现在，白人的生活过得并不好。为了逃避低素质的黑人，有的被迫搬离城市，住到遥远的郊区。这意味着白人正在遭受黑人的驱逐。为此，鲁夫心有不甘，再加上 2008 年后奥巴马当选总统，以及无所不在的"政治正确"，他更有理由声称黑人已经接管美国了。在鲁夫看来，同属白人世界的欧洲近年来也在沦陷，这种危机感让他万分失落。在一些白人至上主义网站上学习了一段时间后，他觉得自己应该行动起来。用他的话说，既然美国没有光头党，没有真正的三 K 党，没有人做任何事情，而仅仅是在网上抱怨，那他就必须鼓起勇气站出来。而最后他选择的方式，就是象征性的杀戮。

这个黑人教堂也是多灾多难，其全称是伊曼纽尔非裔美卫理公会教堂。早先信奉上帝的黑人不堪白人歧视，就在 1816 年建了这座完全属于他们的教堂。1822 年教堂的联合创建人丹迈克尔·维西（Denmark Vesey）企图发动奴隶叛乱，导致自己被处决，教堂亦被烧毁，直至 1834 年得以重建。而现在，它又见证了另一桩血案。

按计划，鲁夫是要杀完人后自杀的。不过他并没有这样做，而是开着一辆插有南方邦联旗的车子逃之夭夭。一天后，鲁夫在 400 公里外被捕。由于邦联旗等标识所具有的"招魂"作用，此后南部多个州兴起了移除美国内战中代表南部邦联标识物的运动，而这也间接导致了 2017 年 8 月 12 日发生在弗吉尼亚的骚乱。黑人平权运动时喊的口号是"Black Lives Matter"（简称 BLM，意为黑人的命也是命），而现在白人也喊出了类似的口号——"White Lives Matter"（白人的命也是命）。

在上述宣言里，鲁夫还特别提到"西北阵线"。这是一些白人面对美国的下沉进行的"自救"。这些人认为白人的美国已经被其他"泥色人种"（指有色人种）所占领。为了能够保卫自己的文明，最好的办法是在美国西北部建立一个独立而纯粹的国家。不过鲁夫断定这是一个愚蠢的想法——"为什么我们要抛弃故土的一切，移民去西北部？"在他看来，这个设想和白人逃亡到城市郊区的做法如出一辙。

西北阵线有自己的网站和电台。作为一个政治组织，它试图在美国下沉的时候在西北建立完全属于白种人的乌托邦和庇难所，就像几百年前温斯罗普等人在美国东北建立清教徒的基督城，他们相信这是保存美国白人种族的唯一办法。而且，当年的美国国父们都是白种人主义者，起草《独立宣言》《权利法案》与美国宪法的都是白种人，他们并不希望种族混合。

与此同时，这些人还特别强调建立西北阵线的目的并非仇恨其他民族，而是要将本民族从各种专制与压迫的重轭中解救出来，以避免生物学和文化意义上的灭绝与沦丧。

为了实现上述目标，该组织推崇传统的双亲核心家庭，即丈夫和父亲作为一家之主负责养家糊口，而妻子和母亲则是家庭的心脏。为了保卫家庭并鼓励生育，这个乌托邦国家将向每对夫妇提供免息按揭贷款。这些贷款余额在第一个健康的孩子出生后将免去25％，为第二个孩子免去20％，并为所有后续出生的孩子免去15％，从而间接降低房贷负担。此外，养育未成年儿童的家庭将被取消房产税。除非实在无法挽回，否则不轻易准许离婚。至于同性恋、异装癖、女权主义和色情等在此都不被欢迎。

没有人知道究竟有多少白人在谈论这个计划，但是许多白人在美国的这个民族大熔炉里日渐焦虑甚至迷失也是事实。生育率持续低下，生活品质逐年下降，伊斯兰激进组织的扩张，再加上民主制本身所暗藏的某些先天不足……甚至连萨缪尔·亨廷顿那样的学者都在哀叹盎格鲁 - 萨克逊人创造的美国正在陆沉。所有这一切，都是特朗普走上前台的背景。

四　原罪与自由意志

在查尔斯顿待了不到一天。黄昏时分，在回哥伦比亚的路上，我和 X 兄又说到了信仰问题。对于我的疑问，X 兄的回答依旧是："上帝是怎么想的，人是不能问的，也包括上帝从哪里来。"而我同样坚持人的神性在地上而不在天上，在人的内心而不在他处。

"那你的神性从哪里来？" X 兄问。

"我无法回答。正如你无法回答有关上帝的问题一样。"我说。

那天我们安静地聊着，偶尔在内心也会和 X 兄争吵。比如当他说自己是个找到了上帝的人，而那些没有成为基督徒的人是可怜的。

悲悯，居高临下，抑或兼而有之。在我眼里，其实所有人都可怜。如果说人有原罪，主要基于两点：

一是人有自由意志。这意味着人无时无刻不在选择，不选择也是选择，把一切交给占卜和掷骰子也是选择。随之而来的困境是，每一种选择都有可能带来不可预知的后果。人之所以为人，是因为人有自由意志。这意味着人在享受自由意志带来的功劳与欢乐的同时，又不得不接受自由意志带来的罪恶与苦楚。

二是人是食物链中的一环。生而为人，我们必须进食，否则无法生存。更重要的是，在我们没有意识到这是罪恶之前，已经犯下了无数的罪恶。我常常说，我希望自己可以通过打针的方式不进食，一方面的确是因为生性懒惰，此生另有沉醉；另一方面也是我内心经常有这种负罪感。所以，我宁愿相信人类被置身于巨大的食物链中，是基于大自然无情的法则，而不是神的意志。有时候我很羡慕树的一生，就像我在布恩大厅庄园里看到的橡树那样，汲取地底的养分，沐浴太阳的光辉，供行人栖息，供飞鸟筑巢……甚至，在一个人彻底绝望的时候，它能够以其伸出的手臂，将那带着绳索的苦命之人救出苦海。

车子在夜幕中疾驰，车内的气氛渐渐变得凝重。对于我的困惑与自责，X 兄没有说话。过了好一会儿，他突然补充了一句："《圣经》说万物就是供人享用的。"

想起《圣经》里的"创世之恩"，我在内心竟忍不住笑了。我说上帝多会替人着想啊！如果神在创造人类之前，即为人类创造万物，以供人享用，我不明白为什么许多人在看到动物被杀戮时会有恻隐之心。在我看来，这恰恰是人具有内在神性的表现。

五 罗尔斯的习俗

爱因斯坦说"上帝不掷骰子",以此否定量子力学。而面对人世间的诸种,最令我敬畏的是伟大而神秘的偶然性。

约翰·罗尔斯(John Rawls)去世之后,人们在他的电脑里发现了一篇创作于 1997 年的文章《我的宗教观》,该文完全可以和罗素的《我为什么不信仰基督教》互读。

罗尔斯的父母皆是基督徒,他因为"家庭习俗"而信仰了基督教。不过二战的从军经历让他彻底放弃了自己的宗教信仰。而促成这一转变的是如下三件事:

一是 1944 年 12 月中旬,路德宗牧师在罗尔斯所在部队的阵前布道中说:"上帝把我们的子弹瞄准日本人而保护我们免受他们的子弹。"这句话惹怒了罗尔斯,他觉得这很荒唐,除了安慰部队以外,没有其他任何道理。

二是迪肯的死。迪肯是和罗尔斯同住一个帐篷的战友。1945 年 5 月,上校要寻找两个志愿者,一个与上校去监视日军,一个去战地医院给伤员输血,他们两个人都同意了。罗尔斯血型相符,去给伤员输血;而迪肯血型不符,和上校一起去监视日军,被发现后,150 多发迫击炮弹射向他们的位置,迪肯立刻被炸死了。这件偶然的事情一直折磨着罗尔斯,为什么不是自己死,而是迪肯死?

三是大屠杀。上帝并不能从希特勒那里拯救数百万的犹太人,罗尔斯认为自己也无法祈祷和请求上帝帮助他自己或他的家庭、他的国家以及他所关注的所有值得珍惜的事情。当林肯把美国内战解释为上帝对奴隶制罪过的惩罚时,上帝看起来是在公正行事,但是大屠杀无法以此种方式解释。罗尔斯认为所有这样去解释的企图都是丑陋的和罪恶的。

　　更严重的是，罗尔斯渐渐地对基督教的主要教义产生了排斥。在他看来，基督教的"许多教义在道德上是错误的，甚至是令人厌恶的"。比如，原罪的教义、天堂和地狱的教义、基于承认牧师的权威和真实的信仰而来的救赎的教义、预定论的教义等。在上帝面前，人类只是可怜的、被扭曲的木偶。罗尔斯认为，其实很少有人真正地接受这些教义，对他们来说，宗教纯粹是一种习俗，其功能是"在困难时期给予他们安慰和慰藉"。

　　战后，罗尔斯研究了宗教裁判所的历史，阅读了阿克顿勋爵关于牧师权力和政治权力同样会腐化的观点。他意识到，基督教自伊里奈乌斯和德尔图良开始就把持异见者当作异教徒去迫害，此时的自由还不如希腊和罗马时代。而希腊和罗马的宗教是公民宗教，它们灌输对城邦和皇帝的忠诚，特别是在战争和危急时刻，但除此之外，社会就相当自由，并有许多宗教在城邦和帝国内盛行。

　　罗尔斯无法接受教皇是绝对正确的主张，认为对宗教自由和良心自由的否定是一个非常重大的恶。对于有神论者对无神论者的偏见，罗尔斯给出的回答是，一个人是否相信上帝存在，都不是罪恶本身，因为"在宗教中该受惩罚的不是信念而是行为"。

　　对于自己的经验以及未知的一切，我宁愿选择一视同仁。与此同时，我之所以尊重他人的信仰，同时又在保卫自己的信仰，也是因为我深知真正的信仰不是逻辑的产物，而是人心的产物。这世上最动人的词语，莫过于一个人从心底说出的"我愿意"。在那里，不仅有人对自由意志的运用，也有人对自由意志的承担。

六　两个人的乌托邦

人类时常通过宗教寻找意义，以抵抗人生的苦难与虚无。如何定义自己的存在，如何以共同善面对人类群体，如何解除并超越对死亡的恐惧，如何面对日常的苦难与责罚，如何安顿自己的激情……这些都是宗教试图解决的问题。具体到解决方案，很多方面都显得大同小异，比如都会提供一种终极意义与想象空间，都有极端的奖励和惩罚（天堂、地狱是标配），谁信仰，谁就会得救。

从本质上说这仍是一个控制意义的过程。如果有人能够借助非宗教的力量将上述几个问题解决好，找到自己人生的意义，那么他在宗教上的渴望就不会那么强烈了。罗素在其自传序言《我为何而生》中写到有三种激情支配着他的一生——对爱的渴望、对知识的探索和对人类苦难难以抑制的怜悯。虽然没有上帝的垂青，但他认为自己已经找到了人生的价值。如果有来生，他愿意这样再活一次。

同为美国思想家的司各特·聂尔宁（Scott Nearing），在生死问题上也并不指望上帝的拯救。在他看来，"死是生命及其意义的完成""没有死亡的生命是不可忍受的"。当有人问聂尔宁爱不爱上帝时，他的回答耐人寻味——"你先定义一下你的上帝。"的确，每天都有人在谈论上帝，每个人心中的上帝却各有不同。

聂尔宁以另一种方式寻找天堂。对中国当年的乌托邦建设他曾满怀热情。同样是清一色的蓝布衣服，法国记者罗伯特·吉兰 1955 年在中国看到的是六亿"蓝蚂蚁"。不同的是，在与赫胥黎同名的作品 *The Brave New World*（《美丽新世界》）中，聂尔宁对中国的"大跃进"大加赞美，蓝布衣服在他们眼里成为一种既经济实用又美观大方的服装，"统一着装在几年内不仅节省了大量经费，更重要的意义在于，它培养了一种患难与共的意识和步调一致的素质"。

对于一个思想者而言，赞美总是比批评更危险。因为批评通常只针对当下，而赞美可能透支未来。布告栏里的表象，往往只是博尔赫斯所谓的"沙制的绳索"，并不足以牵引未来。聂尔宁的赞美在今天看来早已不合时宜。

事实上，内心过于饱满的人，常常难免对人性过于乐观。而这种过度的乐观完全可能将本有的理性推下深渊。所以，我从来不轻易贬低悲观主义。布兰代斯大法官说过一句耐人寻味的话："每当政府用心良善准备有所作为的时候，我们就应该保持最高程度的警惕来保卫我们的自由。"

虽然一度"失算"遥远的东方，但就个人的乌托邦建设而言，聂尔宁夫妇却不可谓不成功。1932 年秋天，他们离开城市，搬到了佛蒙特州的农村。不久后，聂尔宁出版了讲述夫妻生活的《度过美好人生》，有评论者曾拿此书与《瓦尔登湖》相提并论。由于来访者络绎不绝，他们又搬到了缅因州的农场。他们用生命中的后 50 年实践着"亲近自然，远离都市"的生活。

聂尔宁在 1912 年出版过一本《超级人种：一个美国的问题》(*The Super Race: An American Problem*)，那是他最早的乌托邦，为人类进入美好世界绘制蓝图。聂尔宁一生的幸运在于，虽然与心中的理想社会无缘，他却与一个心爱的女人找到了两个人的乌托邦。

七　自我皈依

在哥伦比亚，X 夫人为我推荐了几本宗教类书籍。了解到我此番美国之行有意寻找一些有关非暴力运动的精神资源后，她还送了我一本杨腓力（Philip Yancey）的 *Soul Survivor*（《灵魂幸存者》）。我很喜欢这个书名，刚翻开目录便已爱不释手。那天，我们从杨腓力说到了卢云（Henri Nouwen）及其笔下的梅顿（Thomas Merton）。

"梅顿是一个很有意思的人，他一方面主张斗争，推动和解，热爱和平，另一方面又喜欢一个人的静修，远离这个世界，所以也是一个非常 controversial（矛盾）的人物。"

听到这里，我会怀疑梅顿是不是和我一个星座了。查日期，果然。昨天还是他生日。X 夫人兴奋地叫了起来："啊，这是我书架上最好的朋友！"

聊星座是我生活中可怜的一点情趣，有时候的确能够给我惊喜，只是我并不相信这些宿命。

那是我第一次了解梅顿，后来找了他的两本书来读。一本是《七重山》，书名出自但丁的《神曲》，意指在炼狱中经历种种艰困、最终攀至天廷的过程，作者以此自况从荒唐无知到发现真理的不寻常一生。有意思的是，这本书的第一句话就是"1915 年 1 月的最后一天，在宝瓶宫星座下，于战火连天之年，我在西班牙边界的法国山脚下出世"。

另一本是《沙漠的智慧》，书中谈到公元 4 世纪在埃及、巴基斯坦和阿拉伯的沙漠里生活的第一代基督徒隐士。在他们看来，异教徒社会好比一艘遇难的船，每个人都应该努力逃离以保存生命。与此同时，当君主变成基督徒，十字架就成了世俗权力的象征，就更需要逃避。

梅顿并不认为这些退避沙漠的人是纯然的个人主义者，他们只是反对由"成功者＋臣服者"组成的社会，不愿被他们认为的腐化的国家牵着鼻子走。事实上，他们并不消极，也没有逃避人性的温情，他们留下许多箴言，这证明他们是非常入世的。

简单说，这是一群同时关照内心与世界命运的人，所以当我读到这些内容的时候，并不觉得梅顿是矛盾的，正如我不觉得梭罗矛盾一样。许多人就是这样，他们追求的美好生活既远离尘嚣，又对尘世有用。

X 夫人说："你想了这么多有关信仰的问题，说明你离上帝不远了，God is calling……"这是我和基督徒们聊天时经常听到的话。而我的回答通常是"God is calling , I'm thinking and walking"。

"上帝已经敲了你无数次门了，可你还在原地打转。"X 夫人笑道。

我也忍不住笑了起来。

每个信徒都是潜在的传教者。听 X 夫人说话的时候，我想起伦勃朗的名画 *The Return of Prodigal Son*（《浪子归家》）。在许多基督徒眼里，我只是一个四处漂泊的浪子，而他们已经找到了归宿。但是我依旧执拗地相信，我是心有所属才宁愿选择四海为家。

"总有一天，我们都要回到天父的身边。"X 夫人接着说。

对于有类似信心的人，有时我会心生羡慕，却始终不知道这些信心因何而来。难道人死后还要去上帝那里过乌泱乌泱的集体生活？想起十多年前在巴黎圣母院被感动的经历以及胡适在美国与基督教的邂逅和分离，我内心深处始终有一种抗拒。既然这是一个意义的世界，那么就在各自的意义维度里行事，让雅典归雅典，耶路撒冷归耶路撒冷，孔子归孔子，上帝归上帝，佛陀归佛陀，而我只能成事在天，成人在人，皈依于我的自由意志。我不想将我在地上的责任交给天上的神，这样甩包袱对神也不公平。而且，我是何等卑微，岂敢自负地以为会有神灵在百忙之中将我拯救。

"既然有这样一段生命，就勉力自负盈亏吧！"我说。

整理完上述内容，已是牛津的夏天。阳光越热烈，想象力就越枯竭。我开始怀念几个月前阴雨绵绵的日子。

"寒雨连江夜入吴，平明送客楚山孤。洛阳亲友如相问，一片冰心在玉壶。"这是王昌龄传扬千古的诗句，然而很少有人知道王昌龄竟是为人所杀。杀他的是亳州刺史闾丘晓。闾丘晓后来因为贻误军机被宰相张镐处死。相传行刑时闾丘晓曾经为自己求情，"有亲，乞贷余命"，意思是家中尚有老人需要赡养。张镐便反问闾丘晓："王昌龄之亲，欲与谁养？"

读到这则史料时，我正坐在牛津某个教堂边的咖啡馆里继续我的艺术史研究。我原本只是想了解王昌龄的诗境（物境、情境和意境）三论，却不小心读到这个悲伤的故事。"王昌龄之亲，欲与谁养？"心仿佛被刀子扎了一下，眼泪忍不住跌出眼眶……

人心未必装得下上帝，但一定要装得下人。看街上车来车往，人类若想完成自我拯救，首先得有一颗生而为人的同理心。

第十四章　又见太平洋

当天色渐渐暗下来，红彤彤的西天里像是飞着几只火凤凰。这是我第一次站在太平洋东岸的海滩眺望遥不可及的中国。那一刻我突然理解为什么会有那么多华人聚居在美国西海岸。而人们之所以热爱大海，或许是因为大海不受故乡与他乡的迷惑，永在此岸与彼岸之间。

一　好黑人与坏黑人

五点被 X 兄叫醒，他送我到哥伦比亚 CAE 机场。接下来要去洛杉矶，在夏洛特中转。第一段坐的是全美航空运营的小型 CRJ 飞机，由于航程不到 90 英里，感觉还没有飞上天空便又跌回了地面。

夏洛特机场很大，走了许久才到 B11 号门。接下来要转乘十点左右的飞机前往洛杉矶。与平时坐大巴旅行不同，在夏洛特机场我看到许多白人面孔，而黑人却很少，甚至在排队买快餐的队列里，也很少看到黑人。在交通工具的使用上，能够明显看出美国白人与黑人在地位上的整体差距。

交了 25 美金的行李费。飞机准点起飞，坐在我旁边的是一位北美女作家，她正在用苹果笔记本写一篇自述性的文章。环顾四周，我发现大家都在用手机。在国内，不是连飞行模式也禁止吗？而在这个航班上，不但不禁止飞行模式，还可以上网。前提是交纳上网费，半小时 3 美元，全天 9.95 美元，如果包月，24.95 美元。

没想到除了头等舱，机组不提供任何食物，只有少量饮料。没有食物，却可以无线上网，这是要让我找天使订外卖吗？

打开已经关闭的手机，听列侬的 *Imagine*，单曲循环。

再见了，哥伦比亚！再见了，X 兄和他极为友善的一家人。过去几天，我的收获委实不小。而我之所以没有继续坐灰狗穿越南部，除了有些疲惫，主要是觉得围着亚历山大来回几趟实在不美。有些地方，这次还没有来得及去，也不想对自己求全责备。毕竟，命运比我见多识广，一切且听它安排。当然，心里偶尔也会卷起波澜，因为这次改道，没有去凤凰城。按计划，我还要去那里寻访印第安人的遗迹。曾经看过电影《风语者》，很喜欢有关纳瓦霍人及其语言的故事。

在飞机上读《灵魂幸存者》。杨腓力谈到自己曾经因为反抗教会而差点放弃了基督信仰，也确信很多人是因为教会而离开了上帝。书中论及的人物，分别来自日本、荷兰、俄罗斯、印度、英国和北美，他们并非都是基督徒，其中圣雄甘地就曾表明不接受基督教信仰。

第一位致敬的人物是基督徒马丁·路德·金。1949 年，杨腓力出生于亚特兰大。当时亚特兰大实行种族隔离：汽油站有三个厕所，包括白种男人、白种女人和有色人种；百货公司有两种饮水机，白种人的和有色人种的；很多博物馆每周有一天预留给有色人种，其他日子不准进。而在亚拉巴马州，黑人坐公交车时需要在前门付费，后门上车，坏心肠的司机有时会提早关上后门绝尘而去，让付了钱的黑人怎么喊"师傅"也没用。1953 年，由于亚拉巴马州的宾馆还不被允许接待黑人，结婚那天，马丁·路德·金和妻子不得不选择在一家殡仪馆度过浪漫之夜。

在遇刺前几年，有人问马丁·路德·金犯过什么错误。他回答说：

> 唔，我犯过最普遍的错误，是相信由于我们的目标是公义的，就可以肯定南方白人牧师的基督徒良心一旦受到挑战，就必然会起来帮助我们。我以为白人牧师会将我们的目标带到白人的权力架构中去。最后我当然是受到惩戒并幻想破灭。当我们的运动开展而向白人牧师发出直接的呼吁时，他们大部分都架起双手——有些甚至起来反对我们。

据杨腓力分析，马丁·路德·金坚持非暴力并不是因为信奉了上帝，而是从甘地那里获得了灵感。那时候很多人并不看好非暴力运动，因为它需要常人难以想象的忍耐和坚持。杨腓力说，半个世纪后，我们可能很难想象马丁·路德·金如何在酷刑之下仍然持守非暴力的立场。当一个人的头颅被警棍打过十多次，被狱警的牲畜刺棒再次痛击，而完全看不出他的受苦会带来任何进展时，他就会开始质疑温顺的服从究竟有何效果。尽管马丁·路德·金没有放弃，但是不少追随者最终都离开了他，包括一些年轻的学生，尤其是在见证了同伴无辜的死亡后，他们纷纷转投崇尚暴力的"黑色力量"（Black Power）。此时，马丁·路德·金的处境愈发艰难，他不仅有众叛亲离的危险，而且已然站在双方火力的交叉点上。由非暴力转向暴力的组织开始嘲笑他冥顽不化，黑色力量甚至在一次群众集会中把他轰下了台。

对于马丁·路德·金的私德问题，如剽窃论文以及男女私情等，杨腓力没有否认但也并不苛责，而是抱着就事论事的态度。马丁·路德·金是有过失的领袖，但就像上帝也会重用有过失的所罗门一样，"我们敬重的是他的箴言而不是他的生活方式"。当马丁·路德·金以自己的身躯对抗种族主义的原罪时，我们却紧盯着他的那点过错不放，只能说"我们看见他眼中的刺却看不见我们自己眼中的梁木"。

在美国黑人民权运动中，马尔克姆·艾克斯（Malcolm X）是另一种风格的领导人物，他甚至一度是黑人优越主义者。在接受非裔史观后，马尔克姆决定抛弃奴隶主赋予其家族的姓氏 Little，代之以表示"未知"的代数符号"X"，改称"Malcolm X"。相较于马丁·路德·金，马尔克姆·艾克斯代表了另一种诱惑。

在后者看来，如果暴力在美国是错误的，那暴力在外面也同样如此。

在一次著名的演讲中，马尔克姆·艾克斯这样完成他对暴力逻辑的推演："如果用暴力保护黑人妇女、黑人儿童、黑人婴儿是错误的，那美国就不应该把我们拖到国外并用暴力来保护它。如果美国把我们拖到国外并教我们使用暴力来保护它是正确的，那在这个国家，你我使用一切必要的方法保护我们的同胞也是正确的。"

马尔克姆·艾克斯的一生充满戏剧性。他的父亲是基督教牧师，而他因为加入黑帮而被捕后，在狱中受宗教激进组织伊斯兰国度教士的感化而成为穆斯林。最后却在曼哈顿的一次演说中被伊斯兰国度派出的杀手枪杀，时间是 1965 年——马丁·路德·金遇刺前三年。他的一生推崇暴力，也最终死于暴力。

1865 年结束的是南北战争，而不是美国的"内战"。直到现在，美国仍有不少发生在黑人与白人之间的枪击事件。当黑人们组织起来，为抗议白人警察枪击黑人而高喊"Black Lives Matter"（黑人的命也是命）时，2016 年 7 月 7 日晚间，极端团体"黑人力量政治组织"（Black Power Political Organization）在达拉斯策划了一起枪击案，共造成白人警察 5 死 7 伤。接下来轮到白人喊出类似的口号"White Lives Matter"（白人的命也是命）。两天后，《纽约邮报》以"Civil War"（内战）二字为头版标题，警告美国黑人与白人警察之间的武力冲突可能失控。完成上次狙击的米卡·约翰逊（Micah Xavier Johnson）是一位曾经参加过阿富汗战争的黑人老兵，与极端组织新黑豹党（New Black Panther Party）有所往来，而被约翰逊狙杀的警察中，至少两位参加过伊拉克战争。

非暴力运动究竟有多大成就，拉赛尔在《叛逆者——塑造美国自由制度的小人物们》一书中颇有微词。在拉赛尔看来，20 世纪五六十年代黑人的民权运动能够冲破种族隔离的封锁，同样有"坏黑人"的暴力的功劳。

"事实上，在 5 月份的游行示威中，朝警察扔石头和瓶子的普通人比那些非暴力抗议者的人数要多得多。正是他们的暴力行为，迫使康诺尔采用了残忍策略……而在按下来的几天中，暴乱持续发酵，南区成千上万的黑人居民离开家，走上街头，他们用拳头、石头和玻璃瓶来迎接警察，不过也有人用上了刀和枪。"而正是这些"坏黑人"的力量，成了马丁·路德·金可以和白人政府谈判的筹码。如果不选择与黑人队伍中的"和解的力量"打交道，那就去面对仇恨与暴力吧。而这些仇恨和暴力也是白人，尤其是那些有产业的白人所不愿见到的。所以种族隔离的废除，不只是白人良心发现的结果，而是因为继续种族隔离代价太高，他们负担不起。

上述分析不无道理，毕竟人是趋利避害的动物。同时从义与利的角度去考察历史，会更加通透和全面。

不过，冤冤相报何时了。马丁·路德·金恪守非暴力的原则，至少有以下几方面的考虑：一是只有基于爱的行动才能使被压迫者不至于成为压迫者的翻版。他不希望黑人追求自由的心在维权过程中硬化，而如果追求暴力，那不过是以一个暴君去代替另一个暴君。他真正要改变的不是法律——法律只是结果，他要改变的是白人的心。法律可以禁止白人对黑人用私刑，但是没有法律可以要求种族间彼此宽恕和相爱。相较于法律，人心才是他至高的战场。对于反对他们示威的白人政府，马丁·路德·金说他也厌倦示威以及死亡的恐吓，不想被打，不想成为殉道者，但是，他说："先生们，你们也知道我们所有的不多。我们没有太多钱。我们实在也没有太多学识，亦没有政治实力。我们有的只是我们的身躯，而当你们说'不要游行'时，就是要求我们放弃唯一拥有的东西。"

马丁·路德·金把唤醒人类的良知作为他最初也是最后的战场。他坚持非暴力，不是为了挫败白人，而是为了唤醒他们的良知，同时避免黑人在暴力运动中受到更严重的伤害。他要完成的是双重拯救，包括拯救黑人的身体与白人的灵魂。

关于非暴力，思想家罗尔斯一方面看到了培养理解并尊重非暴力反抗及良心拒绝的公众文化至关重要，另一方面也指出这种"少数人诉诸多数人良知的做法"有一个前提，即非暴力反抗除了偶尔的例外，它只适合于"接近正义的社会"。从这方面说，无论是反越战的异议人士，还是马丁·路德·金，都是幸运的。而这个社会就是民主社会，因为这种社会的宪法是根据多数裁决原则确立的。言下之意，作为选民不但有一定的决定权，而且必须为此背负道德责任。

从法理上说，反抗者必须承认宪法的程序正义性，由此他们才可以诉诸共同体的多数人的正义感。马丁·路德·金领导的反抗虽然违背了具体的法律条文，但并不背离宪法精神。如此一来，他所奉行的非暴力反抗其实处于一种临界状态——既忠诚于法律的精神又表达了对法律的不服从。此外，非暴力运动本身也是一种道德诉求，它既是对自我暴力的约束，在某种程度上也构成了对他者（包括他们所反对的对象）"暴力的规训"。

二 洛杉矶的"小瑞士"

飞机准点到了洛杉矶。当我走过机场漫长的弯道，S 君已经在接站口等候多时。

S 君是个商人，几年前移民洛杉矶。知道我在美国访问，便邀我到他家玩。前不久喜得贵子，这是他的第三个孩子。S 君长我几岁，我便误以为孩子是其新夫人所生。

"绝对是原配呀，生这孩子时已经 43 岁了。我终于有了儿子，还做了美国人的爹！" S 君喜上眉梢。这些年，我周围有越来越多的朋友选择移民美国，有的则只是在美国生儿育女，直接为下一代谋一个不一样的未来。

洛杉矶有美国最宽阔的公路，坐在车里，感觉像是在一个拉长的足球场上奔跑。公路最左边的车道上写着 "Carpools Only"，意思是这条车道只给两人以上的车辆使用。这是一种制度性安排，旨在鼓励节约能源，减少拥堵。这个细节让我想起十几年前的一件事，当时我所在的城市有人搭顺风车，最后车主被交管局课以重罚，理由是搞 "非法经营"。如今中国的城市车满为患，一个很重要的原因就在于城市的合作功能没有真正发挥出来。城市和互联网一样，都是人类伟大的发明，其精髓就在于合作与共享。如果公共交通足够发达，谁愿意花那么多钱财与精力养护私家车？

一小时后，随 S 君来到了他在核桃市（Walnut）的新家。来美国后，他在这里置办了一套别墅。几百平方米的房子，只要 120 万美元，其中 80 万是贷款。而且美国房贷利率低，只有千分之三点几。当然还有些其他费用，比如物业费每年 1.2%。花园的养护交给了一个墨西哥人，每个月 80 美元。这些开支对于中国的中产阶级移民来说，谈不上有多大压力。

站在自家的花园里，S 君向我感慨他终于同时拥有了自己的土地、房屋和花园。同样诱人的是他家屋前有一棵大柚子树。我住在他家的几天，抽空吃了几个，那蜜汁甜美的滋味，至今未忘。

核桃市的大街上难得见着几个人，逛超市时，随处可见的东方面孔让我觉得自己正处于中国的某个城市。根据美国人口调查局 2012 年的统计，该市共有人口不到 3 万，近 9000 个家庭，其中超过三分之一是华裔（核桃市市长苏王秀兰是华裔）。2011 年，*Money* 杂志评比 "全美最适合居住城市"，核桃市在人口少于 5 万的小城市中名列加州榜首。转年它又被《彭博商业周刊》评为加州最佳抚养儿童城市。在社区文化方面，核桃市最有名的是每年十月的家庭节，届时几条街道会封闭，以便庆祝节日。

当地中文房地产网站是这样介绍的——"这里是洛杉矶的'小瑞士'，她不仅拥有加州的阳光，还有优良的商业环境、高效的政府管理与服务。在众多来美国置业的朋友眼中，核桃市近年来已经成为几个学区房城市之一。"

难怪当年曝出总有贪官在此买下豪宅。对于有些人来说，美国注定是暧昧的，一方面它代表着腐朽的资本主义，一方面它又是可以躲避洪水的诺亚方舟。鲍德里亚曾经感叹美国是欧洲发射的一颗卫星，而这颗卫星早已为世界所用。和"两个世界的英雄"拉法耶特不同，那些贪官可以在两个世界坐享其成——他们既不用担负中国的未来，又不必参与美国的过去。

离核桃市不远的地方，有个罗兰岗（Roland Height）。那里有闻名于华裔社区的月子中心。大家心照不宣，互相不问家事。

站在寂静的路边，S君和我说他有很多大学同学想到附近买房，或者自己买块地，大家一起盖房。

"就叫'人民公社'，那该多好！"

不过这件事最后没有落实。有的同学没耐心等，自己在其他地方买了房子。有一位同学十几亿资产，最后选择移民加拿大。据说临走时还挺悲愤，"我哪里想说英语啊……"

那一天，S君和我回忆起从前的一些经历，听得我唏嘘不已。每个离开故土的人都有自己的故事。

三　暴力诱惑

利用下午的一点空余时间，S 君带我去了附近的打靶场。

"很多年没有摸过枪了。"我说。

我此前唯一一次真枪实弹的射击是在大学军训即将结束的时候。

在乡下读小学时，曾见过不少条步枪。当时民兵经常训练，喊着"提高警惕，保卫祖国"的口号。有个同学家里有枪，偶尔会拿出来炫耀。有一次擦枪走火，差点把他弟弟打死。后来，国内形势发生了变化，气枪和铳都被一一收缴。

打靶场就在附近，车子没开出多久便听到小山包那边传来"噼噼啪啪"的响声。进到靶场，各租一把小口径的手枪，在工作人员的帮助下，我们很快掌握了要领，装卸子弹、双手握枪、瞄准射击。由于是近距离射击，相隔十米左右，所以很多都打在九、十环。我不记得那天一共打出了多少发子弹，剩最后一梭时我竟然玩起了单手射击。为此，我还请 S 君给我拍了几张照片。

这是一个露天靶场。我们所在的围合还有一个老头和一个十岁左右的孩子。射完最后一发子弹，我站在场外观察了他们好一会儿。两人配合默契，玩得不亦乐乎。有一瞬间，我脑海里竟然浮现了电影《爱国者》里的场景——梅尔·吉普森带着几个儿子和几条枪，在树林里与英军斗智斗勇。

真羡慕这样的童年啊！小时候看过不少战争片，但从来没有机会玩真枪，连仿真枪都没摸过。唯一和火器沾点边的是用子弹头及火柴头做成的小火药枪。

射击的确刺激，令人兴奋不已。前一年，奥巴马为竞选连任，争取持枪者的支持，还向外界发布了一张他打飞碟的照片。反对者因此质疑奥巴

279 第十四章 又见太平洋

马爱枪，且有暴力倾向。我自诩到美国来寻找非暴力资源，却在打靶场激情四射，是否有些口是心非？木心曾说艺术是"没有对象的慈悲"，我此时举枪，或许也算是"没有对象的残忍"吧。

非暴力是曲线，暴力是直线；身体是曲线，强奸是直线。暴力如美色，人类热爱曲线之美，却又不得不警惕内在的魔鬼，时时面对直线的引诱。

四　别碰我的枪

不得不承认，在寻找有关非暴力的精神资源时，我依旧会受到暴力的引诱。除了弗洛伊德所谓的"死本能"，我想至少还有以下几个原因：

其一，暴力会带来生理上的快感或"捷径诱惑"，它迅猛、直接、就事论事，拒绝拖泥带水。暴力美学就是有关直线的美学。

其二，当一个人可以通过暴力立竿见影地实现自己的愿望时，这种暴力所隐含的力量感会给人以心理上的满足。

其三，不得不承认，正义的实现有时必须诉诸暴力。

而这第三点，也是我对美国私人拥枪制度态度暧昧的原因。

在哥伦比亚的沃尔玛超市我看到过许多条长枪，它们像甘蔗一样摆在玻璃柜台里，价格100—700美元不等。据说每个购枪者同时只能买三盒子弹。买枪需要居住证、驾照等身份证明。此前我曾问过一位华裔教授家里是否有枪，他说小区比较安全，不用买枪。而他有个白人朋友，家里有个枪柜，很多把枪，初看时也是吓了一跳。不过这些枪平时都锁着，并不轻易示人。

访美期间，时常会看到针对限枪的讨论和抗议。在加州首府萨克拉门托，曾有几百人在州政府前抗议加州乃至全美可能进行的限枪措施。抗议者打出的标语，像他们的子弹一样言简意赅——"Hands off my guns"（别碰我的枪）。

此外还有"Gun laws don't stop criminals, bullets do"（控枪法案不会阻止罪犯，但子弹可以），"A man with a gun is a citizen ; A man without a gun is a subject"（有枪的人是公民，没枪的人是臣民），"More laws don't prevent crime"（再多的法律也无法阻止犯罪）。在游行队伍中，最引人注目的是两个小孩，他们各举一个牌子，一个写着"My mom loves guns"（我妈爱枪），另一个则是"Arm my teacher"（武装我的老师）。

抗议者认为限枪政策罔顾美国宪法，会使美国人丧失防卫能力，导致犯罪率上升。他们说，就算上帝热爱美国，也不能手里没有枪。在这些人眼里，枪支所指向的不是暴力，而是自救。当时出了一则新闻，说的是在南萨克拉门托有一位 81 岁的韩战老兵曾经用一杆 257 ROBERTS 猎枪吓退了一群歹徒。这个故事被媒体反复引用。几年后，中文互联网也盛传一位在美华人女店主击毙持枪抢劫者的新闻。从这些事例来看，枪的确给了普通美国人以力量感，即使是一位老人和妇女，也有能力凭借手里几发廉价的子弹捍卫自己的尊严。

然而不得不承认，枪是最易夺命的武器。2016 年，佛罗里达州一家夜店发生大规模枪击事件，致百人伤亡，被认为是美国历史上最严重的枪击案。而就在此前一年有统计表明，仅在 1968—2015 不到 50 年的时间里，美国死于普通枪击案的人数总和（1516863）已经超过了美国死于国内外战争的人数总和（1396733）。后者包括独立战争、南北战争、美西战争、两次世界大战、越南战争、阿富汗战争等大大小小的战争。

根据官方公布的统计数据，美国每年大约有 10 万人无辜遭到枪击，其中3万多人丧命。虽然有很多个人和团体反对私人持有枪支，但限枪效果甚微。如果进一步分析私人持枪制度存在的合理性，可概括为以下几点：

1. 宪法基石与持械传统

美国宪法修正案第二条规定："人民持有和携带武器之权利不容侵犯。"拥有武器是一种源自英国的传统。1181年，在迫使雇佣兵离开英格兰之后，亨利二世发布《武备条例》，宣告所有英国自由民都有义务购买并持有武器，以服务并效忠国王、保卫国家。该条例的一个重要作用就是削弱地方领主的势力，降低他们实施暴政的可能。就这样，民兵变成了亨利二世主要的武装依靠。而这种自由民持械的传统也随着"五月花号"被带到了美国。

在某种意义上说，正是这一传统在事实上促进了美国社会的形成及国家的建立。没有它，早期的殖民者可能无法在北美落地生根。北美十三州逐渐成形后，由于没有常备的正规军，各州只能依靠民兵进行自我防卫。和亨利二世时期一样，居民持枪与其说是权利，不如说是义务，有的州政府甚至会对没有武器的居民进行处罚。至于后来的独立战争，如果没有各州训练有素的民兵，北美十三州也不可能有机会真正从英国脱离出来。

2. 对暴政的恐惧

帕特里克·亨利曾如此评价公民的持枪自由："我们要警惕地保卫公共自由，不让任何人偷走这一珍宝。不幸的是，除了武力，没有别的办法保护这个自由。"《韦氏字典》的创立者诺亚·韦伯斯特认为，在美国，政府无法用刺刀去压迫人民，"因为全体人民都有武装，他们的力量强过任何可以在美国征召的军队"。在许多美国人的观念里，允许持枪固然难免滋生刑事案件，但与此相比，暴政更加恐怖。

　　早先英国平民被要求持枪，目的是勤王；当他们到了美国，持枪则是为了反抗暴政。值得一提的是，英国《武备条例》禁止犹太人拥有武器。1935 年，希特勒在德国取得政权后才两年，就签署了禁枪法令，他宣称："今年将永载史册。一个文明国家有了全面的枪支管制，这是史无前例的，我们为全世界树立了未来的榜样。"其结果是数以万计的犹太人束手待毙。

3. 私产神圣不可侵犯

　　美国的建立始于私有制与个人结社，尤其注重个体的权益与领地。宪法修正案第三条规定"任何士兵，在和平时期，未得屋主的许可，不得居住民房；在战争时期，除非照法律规定行事，亦一概不得自行占住"；宪法第四修正案规定"人人具有保障人身、住所、文件及财物的安全，不受无理的搜查和扣押的权利"。正是基于这种绝对保护，在美国，私人领地受到侵犯，你有权开枪。而被开枪的对象，不仅是公权闯入者，同样包括暴民。

3. 枪与选票

　　有数据显示，一半左右的美国成人拥有枪支。更关键的是，这些持枪者同时拥有选票。在民主政治与党派竞争中，谁也不敢忽视这个巨大的利益群体，更别说还有"全国步枪协会"（NRA）的介入。该组织成立于南北战争时期，是美国公认的最有影响力的游说团体和压力集团。

4. 收益与成本

　　驾驶汽车可能导致车祸，却没有哪个国家会因此禁止私家车出行。持枪者坚持认为枪击案是美国全民拥有枪支所应支付的成本。而且，具体到个人，还构成了收益与成本的分离，即被枪杀者当时可能并不拥有能够保护自己的枪支。所谓"铡刀落在别人脖子上最轻，落在自己脖子上最重"，所有枪击案的痛苦只有受害者及其家人才能真正体会。而这种重与痛，正如总统们在枪击案后的悲怆陈词在数以亿计的持枪者面前终究是轻飘飘的。

5. 必要之恶与必要之妥协

在国家伦理上，包括洛克、潘恩和梭罗在内的许多学者认为政府只是"必要之恶"。这种逻辑似乎同样适用于美国的私人持枪制度。如我在前面提到的，民主制度并非一种完美的制度，人们生活在其中，不得不受到"多数人的统治"。是否限枪之所以分歧巨大，往往也是因为它处在一个临界点上。相关民调显示，赞同与反对常常相差无几。既然民主崇尚妥协，那大家只好在体会私人持枪的好处时也忍受它的坏处。

五   宽容的尺度

洛杉矶可参观的地方太多，好莱坞影城、星光大道、盖蒂中心……而我最先去的是宽容博物馆。该馆并不出名，我只是喜欢"宽容"这个词，恰巧在洛杉矶黄页上发现了它。由于绝对禁止拍照，参观时我只好随时记下某些相对重要的文字。比如"Freedom is not a gift from heaven, one must fight for it everyday"（自由并非天赐，必须每日抗争）。

说这句话的是西蒙·维森塔尔（Simon Wiesenthal），犹太人，宽容博物馆的创建者。1942 年 9 月，他和妻子的大部分亲戚惨遭纳粹杀害，一个有着 89 位成员的大家庭从此烟消云散。维森塔尔侥幸逃出，二战结束后成为著名的"纳粹猎人"。以其名字命名的犹太历史档案中心，先后帮助法庭找到了包括盖世太保犹太部主管艾希曼在内的一千多名纳粹战犯。

维森塔尔流传最广的作品是《向日葵——论宽恕的可能与限度》。在集中营里，维森塔尔随时面临死亡的威胁。一天他外出干苦力时，被医院的一位护士带到一个房间，那里躺着一个叫卡尔的纳粹党卫队员。卡尔受了重伤，奄奄一息。卡尔要利用这最后的机会，向一个犹太人倾诉他曾经犯下的可怕的罪行，希望他能够因此安心死去。这是一个垂死的人的临终忏悔。维森塔尔听完卡尔的陈述，一言不发地离开了。他不知道自己是否应该宽恕卡尔，一个向他坦陈罪行的纳粹。

多年后，维森塔尔去看望卡尔的母亲。这个女人的丈夫已经死了，她住在一个破房子里，墙上挂着儿子的照片。老妇人一直相信卡尔是个好儿子。维森塔尔没有告诉她真相。他知道这是一位好母亲、好妻子，对他人的不幸也会表示同情和怜悯，但不管怎样，她最在乎的还是自己家庭的幸福，甚至不问是非。而这位母亲，也是那一代德国人的缩影。

到底需不需要宽恕，在什么条件下宽恕，这是维森塔尔所面临的困境。有人这样批评他无权以犹太人的名义这么做，因为他们没有授予他这样的权力。"你可以宽恕甚至忘却别人对你所做的，因为那是你自己的事。……他并没有伤害你，所以你也没有资格去宽恕他对别人做出的伤害。"

这个问题可以一分为二来回答：从群体层面考虑，一个犹太人是无权去宽恕一个纳粹的，这是集体与集体的对抗；而从个体层面考虑，如果一个人觉得有必要宽恕，那的确也是他个人的自由。

在另一本书《我们中间的凶手》里，维森塔尔回忆了党卫军对囚犯的训诫：

不管这场战争如何结束，我们都已经赢得了对你们的战争。你们没人能活下来作证，就算有人能幸存，世界也不会相信他的话。历史学家们可能会怀疑、讨论和研究这些问题，但他们无法定论，因为我们会毁掉所有证据，连同你们一起。即使留下一些证据，即使你们有人能活下来，人们也会说，你们讲述的事情太可怕了，让人无法相信——他们会说这是盟军的夸大宣传。他们会相信我们。而我们会否认一切，包括你们。集中营的历史将由我们来书写。

党卫军的这套说辞未免过于自负。这种自负也是基于他们的经验和对人类历史的了解。当历史简化为幸存者的回忆，我们所读到的历史，究竟能记录下人类犯下的几成罪恶、几成功勋？

六　旅人教堂

同是浮光掠影地路过，相较于闻名遐迩的好莱坞，我更怀念的是旅人教堂（Wayfarers Chapel）。

教堂位于太平洋东岸的悬崖上，与之相连的是 710 号公路。我和 S 君到那里时已经是下午。只是远远望去，我便被它迷住了。和我曾经看过的一些等级森严、貌似悲深行苦的教堂相比，这里仿佛是繁花似锦的世外桃源。

拾级而上，教堂外的地面上铺了很多砖，上面都有捐赠者的名字和寄语。它让我想起了纽约中央公园的长椅。每到一个景点，我最有热情寻找的是文字，这次没让我失望。在一堵与灌木齐高的小矮墙上，我读到一段与旅人教堂名字相关的诗。

Pause for a moment, Wayfarer, on life's journey.
Let these waters restore your soul and nourish your inner being.

歇息片刻吧，旅人，在生命的中途。
让这浩瀚的海水安放你的灵魂，滋养你内在的生命。

完全是误打误撞来到这里。后来查了些资料，知道这个教堂出自劳埃德·赖特（Lloyd Wright）之手，设计于 1940 年后期，完成则在 1950 年前后。因为用了大量玻璃，整个建筑通体透明，它又被称为"玻璃教堂"。显然，劳埃德·赖特受到了父亲弗兰克·劳埃德·赖特的影响。老赖特算得上特立独行，他曾师从摩天大楼之父路易斯·沙利文（Louis Henri Sullivan），不过后来自立门户搞起了"田园学派"。据说这是受了东方"净心"文化的影响，视一切多余为罪恶。有人说路易斯·沙利文是 20 世纪的米开朗琪罗，他的工作室被冠以"行吟诗人"之名，吸引无数学生前往朝圣，成为修行和避世者的乌托邦。乔布斯当年希望自己在美学上的热情能感染 NeXT 的其他几位创始人，曾经驱车两个小时来到宾州乡间，花了一天时间参观老赖特的流水别墅。

我没有看过那间流水别墅，小赖特的旅人教堂已经令我折服。那天，我久久不肯离去。教堂里面有鲜花流水，教堂外面是青松绿草、蔚蓝的天空和浩瀚的大洋……重要的是，硕大的玻璃隐去了厚墙。网上有资料说，每年圣诞时这里会有三场烛光颂晚会，平时也常有婚礼举行。那天我对自己说，如果将来写小说，就让主人公到这里来结婚吧。

回核桃市的路上，我和 S 君说起自己年少时在外面飘荡，有几次露宿街头的经历。若不是要和他一起回家，我倒真愿意在旅人教堂边上，守着太平洋，枯坐到天明。

这只是一个想法。其实我也并不总是渴望孤独，倘使有位知心朋友，能和我坐在那里一起喝酒聊天，那样的日子也是快乐无边。

一晃这已经是发生在 2013 年的事情了。我与旅人教堂仅有一面之缘，后来再也没去过，然而它的美一直停留在我心中。在那个面朝大海、满地繁花的山坡上，我确信自己抓到了美好世界的细碎光影。这世间最荒诞的事情莫过于，人们一边不遗余力地毁坏大自然，一边又在绝望地寻找乌托邦。

七　罗切斯特街的张爱玲

走在异国他乡，总想找到一点故国的痕迹。在洛杉矶，如果我有过一点忧郁的情绪，全然是因为张爱玲。她一生见证了中国近现代史，漂泊于上海、天津、香港，以及美国各地，最后在美国定居并获美国国籍。1995 年 9 月 8 日，因为心血管病去世于美国加州洛杉矶市西木区罗切斯特街的公寓。

有一天中午，我和 S 君特地去了一趟西木区。我只想在那栋公寓外面望望张爱玲最后的栖身之所。我知道这是一次无谓的探望。据说张爱玲是在离世几天后才被房东发现的，当时正值中秋前后，屋里没有家具，只有一张行军床，她躺在地板上，身下是一条薄薄的毯子。

"一个曾经无限风光的生命，以一种最凄凉的方式凋零了。"这是很多悲天悯人者的口吻。如果不是时局混乱，张爱玲也许不会客死他乡。然而，这样的句子，或多或少令人厌恶。真实的情况也许是，当一个人借助一段文字或一张照片旁观他人的痛苦时，往往会沉浸于某种"同情的快感"。一个站着的人评价一个躺着的人，总是难免有些优越感。

1995 年 9 月 13 日，《纽约时报》刊登了张爱玲的讣闻，其中引用了夏志清对张爱玲的描述，"a bit odd and lonely"（有点古怪和孤独）。夏志清说张爱玲晚年的生活给了他"绝世凄凉的感觉"。我时常哀悼生命之无常，却不敢借助怜悯去贬低他人的选择。

博尔赫斯说，一个人活着的时候，像水存在于水中；一个人死去的时候，又像水消失在水中。其实，死亡是世间最寻常不过的事情，而我之所以拒绝轻浮的怜悯，是因为它背后暗藏着对他者人生的否定。像张爱玲这样一个作家，辛辛苦苦地写作，安安静静地离逝，唯有小说才是她的意义。无论如何，她活在了她的自由意志里。就像《半生缘》里的一句话，"你问我爱你值不值得，其实你应该知道，爱就是不问值得不值得。"

年轻时的张爱玲曾久居上海。在英文中，"Shanghai"一词之所以有"以暴力绑架、诱拐"等负面意思，与早期华工的苦难命运有关。旧金山发现金矿时，有远洋商船往返于两地之间。为了生计，不少华工被以"卖猪仔"的方式诱拐到旧金山。没有路费的人，可以在船上打工抵债，到了美国即被卖掉。虽然不想离开，最后还是离开了。和 19 世纪冒险赴美的华裔劳工不同，张爱玲不是淘金者，她愿意背井离乡，远走天涯，只是想守护好自己内心的金子。

生活不如意却是真实的。17 岁的张爱玲说过"生命是一袭华美的袍，爬满了虱子"。据张爱玲遗嘱执行人林式同说，有几年时间，她平均每个星期搬一次家。在给夏至清的信中，张爱玲曾这样诉苦："我这一年来为了逃虫难，一直没固定地址，真不知从何说起……天天上午忙搬家，下午远道上城，有时候回来已经过午夜了，最后一班公交车停驶，要叫汽车，剩下的时间只够吃睡……"

在英美国家，这种虱子叫"bedbug"，是除之不尽的公害。我在牛津生活时也曾深受其扰。只有真正受过这些害虫日夜折磨的人，才会理解个中辛苦，而绝不像有些作者说的那样，张爱玲频繁搬家是因为某种心理疾病。后来医生证明，之所以虫患多年不绝，是因为她在被虫子咬后产生了严重的过敏症。

这世界上有两种人，有的可以征服逆境，有的只能逃离逆境。张爱玲显然是后一种。身为一个以笔闻世的作家，她的不幸或许在于，因为不断搬家，以至于她的房间里甚至连张书桌都没有了。作家与知识分子的一生，往往就在思想的龙种与现实的虱子之间周旋。用法国人的话说——"C'est la vie."这就是生活。

想起电影《海边的曼彻斯特》。大火之后，重建生活谈何容易？若不是因为时代的起落沉浮，这位民国才女大概会在故国终老。据说张爱玲对西方原本是隔膜的，她曾这样说过："西洋人有一种阻隔，像月光下一只蝴蝶停在戴有白手套的手背上，真是隔得叫人难受。"同样糟糕的是，西洋人看张爱玲的小说时也戴着一双白手套。她的英文小说在英美市场上几乎无人问津。对于这种隔阂，哈佛大学王德威教授的解释是，语言的改变使张爱玲小说中的修辞失去了中文语境下的华丽光芒。

如果承认海德格尔所谓的"语言是存在的家园"，那么，当远走美国的张爱玲不得不用非母语写作时，就意味着她在某种程度上接受了"洗心革面，重新做人"。这才是张爱玲可能遭遇的"时代的悲剧"。所幸，在屡屡碰壁之后，张爱玲继续拾起她的中文写作，靠着港台市场支持自己的晚年生活。

相较于同年逝去的邓丽君，张爱玲的后事可谓落寞，但不至于让人怜悯。从晚年的离群索居来看，她似乎更愿意被人遗忘。遗嘱第二条，除了强调立即火化，张爱玲特别指出 "The ashes scattered in any desolate spot, over a fairly wide area if on land"。如果是在陆地上，她希望把骨灰撒在荒凉广漠之处。碍于加州的法律，几位亲友最后选择将她的骨灰撒入大海。而就遗嘱而言，倒也并不违背她的意愿。

离开罗彻斯特街，我和 S 君去了圣莫尼卡海滩。暮色苍茫，海潮奔涌，几个少年在沙滩上踢球，不时发出欢快的叫声。当天色渐渐暗下来，红彤彤的西天里像是飞着几只火凤凰。这是我第一次站在太平洋东岸的海滩眺望遥不可及的中国。那一刻我才突然理解为什么会有那么多华人聚居在美国西海岸。而人们之所以热爱大海，除了大海浩瀚辽阔，或许还因为大海不受故乡与他乡的迷惑，永在此岸与彼岸之间。

第十五章　西雅图的冬天

黄永玉说，历史是两个人写的，秦始皇写一部，孟姜女写一部。归根到底，我们每个人其实都在书写历史，同时又被别人书写。我们每个人都是这样既被动又主动地活在世界上。正是这无以计数的必然性，孕育了伟大而神秘的偶然性。

一 DOS 之父

下一站西雅图。考虑到时间关系，选择继续坐飞机。这次选的是捷蓝（JetBlue），没有单收行李费，机上略备小吃。

Long Beach 机场就像是一栋船头形状的小楼。办完登机手续，往里走一二十米，便是候机坪。两排椰子树伸向天空，几架小型飞机停在不远处。整个过程就像是走进一家公交车站等车。如果这世上的机场都这么简单就好了。

上了飞机，左右各坐一位女子，一黑一白。前者很晚才到，坐下后一言不发；后者则一直在玩《愤怒的小鸟》，一款曾经非常流行的游戏。此刻想起，只觉得岁月倏忽。和时间一起老去的，除了爱情，还有游戏。

而我照旧在笔记本上记录着有关意义世界的思考，直到飞机开始降落才突然想起《西雅图不眠夜》（*Sleepless in Seattle*）那部电影，一个小孩为父亲寻找第二春的动人故事。

晚九点左右，飞机抵达西雅图，Q 君已在八号门等我。他是我的一个热心读者，此前通过几个电话。见过面后，我们的寒暄是从他的车子开始的。

"我这辆是雷克萨斯，买的时候只要 3 万美金，不过在中国值 60 万元人民币。"Q 君说。

"这相当于三倍以上的价格了！"我心里盘算着，但并不感到惊讶。若干年前第一次在巴黎的 4S 店里看到奔驰价格时，我就已经领略到这种落差了。时至今日，又成了与中美贸易战有关的背景。

Q 君毕业于国内名牌大学，20 世纪 90 年代来美国，后进微软做开发。那时候微软每周一会有新员工培训，他入职时正好比尔·盖茨还在。说到这里，Q 君不忘补充一句——"这确实是件非常荣幸的事情"。

在微软工作时，Q 君曾参与 MSN 的设计与开发，不过后来退出了，现在一心做自由撰稿人，经常在中国做一些有关产品创新的讲座。世事难料，我原以为 MSN 是一款我会用一辈子的软件，最多时曾经有两千多位联系人。谁知这系出豪门、盛极一时的软件也会流水落花春去也，天上人间两茫茫。

半小时后，进到 Q 君家。Q 夫人热情无比，满屋子为我找东西吃，脸上总挂着笑容。Q 夫人同样毕业于国内名校，早先学的是化学，到美国后改学计算机，现在在微软下辖的一家公司上班。

西雅图聚集了波音、亚马逊、星巴克等世界一流公司，其中最负盛名的是微软。当微软有关社团知道我在西雅图并邀请我去做场活动时，我欣然应允。借着这个机缘，两天后我在微软雷德蒙德总部做了一场有关美国梦与中国梦的讲座。在我看来，美国梦是基于个人主义的自发性的"小路朝天"，而中国梦则偏重民族与国家等集体主义色彩，是指导性的。同样是有关未来的梦想，两者的着重点和价值取向不完全相同。那天我还对比了美国黑人与中国农民在两国"南北战争"之后的命运，那两条意味深长的曲线至今刻印在我的脑海里。

在微软，我只是简要地呈现了自己有关中国与美国的一些思路，也随时欢迎别人在我发言的过程中提出问题。我喜欢交谈式的开放讲堂，这也是我平时讲课时的风格。所以，那天的讲座是伴随着不少提问开始和结束的。

由于时间尚早，讲座结束后，Q君带我继续在"Microsoft Redmond Campus"（微软雷德蒙德校园）里转了好一会儿。该校园始建于 1986 年，如今总面积有几十平方公里，微软国际战略新产品的核心开发与设计即在此完成。虽然这里有许多千万富翁，但我却感受不到一点俗世的纸醉金迷。难怪说这里是"Campus"（校园），它是终身学习和研究的场所，是信奉"科技改变未来"者的象牙塔与乌托邦。

大学在大学之外。当我站在微软雷德蒙德校园里，感受了它所倡导的文化，才真正开始理解盖茨当年为什么要从哈佛退学。《西雅图不眠夜》里有一句经典台词——你每天都在做很多看起来毫无意义的决定，但某天你的某个决定可能改变你的一生。这世上有许许多多的肄业生，却很少有人像盖茨那样幸运。

谈到微软的过去，为大众媒体所津津乐道的是盖茨退学后如何与保罗·艾伦在宾馆里寻找他们的未来——"1975 年，就在隔壁妓女的叫声和床震的吱呀声里，微软诞生了。"而我同样感兴趣的是五年之后的 1980 年。为打败苹果，IBM 公司选中微软为其新 PC 机编写操作系统软件，对于两家公司来说这都是重大的转折点。由于时间紧迫、程序复杂，微软以 5 万美元的价格从西雅图另一位程序员手中买下了操作系统 Q-DOS 的使用权。在进行了部分改写后，它摇身一变成了 IBM 的 Microsoft DOS（微软磁盘操作系统）。这个程序员叫蒂姆·帕特森（Tim Paterson），艾伦的朋友，当时只有 24 岁。据说他花了几个月时间编写了这个操作系统，正愁卖不出去。

然而历史并非如此简单。事实证明，Q-DOS 只是帕特森对另一个操作系统 CP/M 的模仿。Q-DOS 本意为"快速而肮脏的操作系统"（Quick and Dirty Operating System），即暗指借用了 CP/M 操作系统的构想和名称。而 CP/M 操作系统的真正设计者是基尔代尔（Gary Kildall），一个鲜为人知的名字。1994 年，这位杰出而失意的电脑天才死在了加州蒙特利，年仅 52 岁。至于死因，究竟是喝酒或遇袭摔倒后导致脑震荡，还是心脏病突然发作，谁也搞不清楚。没有人再去关心他曾经做过什么，就算是盖茨这样热衷于慈善的商业巨子，也在《未来之路》中不吝惜将帕特森称为"DOS 之父"，对基尔代尔只字不提。

人类的历史就是这样充满了刻意的忽略与遗忘，否则谁能记住那些成功的人？

尽管微软并不完美，还是要感谢它将我从 20 世纪 90 年代的死气沉沉中救了出来。回想我一生中的黄金时代，读书、写作、旅行，很多日子都是在电脑边度过。今日世界依旧国界高垒，但正是因为有类似微软这样的跨国公司，我才得以共享人类文明的丰硕成果，不被囚禁于一隅。

当然，跨国公司一旦形成某种垄断，也会衍生出许多问题。尤其对于互联网、人工智能一类的企业而言，如何解决技术独裁，以及技术独裁与政治独裁的合流，将是未来人类最需要面对的挑战。无论政治乌托邦，还是技术乌托邦，一旦失去了人的控制，都有可能走到乌托邦的反面。而事实上，互联网正在走向它的反面，早先它是因为去中心化而发展起来，而现在它摇身一变，将整个世界都装在了一个篮子里。

二　空摇篮

有一天上午，我在 Cherry 街下车，路过先锋广场。当我走进去的时候，发现广场上有一尊雕塑。这或许是我在美国看到的最卑微的雕塑了。渺小、寒酸，可怜巴巴地立在喷水池边。若不是上面写着西雅图酋长（Chief

Seattle）的名字，我会以为它只是为喷水池搭配的廉价艺术品。

"人要靠农业来占有土地，而北美的先民却以狩猎为生。"托克维尔曾经不无感慨地说。在印第安人渐渐消失后，整个美洲大陆在当时好像是为一个伟大民族准备的空摇篮。

事实上这并不是一个空摇篮，而是一个带血的摇篮。任何一个愿意正视这段历史的人都不会否认这一点。曾经，在这个摇篮里有两个孩子，一个孩子被杀戮，另一个被抱走。前者进了坟墓，后者进了印第安人保留地。而西雅图酋长当年面临的就是这一时空转换，无论他多么热爱这片土地，他都必须选择屈服。

在美国地名中，汉译"西雅图"以特有的诗意美化了这座城市。事实上，它的英文正是来自西雅图酋长（Chief Seattle）。西雅图酋长原名叫希尔斯（Sealth），这中间因为一些口语误传，最后变成了 Seattle。

有关西雅图酋长的一生，最著名的是他的那篇《西雅图的宣言》。19 世纪 50 年代，"华盛顿特区"的白人领袖想购买美国西北部的印第安人领地，印第安人只好拱手相让。不过，在第二个孩子被抱出摇篮之前，西雅图酋长不无骄傲地给白人长官回了封信。

> 我们是大地的一部分，大地也是我们的一部分。青草、绿叶、花朵是我们的姐妹，麋鹿、骏马、雄鹰是我们的兄弟。树汁流经树干，就像血液流经我们的血管一样。我们和大地上的山峦河流、动物植物共属一个家园。

而当印第安人不得不放弃这片土地时，西雅图酋长只有一个道义上的请求——"如果我们放弃这片土地，转让给你们，你们一定要记住：这片土地是神圣的。河水是我们的兄弟,也是你们的兄弟。你们应该像善待自己的兄弟那样,善待我们的河水。"

在信中,西雅图酋长恳求白人接管这片土地后一定要记住"这片土地是神圣的",记住"大地不属于人类,而人类是属于大地的"。

这是一封充满道德优越感的信,我在字里行间读到的却是难以名状的悲怆。就像一个男人无法救回自己的女人,只好不失礼节地冲着豪强喊道——我的女人兄台尽管带走,但必须善待之。

保留地是白人留给印第安人的最后的土地。相较于鲍德里亚对保留地印第安人的诗意描述(指"他们像伦勃朗和雷诺阿的画一样保存在那里"),19世纪晚期的美国现实主义作家哈姆林·加兰的描述或许更接近真实:"这个大陆原来的主人现在已被白种人(像圈牲口一样)拘禁起来了。"

保留地是美国政府从印第安人部落原来拥有的土地中划出来供部落全体成员继续居住的那一部分土地,其边界确定、范围有限,印第安人不得随意离开,非印第安人也不许擅入。此前,为了拯救印第安人,新英格兰各殖民地曾出现过一些在信仰上同化他们的"基督徒庄园",它们被视为印第安人保留地的经验之谈。

正是在此宗教同化的背景下,西雅图酋长既是华盛顿州境内印第安部落的领袖,又是天主教徒。这个细节让我不禁想起南非大主教图图讲过的著名笑话:"白人传教士刚到非洲时,他们手里有《圣经》,我们(黑人)手里有土地。传教士说让我们祈祷吧!于是我们闭目祈祷。可是当我们睁开眼时,发现情况颠倒过来了:我们手里有了《圣经》,他们手里有了土地。"

这个笑话在非洲和美洲存在了很多年,我曾试图在几本书里找寻它的源头,后来觉得实无必要。《圣经》换土地的笑话之所以广为流传,只是因为它揭示了人类历史上的幽暗。而这既不是《圣经》的错,也不是土地的错。历史发展有其内在的动力与逻辑,所谓水往低处流,后文会谈到"文明的落差"将为历史提供怎样的动力。

——

三 法院裁定印第安人是人

读托巴斯·索威尔的《美国种族简史》,有些观点我是认同的,比如多元化并非美国人一开始就抱有的理想,只是因为互不相容代价太高,而且无一民族可以一统天下,最后大家只好选择相安共处。让我不解的是,这本书对于印第安人的历史与现状几乎只字不提,仿佛印第安人在梅尔·吉普森的电影《启示录》里已经自相残杀光了。

在纽约时,我曾参观炮台公园附近的印第安人文化艺术博物馆,里面陈列着一些形态拙朴的艺术品,让我想起人类的童年。而我的旅行笔记里主要记录了两样东西。一是许多器皿边沿都镶着一个小型的头颅,我至今不解其意。二是墙上的一段话:

> 当一个印第安人为保卫自己的财产、自由和生命而战斗时,白人称他是野蛮人。而当殖民者为他们的财产、自由和生命战斗时,他们却称自己是英雄。当印第安人打赢一场战斗时,这个伟大的国家说它是一场屠杀,而当这个伟大的国家打败了印第安人时,它又变成了一场胜利。

说这段话的是印第安裔女作家苏泽特·拉·弗莱斯切(Susette La

Flesche）。弗莱斯切受过良好的教育，同时具有法兰西与盎格鲁-萨克逊血统。由于在维护北美印第安人权利等方面的杰出成就，1983 年她被请进了尼布拉斯加州名人堂。该名人堂里与弗莱斯切有关的杰出人物还有立熊（Standing Bear）。立熊是蓬卡人的首领，接下来的这个故事将他推到了历史的风口浪尖。

1875 年，蓬卡族的白鹰、立熊等几位头领会见北美印第安人代表并签署了一份合约。根据这份合约，他们必须移居到印第安领地——位于现在的俄克拉何马州。不过，白鹰和其他蓬卡族头领很快反悔了。由于翻译方面的问题，他们开始误以为是要搬到奥马哈（Omaha）保留地。

两年后的二月，包括立熊在内的蓬卡族十个头领硬着头皮陪着巡查官肯布尔（Edward C. Kemble）去看了合约上的几块土地。在看完了前两个地方后，头领们大失所望，并要求在不看廓邦人（Quapaw）保留地的前提下回家。为此，肯布尔拒绝带他们回家，除非他们看完所有的土地。僵持不下，其中八位酋长决定步行回家。而肯布尔在看完廓邦人保留地后直接将它选定为蓬卡族人的移居地。几个月后，蓬卡族人被迫迁往廓邦人保留地。

由于到的时候已经来不及种下庄稼，而美国政府也没有为他们提供合约中承诺的农业设备，转年春天有三分之一的蓬卡族人陆续死于饥荒、疟疾及其他相关疾病。立熊的长子熊盾（Bear Shield）也在其列。由于答应过儿子要把他葬在奈厄布拉勒河流域的家园，立熊于是带着 30 名追随者离开了。

当这一行人到达尼布拉斯加州的奥马哈保留地时，他们受到了亲人般的欢迎。不过这个消息很快传到了州政府那里。根据当时的法律，立熊等人随即被乔治·克鲁克（George Crook）将军逮捕。如果按官方的意思，他们应该立即被遣返至前述印第安领地，不过克鲁克将军没有这样做。他同情这些流浪的印第安人，不仅派人好生照料，还为他们寻求法律和舆论上的帮助。很快，托马斯·蒂布尔斯（Thomas Tibbles）等杰出人权律师与媒体人开始参与进来。

1879年4月，律师为立熊等人在奥马哈美国地区法院申请了人身保护令（Habeas Corpus）。人身保护令源自中世纪的英国，1789年美国《司法法》规定了初步的联邦人身保护令程序。这是一种以法律程序保障个人自由的重要手段。当法官签发了人身保护令，当事一方必须将被拘押者交至法庭，以决定该项拘押是否合法。而且，通常都是速战速决。

在这起著名的诉讼中，克鲁克将军成为被告，是他以法律的名义逮捕了这些蓬卡族人。而为立熊等人做翻译的正是女作家弗莱斯切。审判临近结束时，立熊被允许代表自己发言。他举起右手，一边站起来，一边环顾四周，接下来他说了那句著名的话——"这只手与你们的肤色不同。但是，如果我刺伤它，血就会流出来，我会感到疼痛。我的血和你们的血颜色一样。上帝创造了我，我是一个人。"

5月12日，法院裁定印第安人在人身权利意义上是一个人，没有法律表明联邦政府可以逮捕和囚禁蓬卡人，立熊等人随即被释放。

这是一个具有里程碑意义的宣判，根据美国的判例法原则，它等于正式承认北美印第安人是"法律意义上的人"，理应受到美国法律的保护。法官在最后陈词中说："迁移权（the right of expatriation）是一种自然的、内在的、不可剥夺的权利，正如幸运的白种人一样，它也将延伸至印第安人。"

在这个故事里，最耐人寻味的是克鲁克将军。作为军人，他不仅参加过南北战争，还打过北美印第安人战争。然而，在上述几十个不幸的人面前，他甘当被告时又是那么仁慈。甚至，在克鲁克将军生命中的最后几年，还经常为曾经的对手、北美印第安人所遭到的不公奔走呼号。昔日的对手、奥格拉拉部落首领红云这样评价克鲁克将军："他至少从来没有欺骗我们，他的话给我们希望。"

在克鲁克那里我看到了人类良知的觉醒，那是一个人面对另一个人时应有的温良。与此相反，我也看到那些生长在国家、民族、种族、党派利益之上的观念和梦想常常使人异化，赶走人性中的善良天使。

四　民主的阴暗面

迈克尔·曼（Michael Mann）在《民主的阴暗面——解释种族清洗》一书中提到五位美国总统，他们都在一定程度上赞同针对印第安人的铁血政策。

当印第安人与英国人站在一起时，华盛顿和杰斐逊就忘记了启蒙运动。华盛顿指使他的将军向易洛魁人进攻并"踏平所有居住地，一直到该地不仅是被占领而且是被摧毁"。而在另一次进攻前，他又强调"在所有印第安人居留地被有效摧毁前不要听取任何和平的建议"。1783 年，华盛顿把印第安人与狼相提并论，"两者都是掠食的野兽，仅仅在形状上不同"。

自从美国 1803 年从拿破仑手中购买了路易斯安那以后，大规模驱逐和屠杀印第安人的一系列事件，就是在杰斐逊总统任内开始的。杰斐逊是美国第三任总统，也是主张天赋人权说的美国《独立宣言》的主要起草人。然而在印第安战争期间，杰斐逊反复强调的是彻底摧毁敌意部落，他们"凶残的野蛮行为就是根除他们的理由"，"战争中，他们会杀死一些我们的人；而我们将灭其全部"。与此相比，无论是华盛顿还是杰斐逊，他们从来没有用根除主义的措辞针对他们的英国敌人。

托克维尔曾于 1831 年 5 月开始了在美国为期几个月的游历，此时美国政府正在落实 1830 年通过的《印第安人驱逐法》。托克维尔写道："对印第安人的剥夺，是以一种正规的或者可以说是合法的形式进行。"

同样是在《论美国的民主》一书中，托克维尔将美国与西班牙的做法进行了对比——西班牙人用的是猎枪和猎狗，而美国人用的是猎枪和法律。"西班牙甘冒天下之大不韪，使自己遭到奇耻大辱，以史无前例的残酷手段，也未能灭绝印第安种族，而美国人用十分巧妙的手段，不慌不忙，通过合法手续，以慈善为怀，不流血，不被世人认为是违反伟大的道德原则，就达到了双重目的。"

托克维尔细致地描述了自己曾经目睹印第安人被美国驱逐、迁徙的悲惨场景：

> 当时正值隆冬，而且这一年奇寒得反常。雪在地面上凝成一层硬壳，河里漂浮着巨冰。印第安人带领着他们的家属，后面跟着一批老弱病残，其中既有刚刚出生的婴儿，又有行将就木的老人。他们既没有帐篷，又没有车辆，而只有一点口粮和简陋的武器。我看见了他们上船渡过这条大河的情景，而且永远不会忘记那个严肃的场面。在那密密麻麻的人群中，既没有人哭喊，又没有人抽泣，人人都一声不语。他们的苦难由来已久，他们感到无法摆脱苦难。他们已经登上载运他们的那条大船，而他们的狗却仍留在岸上。当这些动物最后发现它们的主人将永远离开它们的时候，便一起狂吠起来，随即跳进浮着冰块的密西西比河里，跟着主人的船泅水过河。

　　真正的历史远比托克维尔所看到的要残酷。通过《印第安人驱逐法》是在安德鲁·杰克逊时代。虽然在总统任期内他将投票权延至所有白人男子，却留下一个"印第安人杀手"的名声。当他在不同场合痛斥印第安人是没有同情心的野蛮人时，他却说"我已经保存了我在所有场合杀掉的印第安人的头皮"。他敦促他的士兵杀死妇女和小孩，斩草除根。在许多地方，杀害印第安人甚至成为白人的一种消遣和挣钱的方式。

　　针对印第安人的野蛮行为为杰克逊赢得了选票。上任不久，他就撕毁了与印第安人的条约，并发起强行驱逐行动。1833 年第一批乔克托（Choctaw）印第安人在美国军队的武装押送下被迫离开东部故土，到了印第安领地（Indian Territory）。印第安领地是从得克萨斯边界开始一直延伸到密苏里河中游的大平原南部，美国政府原先保证这片地区是印第安人的永久居住地，并禁止白人移民这里。当然后来这些保证都成了空头支票，这里也成了白人定居者的地盘。1838 年最后一批乔治亚州的切罗基人（Cherokee）在士兵的枪口和刺刀下含泪离开家乡来到西部，他们移民所经过的路线就是美国西部开发史上著名的"血泪之路"（Trail of Tears）。杰克逊声称他的清除法案（《印第安人迁移法》）是一种宽容行为，而 1 万名克里克人、4000 名切罗基人和 4000 名乔克托人在恶名昭彰的"血泪之路"上死去了。

　　林肯也不例外。1862 年，在镇压明尼苏达地区的苏人起义时，抓捕了309 人。林肯下令绞死了 39 名印第安人。这些被绞死者大部分都是他们营地的神职人员和政治领袖。他们之中没有人犯过他们所被控告的罪行，这铸造了美国历史上最大规模的集体处决，其他未被处死者也因为监狱环境恶劣而相继死去。

　　西奥多·罗斯福掌权时，印第安人已所剩无几，他仍宣称根除印第安人的政策是"不可避免而且最终有利的"。虽然西奥多·罗斯福并不认为印第安人都死了才好，但是 10 个印第安人 9 个死了比较好，至于剩下的那个他不关心。作为优生主义者，西奥多·罗斯福害怕美国上流阶层正被"无限制繁衍的次等种族群体"和那些"完全的无能者""没有丝毫价值的人"所代替。

迈克尔·曼不无嘲讽地说，和奴隶的后代不一样，被谋杀的美国土著的后代寥寥无几，且都被边缘化了。种族灭绝是一种成就，正如根除主义者声称的，在对土著民族的清除中，一个新的文明诞生了。这就是更加无情的社会达尔文主义理论家讲故事的方式。希特勒和希姆莱在思考他们自己的种族灭绝途径时都把美国的种族灭绝例子作为参考。大屠杀开始之后，希姆莱向他的医生吐露了他与早期北美殖民主义者一样的负担："是上苍发出的命令让它必须踩过死人的尸体去创造新的生命。然而我们一定要创造新生命，我们必须清洁土壤，否则它就再也长不出作物。这是我必须承受的一个很大的负担。"

这些总统，有多少会在今天因为种族灭绝政策而受到国际法庭的审判？更反讽的是，西奥多·罗斯福还拿过诺贝尔和平奖。他们唯一可能承受的也不过是隔世的道德审判。

五　文明的时差

前文提及道德圈。1756 年，在英法战争中带领民兵为英国效力的时候，华盛顿在给丁维迪州长的信里曾这样写道：为了免除人民的痛苦，"即使把我作为牺牲品去满足杀人成性的敌人，我也心甘情愿"。然而，同样是这个"悲天悯人"的军人，印第安人在他眼里却只是一群野蛮的动物。那时候，人的普遍意义没有建立起来，华盛顿的道德圈所能惠及者，还仅限于北美洲的白人。

历史是时间的孩子。在某种程度上说，人类整体性的道德观念在提升，这得益于物质的增长、知识的普及、能力的提高以及人际交往的增加。在此背景下，人类的命运共同体意识至少在表面上已渐渐为主流群体所接受。

这并不意味着世界就此进入大同。且不说 20 世纪极端主义思潮所带来的分崩离析，就算是今天，依然存在着巨大的"文明的时差"。不同的国家、不同的文明，走在各自的历史进程当中。当太阳照耀一个文明的时候，另一个文明可能还处于黑暗之中。所以论及时局，我们会看到这样的反差：一边是"ISIS"杀人如麻，一边是欧洲国家主动接收大量叙利亚难民。然而，如果以此断定各地人性之优劣则又未免过于草率。正如法国电影《狼族时代》（*Le Temps du Loup*）所揭示的那样，人性随时接受着来自环境的考验。

以上是横向对比。如果加一个历史的纵轴，我们会发现今日出现在某些后进国家中的愚昧与残酷在其他先进国家的历史上同样存在过。只是后者逢山开路、遇水搭桥，率先跨过了那个腥风血雨的阶段。"ISIS"的暴行与今日世界显得格格不入，闻者无不摇头，然而放在几十年前似乎也是寻常事。那时候的人类被仇恨主宰，而现在的世界开始强调爱与宽容了。

"文明的时差"同样表现为不同文明间的力量对比。回想当年欧洲人进入美洲大陆，彼时相遇的是两个文明：一个手持长枪，头顶上帝的光环；另一个肩背弓箭与黑曜石砍刀。倘使这两个世界永远没有接触，大家自会相安无事。不幸的是，曾经发生在这里的一切，似乎只为印证刘慈欣写在《三体》里的"黑暗森林法则"：

　　宇宙就是一座黑暗森林，每个文明都是带枪的猎人，像幽灵般潜行于林间，轻轻拨开挡路的树枝，竭力不让脚步发出一点儿声音，连呼吸都必须小心翼翼：他必须小心，因为林中到处都有与他一样潜行的猎人，如果他发现了别的生命，能做的只有一件事：开枪消灭之。在这片森林中，他人就是地狱，就是永恒的威胁，任何暴露自己存在的生命都将很快被消灭，这就是宇宙文明的图景，这就是对费米悖论的解释。一旦被发现，能生存下来的是只有一方，或者都不能生存。

　　托克维尔在美国接触了一些印第安人，并对他们的遭遇满怀同情。托克维尔甚至批评那个时代的美国人是"世界上最贪婪的民族"。对于这段血腥历史，托克维尔的概括是——起初印第安人把自己想象得比欧洲人高贵，害怕被他们同化，但当他们准备接受时已经来不及了。在欧洲人面前，他们慢慢成了少数，不得不接受多数人暴政。

　　有两点值得注意：

　　其一，"文明的时差"也容易成为一种口实。比如，当发达国家站在人权的道德制高点上批评后进国家时，后进国家会反过来批评发达国家当年如何在道德洼地上胡作非为。当然这不是一个好的借口，因为每一代都要为每一代人自己的行为负责，而向善是人类永久的责任。

　　其二，文明的演进是一个缓慢的过程，并不必然随着时间的线性推移而朝着开阔的地方走。康德提出"人是目的"也不过是两三百年前的事情。该命题虽然从理论上提升了人的地位和价值，然而谁能料想一个世纪以后人类竟会滑向史无前例的黑暗！直到今天，我们也不能断定人类已经彻底走出了黑暗的历史进程。即使是那些暂时"寻得光明"的国家，也未必不被源于自身和其他文明的黑暗所吞没。

六 为什么猪越来越多而老虎越来越少？

"文明的时差"与"黑暗森林法则"在一定程度上解释了印第安人为什么大量消亡。比如在战争状态下，印第安人在军事上时时被动，毕竟这只是一些各自为政的松散部落。当欧洲人在这里建立了新的社会甚至国家，原有的部族更难逃覆灭的命运。而和谈时，由于印第安人实行的是"狩猎共产主义"，对山林的私产观念不强，所以酋长很容易和殖民者达成协议，更别说这是在白人枪口之下的谈判，所有反叛都被纳入一个对外扩张的文明的射程。

为什么印第安人越来越少，而黑人越来越多？这个问题不难回答。印第安人作为这片土地上的老贵族不愿被新来者驯化，而黑人从一开始就被迫接受了自己世代为奴的现实。最后的结果是印第安人像老虎一样被杀戮和驱赶，侥幸活下来的都关进了被称为保留地的动物园；而黑人，一度作为白人的私有财产进入市场。从理性人的角度说，没有谁甘愿毁坏自己的财物；从理财的角度说，奴隶多子便意味着奴隶主多福。

有一个说法是，在有些白人奴隶主眼里，黑奴的命甚至比其他白人还要珍贵。如果没有法律上的顾忌，杀一个白人，财产上并没有什么损失，而杀掉一个黑奴，他就是败家子了。这也解释了为什么早先到美洲的许多爱尔兰人地位甚至不如黑人。

严格说，黑人面对的最大苦难不是肉体上的痛苦，而是精神上的没有尊严感。当这个群体以极其罕见的隐忍在北美不仅完整保留下来而且越聚越多时，他们需要等待的是化奴隶为公民的历史机遇。

七　日常犯罪

这一年我去西雅图还有一个重要原因。我的老师、历史学家刘泽华先生退休后住在那里，我想借机看望他。

刘琭是刘先生的女儿，说起两代中国人的留美生活，她不禁摇头。早先她到美国留学时曾在休斯敦端了两年盘子，不像现在的留学生许多都是官二代、富二代。她和我说起前不久在西雅图发生的一起车祸。一位中国留学生与四名十几岁的女子参加完舞会后，开着一辆刚买了几天的奔驰轿车，因为不守交通规则，撞上了一辆宝马，一死四伤。

后来我在《西雅图时报》上看到了相关报道。该学生刚到西雅图不过两个月，在无合法签证文件、无驾照、无保险金的情况下，在限速25英里的路上将车飙到了70英里，而且无视停车标志，以致害人害己。死者是年仅25岁的女司机。检方之所以将保释金由50万提高到200万美金，是因为看到这位学生似乎很不在乎钱，所以担心他会弃保潜逃，而且华盛顿州与中国没有引渡条约。

2012年11月14日，该留学生被控六项罪行，包括一项驾车谋杀罪、三项驾车攻击罪和两项疏忽危害安全罪。转年3月1日，在保释听证会上，其母带着200万美元的银行本票将其保释。美国检方虽担心肇事学生可能弃保潜逃，但仍准予保释。作为刑事诉讼的一环，美国的保释金制度充分体现了"无罪推定"原则，即在考虑受害人利益、要求犯罪嫌疑人出庭接受审判的同时，也力图保护犯罪嫌疑人的合法权利。

之后，刘琭又和我说到几起刑事案件。前两天，在西雅图发生了银行抢劫案，"都是很笨的办法，一个人拿着枪，闯进银行，翻过柜台，取了点现金，然后走了。而且连车也没有开，一个人步行来的"。

"由于银行周围有学校，学校会在第一时间 lockdown（一级防范禁闭），"刘琰接着说，"去年我儿子学校周围发生了一起银行抢劫案，那天我刚起，大概上午十点，我的手机和宅电同时接到 411 电话系统打进来的电话。当时我不认识那个电话，还觉得有些奇怪。"

说话间刘琰打开手机给我听了当时的电话录音。语调平稳，不慌不忙。"Lockdown 一旦启动，学校会让家长第一时间了解到孩子的状况，确认他们的安全。父母没有什么好担心的，就算担心也不会心急火燎地往学校跑。几小时后，警报解除。这就是美国的管理。"

不过对于美国枪支泛滥的问题，刘琰还是深感忧虑。她曾目睹两起枪击案。一次是在孩子学校附近的小酒馆里。"一个精神有问题的人，因为酒馆老板不欢迎他，两人吵了起来。旁边有人来劝，他便拔枪杀死了老板和劝架者。然后此人开车逃跑，慌乱中在高速公路上撞了另一辆车。事情发生后，学校立即 lockdown，电视里也立即有了直播——警察如何追赶，地面的警车、天上的直升机，就像看大片一样。那天学校也随时给我的手机发信息，说不用担心孩子在那里的安全。最不幸的是在酒馆外面，一位父亲被流弹击中，正开着车，突然停了下来。我认识他，那是一位非常好的父亲……"

"另一次是在休斯敦。刚到美国没多久，我在餐馆做到了经理。有一次，店里的一位越南员工被人打了一枪，我都不知道怎么回事，别人都趴下来，我跑去给他敷伤口、包扎，真是救了他一命。枪这东西，有好有坏，我家里也买了枪，不过后来扔掉了，觉得不安全。"刘琰接着说。

我在蒙哥马利度过四十岁生日的那天，西雅图搞了一个枪支回购活动，一共回收了几百条枪。这个数字对于拥有数亿条枪的美国社会而言，只是一条花边新闻。尽管有很多方面领先于世界，但必须承认，美国是个高犯罪率的国家。我此行路过的几个城市当时也都不太平。在命案频发的洛杉矶，几个月后出了一个新闻，"连续九天没有出现凶杀案"。有警官表示"如果这次能够突破历史纪录的十天，那将是非常伟大的记录"。到了第十天，平静被打破了，一位41岁的男子被人枪杀在家里。在华人区有一个恐怖传闻，一个人在停车时被人连开五枪，只是因为在回答邻车男子"Where are you from？"这个问题时，他回答了"I'm from nowhere"。有人说这是黑帮间的问话，回复"I'm from nowhere"容易招惹是非。我猜想如果这次对话是发生在诗人之间也许就变得很美妙。人与人啊，审美不同，命运也会不同。

八　义利之维

西雅图温和多雨，气候和法国西部相似。刘家旧宅前面是一片原始森林。在西雅图的几天，我经常和刘先生一起聊天。有时候他会挂着拐杖，带我走到林子里去。林子的入口处有掐灭烟头的容器，以及为宠物准备的粪袋。

过去那些年，每次去看望刘先生，我们谈论的都是些天下事，中国问题、美国问题、伊拉克战争、移民问题……到了西雅图，自然也不例外。刘先生学风自由，我们在一起讨论问题，无分长幼，体会的是思考者的快乐。那种感觉不是余英时先生所谓的"我到哪里，哪里就是中国"，而是"我们到哪里，哪里就是雅典学园"。

虽至耄耋之年，刘先生却十分谦虚，有时聊着聊着，他会沉吟片刻，"我现在是不是老了，反应慢了"，或者"你刚才的观点，把我颠覆了"。

有时他也会责备我过于天真，所以当我谈到非暴力运动时他特别提醒我：要有历史的维度；要进行利益分析；不要鼓吹非暴力，要给暴力留下空间。

对于前两条，我是非常赞同的。事实上，历史维度与利益分析一直贯穿在我的写作中。如果不回到历史现场去分析各利益主体，我既无法理解历史，也无法探讨现在和未来。人类的历史变动从本质上说是结构的变动，而不只是人，所谓"形势比人强"讲的也是这个道理。在我看来，人性不分古今中外，它更像是一个恒量。与此相比，真正变化多端的反倒是人类社会的结构、知识以及整体意义的生成。这些都在不同程度上决定了人在面对不同利益抉择时的倾向或能力。而社会评价或者历史评价，通常也是结构性的评价。值得一提的是，这里的结构并非只有一种。一是因为结构随时在变动，二是每个结构中的主体（人）既是客观结构中的一环，又是自我结构世界的中心。黄永玉说，历史是两个人写的，秦始皇写一部，孟姜女写一部。归根到底，我们每个人其实都在书写历史，同时又被别人书写。我们每个人都是这样既被动又主动地活在这个世界上。正是这无以计数的必然性，孕育了更广阔的"伟大而神秘的偶然性"。

义利之辩，经久不衰。人类社会的发展，离不开道德的内力推动，但利益的维度同样不能忽略。否则我们将无法理解19世纪美国的国父们为什么热衷于维护针对黑人的奴隶制，以及杀戮印第安人；而时至今日，为什么特朗普及其支持者会喊出"美国优先"。

回到中国史，孔子当年迷信周礼，也不止是源于某种道德上的激情。透过历史的只言片语，周朝固然令人向往，今人视之，亦仿佛是个君主立宪的联邦制国家——周礼如宪法、三公如元老院、六卿即政府，此外还有若干法律（可惜现在找不着那三千多条细则了）。在孔子那里，他最希望的是恢复秩序，这既是世之所需，也是人之常情。真正遗憾的是，当"君子喻于义，小人喻于利""大道之行也，天下为公"等话语不断被强调，儒家渐渐沉醉于道德乌托邦而不能自拔。

鼓吹"重义而轻利"，这既是许多知识分子的宝贵之处，也是其缺陷所在。利益之所以重要，是因为利益乃公正之源。否定了利益，就等于否定了公正本身。所以，当一个人批评另一个人自私的时候，也可能是要借此夺走这个人的最后一点东西。我相信"小路朝天"，相信若要抵达孔子的大同，必须经过杨朱的小路。这个世界一直流行着一种双重悲剧——许多人背负着自私自利的骂名，但实际上他们并不忠诚于自己。

事实上，周灭商未必全在道义，毕竟历史多半由胜利者与幸存者书写。如果从解放奴隶的角度来说，周相当于美国南北战争时期维持奴隶制的南方，而商反倒是主张解放奴隶的北方。周讨伐商的一个重要理由就是商容留了大量逃亡的奴隶，就像早先华盛顿制定了《逃奴追缉法》，如有人窝藏奴隶就要被兴师问罪一样。

此后西周的瓦解，其动力同样在于利。这也是宋襄公举起"义"旗而遭人耻笑的原因。"春秋无义战"的潜台词是"春秋皆利战"。所谓"师出有名"也不是为了名，而是为了利。关于这一切，战国时期的赵简子尤其值得一提。公元前493年，晋军与齐、郑联军决战于铁地，赵简子在战前对晋军盟誓——"克敌者，上大夫受县，下大夫受郡，士田十万，庶人工商遂，人臣隶圉免"。其中一条是能杀敌的奴隶将获得自由。在敌众我寡的情况下，赵简子的论功行赏让晋军很快扭转颓势，并最终促成了中国历史上三家分晋的局面。

人有恶的一面，也有善的一面，善有善的利益，恶有恶的利益。儒家未必全善，法家未必全恶。光明之子洞察未来，黑暗之子洞察人性。赵简子的顺势而为与两千年后林肯在南北战争中的解放黑奴何其神似。简单说，解放奴隶都不是赵简子和林肯的初心，而是迫于时局。他们只是做了符合自己利益的事情，并在客观上给被解放者带来了好处。令人深思的是，赵简子相信的是法家的一套，为此还遭到了孔子的责骂，因为这种破坏等级的赏罚分明乱了礼治，坏了规矩。

而儒家在汉代被独尊，也是因为可以被利用。既然法家盖好了房子，锁上了门窗，那就用儒家的材料来装修。民本不等于人本，前者有统治与被统治的关系，而后者则关乎自然法与自然权利，统治者与被统治者都被纳入平等的范畴。孔子的价值在于对道德秩序与道德契约的认同，实际情况却是，历朝历代均以儒家的道德歌颂君主，以法家的残酷对付臣民，这种秩序与契约既不可持续，也无法理上的平等。而东亚所谓的朝贡体系，不过是对外用胡萝卜对内用大棒，从本质上说既虐民又虚荣。无论对内还是对外，指向的都是皇家短暂的利益。

这些年，我常常听人诋毁中国人"没有信仰""唯利是图"，由此推导出中国人"没有底线""什么坏事都做得出来"。这些话从逻辑上说其实完全不通。一个人如果真的"唯利是图"，那么利就是他的软肋和底线。如果他畏惧利益受损，就不可能"什么坏事都做得出来"。真正危险的反倒是那些不必考虑现实利益而声称为他人谋福利的人。其一，一个人不考虑自己的利益，就会无畏（没有底线）。其二，不考虑自己利益的人往往会失去对他人利益的感知能力。他们往往相信一种逻辑，即自己放弃的别人也能放弃。在此前提下，尽管他主观上可能心怀善意，结果却令人畏惧。而这也是世人最害怕进行"自杀式袭击"的"天堂杀手"的原因。当恐怖分子可以为了天国不再考虑尘世的利益时，尘世的所有牵绊对他就都失效了。

至于刘先生所说"要给暴力留下空间"的问题，我虽然不完全反对，但也只能说是"各自的朝圣路"了。我们每个人内心都有暴力与非暴力的种子，在不同的时候有不同的价值。而我只是在内心做一个决断，宁愿选择种下非暴力的那一颗。我自己也深知，那颗暴力的种子同样时刻在诱惑着我，正如我在洛杉矶靶场开枪时获得的快感一样。

在西雅图的最后一个晚上，我梦见一口棺材。那是一个荒诞而离奇的梦。除了近日奔波劳碌导致身体偶感不适，最主要的原因恐怕还是当天下午去湖景公墓看了李小龙的墓。那天原本还想去看科本的墓，后来知道他根本没有安葬，只是将骨灰分放在几处，不过据说有些最后被人偷走了。这个世界就是这样蹊跷，有的人宁愿舍弃自己的生命，有的人冒险犯难只为偷盗一抔骨灰。

几年后，刘泽华先生在西雅图离开了人世。当亲友们说他去了天堂的时候，我猜想每个人的命运里或许另有神秘。我仿佛看见他在这个世界睡去，在另一个世界醒来，继续走在思考的路上，继续体会思考者永难割舍的"甜蜜的艰辛"。一切只因为我相信，思考者的天堂就在思考本身。

第十六章　自海至光辉之海

虽然我故园难舍，但也理解了为什么会有那么多人背井离乡，远渡重洋，就像当年的欧洲人去美洲一样。当他们带着故国的心事与语言，走向陌生的人群与土地，移民不是离开故乡，而是拓宽故乡与人生的边界。

一　美国精神

第一次访美时因为时间仓促，未能去萨克拉门托，这一次无论如何不能错过。按计划我要去那里看望董时进之子董保中先生。

这次坐的是阿拉斯加航空公司的航班。在西雅图机场，遇到该公司的一位退休职员，便和她聊了几句。当时她在读 *My Last Empress*（《我最后的皇后》），作者是 Chen Da（陈达）。此前我对这位华裔作家一无所知，后来查了些资料，才知道他和哈金一样在美国用英文写作。

这些漂泊海外的作家，能够在他乡开花结果，终究是件美好的事情。然而，什么又是背井离乡呢？我们终究只是生活在同一颗星球，搬到哪里都不叫真正离开。李安的祖籍离我老家只有二三十公里，他在自己的电影里也说一个人只有离开故土才能够茁壮成长。早先如果有这个觉悟，也许我会走得更远一点。而现实是，一个人在一个地方生活久了，说离开又谈何容易？董时进当年若不是"士、农、工、商都做不成"，绝望于时势的逼迫，恐怕也不会仓促离开的。

那天，在从西雅图去萨克拉门托的飞机上，我和一位叫 Jennifer 的女子聊了一路。Jennifer 是个天主教徒，出生在加州南部，在西雅图生活了十年，现在一家公司做销售。

为了打发时间，一路上我们讨论了何为"美国精神"。对于这个问题，不同的人有不同的理解，比如个人奋斗、善良的品质、公平而不仇富的心态等。而 Jennifer 的回答是"自由自在，做自己想做的事情"。其实，哪有什么美国精神，一切国家毕竟只是人的集合，有的只是千差万别的个体如何面对并抉择自己可能的生活。如果真要划出一些国家精神来，每个国家都会在不同的人身上体现出不同的国家精神。

记得这个美国妇人当时是给了我些许好感的，不过如今我早已忘记了她的模样。和一个素昧平生的女人在飞机上讨论美国精神，几年后回想起当时的生活的确乏味，也想不出更好的话题。

在萨克拉门托机场取完行李，正下扶梯时，远远望见有位满头银发的东方面孔在向我挥手。没错，是董保中先生！一起来的还有他的美国夫人GEA，她有个中文名字叫静娅，今天负责给我们当司机。

完全出乎意料的是，一见到我，保中先生便从我手里夺过行李，我怎么要也要不回来了。

"你是客人，箱子我来拿！"说话间保中先生已经走进停车场，并轻松地将我的行李扔进了后备厢。

这让我很难为情。毕竟，保中先生已经85岁了。不过，看他虎虎生风的样子，着实硬朗得很。而夫人静娅，虽然年过70，却一路把车开得风驰电掣。如果是在中国，像他们这把年纪的人坐公交车都会等着别人让座，去医院看个小病也得有人陪着。

"加利福尼亚是美国的粮仓。"当我沉浸于欣赏路边广阔的农田时，保中先生不忘热情地向我介绍。后来我知道，附近有座小城戴维斯被称为美国的"农业硅谷"。

那天晚上，我们一起去了一家希腊餐馆。餐厅不大，除了吧台，里外两间加起来不过十来张桌子。保中先生和夫人坐在我对面，他们吃东西明显比我利索，一盘沙拉烤肉，几杯红酒，很快结束，接着是甜食、咖啡、冰水。在我们旁边，差不多也都是一些老头老太，一个个同样纵情豪迈，宛若少年时。与此相衬的是，在里间一角有个老头在激情四射地演奏怀旧歌曲，不时回应着客人们的掌声与欢呼。

第一次见证一个年迈而有朝气的美国。至于他们为什么有这样好的身体，保中先生给出了自己的答案：

"我现在还每天举重，七八十磅的杠铃，就在离我家不远的 Family Fitness。"

中国人常说"天行健，君子以自强不息"。谁能说出这是中国精神还是美国精神？我们每个人的一生都会在奋进与沉沦、开放和封闭之间转换。

有一种说法是中国人很小就开始奋斗，所谓"不要输在起跑线上"。而一旦上了大学，人生大局已定，接下来就直接进入老年模式。而美国学生在中小学过得散漫，他们的奋斗从二三十岁才真正开始。中国学生的奋斗是家长教出来的，而美国学生的奋斗是自己悟出来的。所以，像盖茨、乔布斯、扎克伯格等业界精英当年直接从大学退学了。

类似说法似是而非。一个人有着怎样的精神气质，既有内在因素，也决定于环境。当一个社会足够开放，国民也就足够有活力。像特朗普这样从无政坛履历者可以在花甲之年参选总统，这不是因为他与众不同，而是因为他有条件这样去做。如果愿意，你也可以牵强附会地说在他身上体现了自古就有的"天行健，君子以自强不息"的"中国精神"。

二　一棵树的世外桃源

几十年前，董保中随父母抵美后，先住在旧金山。毕业后在大学里教授文学，主要生活在纽约州水牛城。几年前才搬到了萨克拉门托，因为家人也主要在加州一带。

这是一栋带室外泳池的别墅，当时的交易价不过几十万美金。回想我在董家小住的几天，最迷恋的是他家的院子，因为里面长着一棵百年橡树，树冠面积大过了别墅的屋顶。

就像我在瓦尔登湖畔的感受一样，虽然身处异地他乡，但这棵似曾相识的树给了我莫大的安慰。我仿佛在异地遇到了灵魂的知己，又像是靠近了故乡之化身。

"这棵树虽然是在我家院子里，但市政府那里都是有编号的，属于保护对象。业主有义务疏通地沟，不能因为积水影响树的生长。"保中先生看到我这么喜欢这棵树，连忙强调他的责任。

转天清晨，董夫人在树底下捡拾狗粪，保中先生也早早来到院子，举起相机给我拍照。此时我已在大树下坐了好一会儿。

"为什么这么喜欢树？"

"因为它不只是树，还是历史与生命。"我接着说，"我在美国寻找有关乌托邦的故事，没想到在您家院子里找到了一棵树的世外桃源……"

这种感觉真是奇妙！

那几天，保中先生时而邀我穿上击剑服，带我到书房或大树底下练习击剑。每当我忍不住夸赞院子里的大树时，一旁的董夫人也难免眉飞色舞。中国人有"无竹不居"的说法，而我以为，如果能在城里与古树为邻，真可谓人生之一大成就。

在我离开董家若干天后，有一天保中先生在信中说："没想到你那么爱树，下次来一定去北加州的红杉国家公园一起看树。"保中先生说的应该是那棵有着3000年历史的"谢尔曼将军树"（General Sherman Tree）。据我所知，世上最古老的树就在加利福尼亚州朱鲁帕山上。那棵老橡树至今已有

13000 岁，真是万古长青。

三　森林美国梦

　　萨克拉门托是加利福尼亚的首府。在该州历史博物馆里有个名人堂，里面提到了一些改变历史的重要人物，比如李小龙、迪士尼、乔布斯……而此刻我最想谈论的是约翰·缪尔（John Muir）。当年决定把他请进名人堂的是施瓦辛格，这位带着浓重奥地利德语口音的铁血战士，21 岁移民美国，56 岁开始从政，并成功当选加州州长。

　　和施瓦辛格一样，约翰·缪尔也是欧洲移民。1849 年，11 岁的缪尔和家人一起从苏格兰移居美国。刚到时一家人在威斯康星州经营农场，几年后，缪尔就读于威斯康星大学。由于受不了传统的大学教育，缪尔选择了退学。他更热爱自然，喜欢来自旷野的声音。1868 年 3 月，他阴差阳错地来到了旧金山，很快被约塞米蒂（Yosemite）山谷的风景所吸引。

　　这次远行让缪尔决定把余生彻底交付给对大自然的保护。年复一年孜孜不倦的写作与游历，约塞米蒂等国家公园的陆续建立，让缪尔获得了美国"国家公园之父"的美名。1892 年，缪尔和他的支持者创建了美国最早、影响最大的自然保护组织——塞拉俱乐部（Sierra Club）。

　　缪尔是与梭罗、爱默生齐名的作家。他出版于 1901 年的《我们的国家公园》被誉为"曾经感动过一个国家的文字"。在缪尔所处的时代，美国人对大自然的破坏已经相当严重，而且当时绝大多数人都没有环保意识，在那些人看来，保护森林就像保护海洋一样愚蠢而无用，因为森林和海洋一样无边无际、用之不竭。不同的是，缪尔看到了危险。若不及时制止这群

"幸福的强盗"，美国很快将会变得一丝不挂。

　　一个人的成功不在于曾经赢得多少鲜花和掌声，而在于他是否发现并完成了自己的使命。缪尔是幸运的，他曾经因为"逃避兵役"而饱受非议。1864 年南北战争期间，林肯动员征兵 50 万。当时缪尔 26 岁，单身，属于应征对象，然而这个"不爱国的人"跑到休伦湖北部加拿大的野地里过起了离群索居的日子。对于缪尔来说，就算真为了逃避兵役大概也不是什么羞耻的事情。他是和平主义者，反对战争；他是苏格兰人而非北美当地人，对联邦的统一没有道义上的责任与情感；此外，他可能受到了梭罗的影响，认为公民有不服从的权利。

　　缪尔没有到战场上当炮灰，不是他不勇敢，而是他宁愿爬到大树上去感受自然的风暴。走向荒野就是走向内心。如爱默生在《再见》那首诗中所写的，"Goodbye, proud world! I'm going home"（再见吧，傲慢的世界！我要回家了），在缪尔眼里，如果一个人能够在森林中遇见上帝，那些只在学校里夸夸其谈的人也就失去了自己的骄傲。如果他需要成为一个战士，那也是将大自然从人类的恶毒之手里抢过来，而不是以维护社区利益的名义，去杀害自己的邻居。

　　对于人类的贪婪与放纵，缪尔曾经在他的旅行札记中这样写道："造物主创造出动植物的首要目的是要使它们中的每一个获得幸福，而不是为了其中一个的幸福而创造出其余的一切。"缪尔满怀同情地说，在人类面前，树木是弱者，不会自己跑开。然而不只是美国人有美国梦，美国的森林也有自己的美国梦。

四　昭昭天命

转天阳光明媚，董夫人开车带保中先生和我去美国河（American river）附近郊游。萨克拉门托又称萨克拉门托"河上之城"，它坐落在萨克拉门托河与美国河的交汇处。汇集起来的河水自西向东，最后流进旧金山湾。

美国河是 19 世纪"淘金热"的起点。1848 年 1 月 24 日，一个叫詹姆斯·马歇尔的木匠在美国河附近的引水槽里捡到一块闪闪发光、只有半粒豌豆大小的石头。他做梦也不会想到，握在他手里的竟是开启美国淘金时代的第一粒黄金。

加利福尼亚此时仍属于墨西哥，历史在这一年拐了一个大弯。九天以后，持续两年之久的美墨战争结束。由于美军攻陷了墨西哥城，双方遂在附近的瓜达卢佩·伊达尔戈小镇签署停战条约。经此一役，墨西哥失去了包括加利福尼亚、内华达、犹他、新墨西哥等在内的半壁江山。作为安慰，美国给墨西哥补偿了 1835 万美元。1850 年，加利福尼亚正式成为联邦第 31 州。

由于通信不便，在加利福尼亚发现金矿的消息此时还没有传到墨西哥人的耳朵里，而美国也因此完成了自己的"昭昭天命"（Manifest Destiny），不仅囊括了得克萨斯，还顺利地将领土从东海岸拓展到了太平洋。正如《美哉美国》（*America the Beautiful*）所歌唱的，"from sea to shining sea"（自海至光辉之海）。

《美哉美国》的歌词由任教于卫斯理女子学院的凯瑟琳·李·贝兹所作，最初的灵感来自她 1893 年的一次旅行。该曲诞生百年来，有不少人建议让这"第二国歌"取代《星条旗》成为美国的正式国歌。这首歌的确让许多美国人为之振奋。

与此相关的是"昭昭天命"说。和同时代许多欧洲人一样，托克维尔对大西洋对岸的新立之国满怀期许。在《论美国的民主》一书中，他最早使用"exceptional"一词来描述美国和美国人，这个细节后被视为"美国例外论"（American Exceptionalism）的源头。托克维尔看到了独特的地理环境、法治以及与自由精神紧密结合的民情如何塑造着未来的美国。值得一提的是，尽管托克维尔重视清教徒们的宗教内涵，但他并没有强烈的愿望去鼓吹美国所谓的"上帝选民说"或"天定命运论"。

19世纪是美国致力于开疆拓土的世纪，其国土能够由大西洋西岸迅速扩张到太平洋东岸，与拿破仑不无关系。早在17世纪，法国宣示了密西西比河流域的主权。之所以取名路易斯安那，是为纪念"太阳王"路易十四。1800年，拿破仑凭借军事上的优势从西班牙手中夺回了一度失去的部分土地。此时的路易斯安那地区北起加拿大，南到墨西哥湾，囊括了现在美国中西部的13个州。1802年，时任美国总统托马斯·杰斐逊派人与法国谈判，据说最初只想购买新奥尔良，没想到法国竟然要出售整个路易斯安那地区。转年，美国轻而易举地获得了260万平方公里左右的土地，平均下来每平方公里不到几美元。

今天的法国人难免责备拿破仑守不住家业，不过这个来自科西嘉的凡人自有苦衷：一是担心美国与英国联合入侵该地区；二是法军在海地出师不利，已经伤亡惨重；三是在欧洲，拿破仑还有很多心急火燎的事情需要处理；此外当然还有来自西班牙的报复和威胁。既然迟早守不住路易斯安那地区，就不如及早兑现利益，另作他图。

美国在顺利拿到路易斯安那地区后，可以继续向西部和南部扩张了。

1812—1815年发生在詹姆斯·麦迪逊任内的美英战争，虽然被冠以"第二次独立战争"的美誉，实属美国攻击英属殖民地加拿大在先。表面上说是要将英国的坏势力驱逐出美洲，背后的动力则是美国要拓展北方的领土。

此时，"Manifest Destiny"已渐渐变成了 19 世纪美国民主共和党所持的一种信念，他们认为美国被赋予了向西扩张至横跨北美洲大陆的"昭昭天命"。到 1861 年南北战争时，美国的现代版图基本确立，而这也是联邦政府镇压南方独立的一个重要原因。客观上说，南北战争的爆发及其带来的惨烈结果扼制了美国继续对外扩张的步伐。

若从奴隶制兴废的角度来说，美墨战争可以说是南北战争的预演。关于这场战争，美国的北方州表示反对，而南方州表示支持。战争起因是得克萨斯独立运动。当承认奴隶制的得克萨斯从禁止奴隶制的墨西哥独立出来时，美国站到得克萨斯一边并与墨西哥开战，而南方也想借机扩充奴隶制。为此，主张废除奴隶制的梭罗通过撰写《论公民不服从》并拒绝交税来反对这场不义的战争。

五 奠基者决斗

并非所有人都赞同开疆拓土是件好事。当杰斐逊购得了路易斯安那地区的大片土地后，亲英派联邦党人责备杰斐逊不仅违宪，而且会引火烧身，导致美国同西班牙之间的战争。

19 世纪的美国，不仅有南方独立运动，还有北方独立运动。就在杰斐逊试图做大美国这块蛋糕时，一批以马萨诸塞州参议员皮克林为首的联邦党人试图建立新的北方联盟，他们甚至游说时任美国副总统、民主共和党人阿伦·伯尔（Aaron Burr），承诺如果他能说服纽约州加入新联盟，就推选他为联盟总统。

最终力挽狂澜、化解这场独立运动的人是同为联邦党人的汉密尔顿。汉密尔顿推崇英国政制，强调必须建立一个强有力的联邦政府。汉密尔顿是伯尔的持久而激烈的反对者。1800 年，伯尔与托马斯·杰斐逊一起代表民主共和党竞选总统，与他们竞争的是时任总统、联邦党候选人约翰·亚当斯。和现在不同的是，当时可以投两个人的票，得票第二者为副总统。为了最大化选票数并决定总统和副总统人选，民主共和党计划在他们所控制的 73 个选举人中，72 个人投票给杰斐逊与伯尔两人，剩下一个人只投票给杰斐逊一人。谁知道那个约定只投单票者未按计划执行，结果是杰斐逊与伯尔都得到了 73 票。

根据美国宪法，如果没有参选人赢得多数选票，选举将在众议院中继续进行。在当时，众议院由汉密尔顿所在的联邦党人控制，不过他们当中很多人并不喜欢杰斐逊。为此，汉密尔顿利用自己的影响力确保了杰斐逊当选。在第 36 轮投票中，杰斐逊获得了总统席位，而伯尔成为副总统。汉密尔顿反对伯尔的理由非常简单——伯尔是个坏人，难堪大任。

四年后，伯尔发现自己竞选总统无望，于是以独立候选人的身份参选纽约州州长一职，而汉密尔顿借助自己所控制的媒体继续对伯尔穷追猛打，以帮助他支持的另一位民主共和党候选人。这次伯尔终于忍不住了，他要与汉密尔顿决斗。而作为决斗场上的老手，汉密尔顿自然不甘示弱。有数据显示，此前他至少决斗过十次。

约瑟夫·埃利斯（Oseph Ellis）在《奠基者》一书中对发生在两个人之间的这场决斗做了一些背景性还原。在汉密尔顿眼里，伯尔是一个没有任何政治原则的投机分子。如果在罗马，伯尔就是危险的喀提林。为此，汉密尔顿不惜舍身与伯尔决斗。最后的结果是，伯尔活了下来，而汉密尔顿留给世界的最后一个谜团是：他打的第一枪到底是什么意思。

所有第一手资料都表明，这次决斗总共有两次开火。在当时，决斗场上有一种皆大欢喜的可能，即双方都可以先朝地上开一枪以证明自己视死如归，于是英雄惜英雄，比赛终止。而这一次却没按这个剧本走。汉密尔顿先是开了一枪，但是没有打在地上，而是打在空中。本来就是生死对决，在此情形下，伯尔自然有理由认为汉密尔顿谋杀未成，故而坚决回击。虽然他只是个拙劣的射手，子弹还是击中了汉密尔顿的腹部。

今日回望这段历史，可以看得见的是，无论伯尔还是汉密尔顿，他们都缺少对异己的宽容。这是一次彻底改变美国政治史的决斗。联邦党人力量从此日渐式微，民主共和党人继续在"昭昭天命"的旗帜下带领美国向外扩张。至于伯尔，虽然躲过了谋杀罪的指控，但也不得不在舆论的重压下提早结束自己的政治生命。更戏剧性的故事还在后面，很快，伯尔卷入了一场有关"叛国"的审判。

卸任副总统职位后，一些不利于伯尔的消息在社会上传得沸沸扬扬。除了试图策划美军对西班牙开战，夺取西班牙在北美的殖民地外，伯尔还想获得英国人的支持在西部各州发起一场脱离联邦的运动。与此同时，其他各种检举伯尔叛国的密信寄到了总统杰斐逊手里。1806 年 11 月初，伯尔被捕。不过，在三个地区法院，伯尔均以证据不足被陪审团宣告无罪。随即，他继续遭到联邦法庭的指控。

尽管杰斐逊总统试图干预司法，一再告知幕僚务必将伯尔入罪，首席大法官约翰·马歇尔（John Marshall）还是引导陪审团做出了无罪判决。理由同上，证据不足。该判决被视为美国司法史上的典范之作，不仅在于法庭不畏权势，保护了一个同时遭总统和民众痛恨的人，更在于它为叛国罪的定罪确立了严格的证据要求，有效避免了这一罪名沦为阴谋论的棋子与政治迫害的工具。

有意思的是，在对伯尔叛国罪的审判中，杰斐逊与马歇尔这两个关键人物本是远房表兄，不过政治上的分歧让他们一生都像是路人。杰斐逊是《独立宣言》的起草人，倡导州权与小政府，所在党派是民主共和党；而马歇尔是联邦党人，捍卫联邦的权威。从1800年起，他先后在约翰·亚当斯、托马斯·杰斐逊、詹姆斯·麦迪逊、詹姆斯·门罗、约翰·昆西·亚当斯和安德鲁·杰克逊等六任美国总统任期内担任首席大法官。

从日渐式微的联邦党到位高权重的首席大法官，这是马歇尔一生中最华丽的转身。马歇尔对美国的最大贡献就是树立了联邦法院与宪法的权威，使法律的意志超越于党派纷争之上。按詹姆斯·西蒙的说法，正是这两个死对头持久的各执己见，一起打造了美国早期的宪政格局。

记得那天从美国河观光回来，路上保中先生和我说起夫人对中国文化颇有研究，几十年前做过一篇有关《易经》中的隐喻与比喻的博士论文。接下来我问了董夫人一个令人百思不得其解的问题：既然古代中国人推崇阴阳平衡，但在中国为什么没有发育出一套有关政治平衡的理论？

六　淘金者的梦

相较于政治精英和文化精英的昭昭天命，普通人更在乎的是如何实现自己的美梦。当加利福尼亚发现金山的消息不胫而走，来自美国乃至美洲各地的人迅速在西海岸集结。当时有不少人一夜暴富，也有不少马匹和梦想一锹致富的人累死在半路上。

一群群"四九人"来到美国河沙里淘金，它们用液压装置炸开河岸寻找命中财富。"四九人"是指 1849 年从各地赶来的淘金者。1848 年，加利福尼亚非土著人口不过 1000 人，转年人口增加了 100 倍。

据说淘金者从加利福尼亚大概带走了 75 万磅金子。由于大型机械作业的介入和淘金水路的开辟，美国河受到了严重污染。1862 年，一场罕见的水灾更是将萨克拉门托浸泡了三个月之久。

几个月后，旧金山的大部分男性都忙着淘金去了。据说最狂热时当地所有企业都停止了营业，甚至连传教士也忙着淘金去了。

不只是美国，淘金者来自世界各地。在华盛顿的美国国家历史博物馆里还保留了一些中文旧体诗词，其中一首是：

> 为逐蝇头利，萱堂忍别离。漂泊水程数万里，精神冒险抵花旗。远堪悲，征衣劳母寄。未整归鞭留异地，恩怀鞠育报何期。

就像一次声势浩大的抽奖，在这场声势浩大的淘金运动中，很多人注定一无所获。

时至今日，美国河早已恢复往日的澄澈，成为萨克拉门托重要的饮用水源。这座位于两河交界处的城市本身就是淘金热的产物。1834 年，约翰·苏特离开瑞士的妻子和五个孩子，拿着一本法国护照从勒阿弗尔来到纽约，后转战美国西部。萨克拉门托就是由他开始建设并命名的，只是淘金热的不期而至完全打乱了他的计划。

淘金时代伴随着西进运动同时到来，它像是一纸移民令将无数人从原来的地方连根拔起。与此相呼应，一座座崭新的城市在美国西部迅速成长起来。一百多年后，当我穿梭其中，见证满大街的车水马龙，我不得不承认美国梦的第一动力还是美国河附近的那一粒黄金。它像是一个来自亘古的隐喻，折射着各种利益的光芒。区别只在于有人从中看到了六便士，有人看到了月亮。

七 "不友好的城市"

董家的生活丰富多彩。忘了是哪天下午，保中先生带我去市中心看芭蕾舞《伟大的盖茨比》。可惜我实在欣赏不来，以至睡着了好几次。上半场看完，保中先生也略显疲惫，"今天节目一般啊！演出的是萨克拉门托本地的芭蕾舞团。你看，有的是亲属来捧场的。这比纽约的芭蕾舞团差太多了。这是我第一次来，也是最后一次。对不起啊！带你来完全是浪费你的时间。"

保中先生这么一说，我倒释然了。原来是戏演得不好啊！我算是睡到保中先生心坎里去了。

下半场并不十分糟糕，因为不完全是在跳舞，对白变得精彩，而且换了很多次布景。其中一幅街景让我不禁回忆起在巴黎住过的老房子。我在巴黎没有属于自己的房子，但这不影响我在内心拥有巴黎。就像我在纽约的中央公园里没有自己的房子，我依旧可以爱它。我与萨克拉门托原本也没有任何渊源，只因为偶然知道了董时进的后人在此居住，我对这座城市有了许多好感。

萨克拉门托是加州首府，人口不到 50 万。有美国旅游杂志将萨克拉门托评选为"十大不友好城市"，因为肮脏、混乱、治安差，只得了 43.1 分。

"这里的砖都是从前的。"说这番话的时候，保中先生已经将我带到了萨克拉门托的旧城，就在火车站附近，这是一片保留着 19 世纪风格的老街。

徜徉其中，我仿佛随时会遇到拔枪互射的牛仔。

"今年元旦这里刚发生一起枪击案。"保中先生接着说，"事情本来很小。有个人不小心洒了点酒在一个女孩身上，结果女孩叫来一个男的，开枪，死了两个，伤了两个。"

八　与董时进共进晚餐

董时进是民国时期著名的农学家，一个被时代淹没了的先知式人物。自从在《一个村庄里的中国》里写到了他，我就再也放不下了。这些年东奔西走，收集了他的很多资料，萨克拉门托便是其中一站。按计划，我想写一本董时进传记，不过几年后完成的却只有董氏小说研究。而这一切还得归功于我在保中先生家里发现了他父亲的几本小说。

离开董家的前一天晚上，董家女婿主厨做了一顿美味的晚餐——Lasagna（意式千层面）。由于平日和保中先生多在外吃饭，这一次大家聚得比较齐。聊天的主题只有一个，即董时进的意义和价值。在听完我简单的讲述与评价后，保中先生的女儿英格丽感慨不已："这么说我真的要以我的爷爷为荣了！"

遗憾的是，由于自小在美国长大，这些话她现在只能用英文说了。

聊到明天的行程，董夫人问我到旧金山有何安排。我告诉她我想先去趟监狱，说完这句话我自己也乐了。

"提前联系好了吗？"董夫人关切地问。

"Alcatraz Island（恶魔岛），监狱就在岛上，不用提前联系。"

"恶魔岛？"英格丽插进话来，"那里我很熟悉，我在那里游过泳。"

"噢！"我很惊奇，"花了多少分钟？是从岛上游到旧金山城区吗？"

"是的。大概花了35分钟的时间。从岛上下的水，和逃犯一样逃出恶魔岛。"

大家都笑了。愉快的夜晚。接着我们聊到电影 *Alcatraz*（《逃出亚卡拉》）以及《肖申克的救赎》。《肖申克的救赎》这么伟大的作品，还是借鉴了《逃出亚卡拉》里的诸多元素。

那天晚上又破例喝了些红酒。大概已经是春天了吧。与董家后人坐在一起吃团圆饭，我仿佛跨越时空，与董时进共进晚餐。

坐回书房，大狗金毛跟了进来，伏在我的膝上。从第一天来到董家，我就喜欢上了这只金毛。在它的瞳孔里我甚至看到了人类独有的温情。保中先生说："要养就养大狗吧，小狗喜欢叫，大狗能够抚慰人心。"

转天早起，下楼时保中先生已经帮我烤好了几片面包，剥了一个橘子，煎了两个鸡蛋。

"你先吃吧，我送完你回家再吃。"这是那天清晨我记得最清晰的话。

去车站的路上，保中先生和我简单介绍了女儿的生活。英格丽曾在卫斯理学院学政治与音乐，后来又在康奈尔大学法学院读了法学博士，之后在旧金山做了几年律师，因为孩子生病，最近才从旧金山搬过来与父母同住。据保中先生说，英格丽的小提琴拉得很好，尤其是门德尔松的协奏曲。

我是坐 Megabus 离开萨克拉门托去旧金山的。由于是新开通的线路，只要3美元。和灰狗相比，我更喜欢 Megabus 宽阔明亮的全景天窗。

再见了，萨克拉门托的天空，远去的美国河，热情的保中先生和他的家人，还有董家庭院里的老橡树。几年后，当我去董时进重庆垫江的农村老家寻找资料，看着董家将颓的旧宅，不禁又想起了它。

整理完上述笔记与思考，外面天色渐渐暗了下来。打开手机里门德尔松的协奏曲。此刻，仿佛有另一个我正坐在某个遥远的地方听董家女儿拉小提琴。这两次的美国之旅，我接触了不少华裔家庭，受到了他们宾至如归的招待。渐渐地，虽然我故园难舍，但也理解了为什么会有那么多人背井离乡，远渡重洋，就像当年的欧洲人去美洲一样。当他们带着故国的心事与语言，走向陌生的人群与土地，移民不是离开故乡，而是拓宽故乡与人生的边界。在那里，所有的风雨兼程都不再是从此岸到彼岸的告别，而是另一种意义上的自海至光辉之海。

第十七章　迷幻的年代

中国人常说"大路朝天，各走一边"。当我梳理美国几百年来的历史，最深的体会莫过于这里依旧是一块崇尚"小路朝天"的新大陆。在这里，几乎没有可以完全称得上"大一统"的东西。

一　旁观他人之痛苦

如果你要去旧金山，请别忘了在头发上插满鲜花。如果你要去旧金山，你会在那里遇到温和的人。对于那些要去旧金山的人，这个夏天将充满爱的阳光……

心里哼着著名的英文歌曲 *San Francisco*，在旧金山的市中心下了车。先去第六街附近的旅店安顿下来。这是一家西班牙小旅馆，一日房费不到90美金。在路边买了一个土耳其三明治。按计划第一站是恶魔岛。

坐车来到渔人码头，随处可见的是与亚卡拉监狱有关的标语。其中一句是 "Break the rules and you go to prison. Break prison rules and you go to Alcatraz"（犯法进监狱，在监狱犯法进亚卡拉）。

正午时分，随拥挤的人群在33号码头上船。这是一艘以风和太阳能为动力的轮船，上下一共三层。当船起航，看着自由世界越来越远，危险地带越来越近，难免想起电影《勇闯夺命岛》里那群被劫持的游客。

恶魔岛是旧金山湾里的一个小岛，在金门大桥和金银岛之间，距市区1.5英里，素有"铜墙铁壁"之称。早先那里曾是军事要塞，1933—1963年被改造为亚卡拉联邦监狱，关押过不少知名的重刑犯人。虽说插翅难飞，不过还是有人冒险犯难，逃出生天。1962年6月12日凌晨，三名被关押在亚卡拉监狱138号牢房的重刑犯，神不知鬼不觉地逃出了这座臭名昭著的监狱。前文提到的电影《逃出亚卡拉》（1979）就是根据相关故事改编的。

335 I 第十七章 迷幻的年代

这次越狱预谋了好几个月，除了用勺子挖出通道，犯人们还将一个破损的管风琴改装成打气筒，并用几十件胶布雨衣和偷来的胶水制成一个充气筏。当一切准备完毕，他们决定在 6 月 11 日晚出逃，行动前还将假人头放在床头，以骗过夜巡的狱警。据说同室原有四人一起越狱，其中一位因缺口意外被堵只好中途放弃，他也因此成为能够向世人揭秘此次越狱过程的唯一知情者。至于另外三位，已于天亮之时彻底消失于茫茫大海，从此下落不明。

几十年来，追捕者一无所获。为挽回颜面，只好断定三位逃犯早已葬身鱼腹。尽管如此，关于他们在某处现身的传闻还是经常出现。最戏剧性的一幕发生在 2013 年。一位自称安格林（逃犯之一）的人给旧金山警方写信。在这封自首信中，安格林说和他一起脱逃的两人都已过世，而他自己也罹患癌症，希望借着自首获得医疗照顾——"如果你们（警方）在电视上承诺，我自首后可以不用坐牢超过一年，而且能获得医疗照顾，我就会写信给你们告知我确切的所在地。"

不过此事并无下文，无论真假都足够反讽。尽管美国是世界上最强大的国家，事实上也常会有人因为贫困想去监狱度过余生。

没过多久，游船靠近了恶魔岛，映入眼帘的是"任何试图帮助犯人越狱的行为都将被指控并监禁"的标语，时刻提醒人们这里曾经是一座戒备森严的监狱。

回想这次登岛旅行，最尴尬的是我曾猝不及防地闹了一个"思想上的乌龙"。事情是这样的，在恶魔岛上有个大门，门上写着"INDIANS WELCOME"（欢迎印第安人）。我竟想当然地将它解释为"欢迎印第安人来坐牢"。在一座远近闻名的监狱里写上"欢迎印第安人"的口号，有此联想似乎也在情理之中。这和我的潜意识有关。如读者所知，人有自我强化的倾向，即"只能看到自己想看到的东西"。既然美国有残酷迫害印第安人的事实，而我反对这种迫害行为，在我心里也就难免会聚拢一些与此相关的史实，以不断完成我内心的审判。

直到我走进岛上的一家书店，翻到里面的一本书，才知道这完全是一个误会。与上述标语有关的是一段反抗的故事。恶魔岛上最早的定居者是印第安人，最多时有千人之众，后来被驱逐。1969 年开始，陆续有印第安人登岛，他们想夺回原本属于自己的土地。19 个月后，这些人毫无悬念地失败了。如果放在漫长的历史背景下重新审视当年的这起占领事件，它更像是一个隐喻。那些可怜的印第安人，不仅失去了祖先的大陆，还失去了最后的小岛。

如今这座岛上，只剩下一些零星的记忆。在书店不远处立着一个牌子，上面写着 "American Indians and the Alcartraz Occupation"（北美印第安人与占领亚卡拉岛）和 "WE ARE STILL HERE"（我们依旧在这里）。更远处是一座水塔，上面写着 "PEACE AND FREEDOM, WELCOME, HOME OF THE FREE INDIAN"（自由与和平，欢迎来到自由印第安人之家）。如今看来，一切既是往日的见证，又像是隔世的悲鸣。这有什么用呢？当岁月风干了曾经的血迹与泪痕，人类历史就是无数个将错就错的故事。

离开书店时，我特意买了一本 *We Hold the Rock*（《我们握住了岩石》）。也许我根本不会读完它，为的只是以这种方式表达自己对这段历史的"象征性的同情"。

书店边上是一个小型的监狱博物馆，部分内容涉及美国的坐监率。根据最近的数据，美国以每 10 万人口 758 人高居榜首。俄罗斯为 629 人，中国为 119 人，而印度和日本偏低，分别为 63 人和 33 人。

坐监率高并不意味着美国社会最不安全，犯人多还有一个重要原因是美国法律严苛。有些在中国看起来不算什么的事情，在美国可能属于犯罪。譬如说在中国常有校园霸凌事件发生，却鲜有人因此失去自由，而美国社会对暴力尤其是群体暴力采取零容忍态度。

亚卡拉监狱依旧人满为患，不同的是如今只是游客。当我穿行其中，可以隔着窗子看见远处自由的旧金山，心想如此美好的景色，怎能不激起犯人越狱出逃的决心。这也让我想起许多为自由而偷渡的人，而偷渡与越狱在很多方面是一样的。莫尔在《乌托邦》里说："要是一个人享乐纵欲，周围却是一片呻吟哀号，那就意味着他不是管理国家的，而是管理监狱的。"在此意义上说，当年英国远走他乡的清教徒，何尝不是越狱者？

坐船离开的时候，我才注意到在魔鬼岛上有一个高塔，可以环伺全岛周边。这一切真应了边沁对全景监狱（panopticon）的描述。狱警在暗处，犯人在明处，最明智的选择就是服从。这里曾经是印第安人的家园，后来变成联邦政府的监狱，如今变成了一个闻名遐迩的景点。当船离亚卡拉监狱越来越远时，恶魔岛又显示出另外一番美丽景象：它静谧、安详，卧于海湾中央。

几年后当我重新整理上述回忆，也在问自己一些问题：为什么恶魔岛上会有那么多的游客？为什么许多人喜欢参观世界著名监狱？答案并不一定是他们多么热爱自由，还有一种可能是热爱隔着玻璃窥伺他人的苦难。正如苏珊·桑塔格所批评的，人有"旁观他人之痛苦"的隐秘欲望。而我更以为，在那里，旁观者获得了双重快感：一种源于他们对现实悲剧中施虐与受虐的观赏，一种源于他们对个中痛苦的逃脱与不负任何责任。当我握着一张参观券走进监狱，一边在谈论自由，一边也在走进人性中难以言说的幽暗。

人们总是被自己的正直和善良感动。由威廉·巴勒斯（William

Burroughs ）的小说改编的同名电影《裸体午餐》开篇题记中有这样一句话："世上的骗子，你们有一个永远除不去的污点，那就是内心的污点。"（Hustlers of the world, there is one mark you cannot beat: the mark inside.）

二 人类大聚会

回到旧金山城区，步行数小时，来到城市之光书店和垮掉派博物馆。几年前我曾为此写过一首诗。

逃出亚卡拉

我回到了自由的旧金山

停在垮掉的一代的楼梯间

像停在时代广场上的一片云

听金斯堡和凯鲁亚克

大张旗鼓地讨论人类

腐朽的现在

一辆曾经在路上的老爷车

落满了五千英里的尘土

两年前落叶归根

死在了博物馆里

禁止任何擦拭

不要惊扰每一粒做梦的灰尘

夜幕和雨水，降落在最初的街道

　　撑伞而过的人，像一棵行走的树

　　门口活着的皮条客向我招手

　　对面的小巷子有城里最好的姑娘

　　街角书店死去的诗人向我招手

　　在这里，无论活着，还是死去

　　每一段生命都是城市之光

　　夜雨飘摇，继续在哥伦布大道上漫游。博物馆对面是一家情色场所，虽然没有心思进去一窥究竟，但一想到那些风尘女子会欢迎远道而来的异乡人，总还是会有一种莫名的亲切与好感。毕竟在那里人类与人类彼此需要，不像道德模范那样冷若冰霜。很多时候，我就是这样不食人间烟火，别人到这里会和姑娘谈价钱，而我更想谈的是"人的境遇"（human condition）。

　　几年后到牛津访学，这里对我最热心的恐怕就是街上的流浪汉吧。每当我经过他们，总会听到一个热切到麻木的声音："请给点零钱吧，先生！"有时甚至是在子夜，因为不肯早睡，我便会拿着一个笔记本，夹着两支不同颜色的笔，坐在街边的长椅上涂涂写写，冷不丁会蹿出一个形容枯槁的流浪汉，直接问我有没有零钱可以给他。这样的时候我都不会责怪他们惊扰了我的思考，反而觉得亲切，仿佛在荒野遇到一个熟人，或者只是一个亲人，在半夜起床时发现我还在写作，便过来和我说点什么。

　　我是在读大学时知道"垮掉的一代"（The Beat Generation）的。这是一场反主流的文学运动。威廉·巴勒斯、艾伦·金斯堡（Allen Ginsberg）、杰克·凯鲁亚克（Jack Kerouac）和格雷戈里·柯尔索（Gregory Corso）是那个时代的风云人物。在现实生活中他们并不富有，但这不是一件坏事情。

正如杰克·凯鲁亚克在《在路上》中所说的："因为我很贫穷，所以拥有一切。"永远年轻，永远热泪盈眶，这是许多读者对凯鲁亚克的永久记忆。艾伦·金斯堡是诗人，他看到一代精英被疯狂毁掉，同时宣称疯癫是人内心的月亮。既然世界无法改变，个人只能凭借吸毒来改变自己对世界的看法。世人言之凿凿的真理，在他眼里不过是一个观点而已。没有谁不神圣，没有谁不是天使。

这是一群"通过想象力夺权"的温柔的反抗者。

尽管长发飘飘，外表颓废，生活里充斥着性解放、酗酒、吸毒甚至偷窃成性，然而"垮掉的一代"并非自我放逐的一代，他们只是以放浪形骸的方式扩展精神自由的领地以及美好尘世的可能性，以此体现自己的存在感和精英意识。

在上述几位垮掉派领袖中，最年轻的是格雷戈里·柯尔索。这是一个天生不幸的人，一岁时年轻的母亲便扔下了他。此后的人生，就是不断地自学成才。第一步是成为纽约城里的少年惯犯，十二岁开始不断坐牢。第二步是在监狱里成为文学爱好者，立志做一个诗人。出狱后的柯尔索很快得到金斯堡的赏识，渐渐成为垮掉派中的重要一员。

柯尔索被人称为"诗人中的诗人"，一生都在主流文学之外，死后葬在雪莱和济慈的墓旁。虽然出身卑微，他却把自己比作"无惧成为大海的河流"（a river unafraid of becoming the sea）。那首诗后来被镌刻在他的墓碑上。

作为一场前无古人的文学运动，"垮掉的一代"起始于纽约，一个最不美国的地方，也是金斯堡等反叛者的乐园。金斯堡是个同性恋者，1955年据说为了追求尼尔·卡萨蒂（凯鲁亚克小说《在路上》中莫里亚蒂的原型）来到旧金山。在被卡萨蒂的妻子赶出家门后，一怒之下的金斯堡写下了与《荒原》（艾略特）相提并论的《嚎叫》。金斯堡也因此成了美国"边缘人"

眼中的文化英雄。此后一二十年间，越来越多的反叛者来到旧金山，他们合群而居，建立公社，渐渐有了后来在很大程度上影响美国社会文化的嬉皮士运动。

1967 年之夏，旧金山地下报纸《神谕》举办了"人类大聚会"（Human Be-In）。那一天，数以万计的人唱着嬉皮士运动的"国歌"*San Francisco* 来到金门公园的大草地。尽管当时有许多名流出没其中，大家只顾各行其是、各自装扮。反对政府权威，人人生而自由。至于金斯堡、蒂莫里·利里等被称为嬉皮士"教父"的人究竟说了什么，当时的人们并不在意。那里不是英雄广场，而是真正意义上的多中心的人民广场或芳草地。与此结构最为神似的，就是后来应运而生的互联网。

三 迷幻药

在某种意义上说，"垮掉的一代"从一开始便暗藏悲剧。毕竟，人并不只是精神的存在，更是肉体的存在。当他们试图借助酒精和药物让精神挣脱时代牢笼的时候，精神也将试图挣脱他们的身体，逃离他们的控制。巴勒斯在迷乱之中开枪打死了自己的妻子，而凯鲁亚克则在 47 岁的时候死于长期酗酒。对身体的"过度开发"，同样体现在后来的许多嬉皮士身上。嬉皮士的英文是"Hippies"，其中"Hip"本意是指髋部，后来被用于描绘吸食鸦片的人。

回顾嬉皮士运动，蒂莫西·利里（Timothy Leary）是个绕不过去的人物。在这场"人类大聚会"中，利里喊出了流行一时的口号"Turn On, Tune In, Drop Out"。这句话后来出现在《史蒂夫·乔布斯传》里，中文版将它译为"打开心扉，自问心源，脱离尘世"。这句话代表着 20 世纪 60 年代的理想主义。作者沃尔特·艾萨克森认为乔布斯内心深处有着不可动摇的信念——世界上的规则都不适用于他。紧随其后的一句话来自尼采的《查拉图斯特拉如是说》："精神现在拥有了自己的意志；被世界所驱逐的人，终于赢得了自己的世界！"

此时，利里已经因为招募学生服用致幻剂而被哈佛大学开除。很久以前，利里还只是一位普通的心理学家。在墨西哥的一次旅行中，出于好奇吃了毒蘑菇，由此获得一种神奇的宗教体验。"所有的美、宗教启示、感官享受、历史真相、上帝、魔鬼……所有这一切都来到我的身体里，却又游离于灵魂之外。"回到哈佛大学后，利里立即着手研究毒蘑菇的主要成分费洛赛宾（Psilocybin）对人类意识的作用。紧接着他招来一批哈佛的学生做志愿者，和他们一起服药。利里发现费洛赛宾能让服用者进入宗教冥想状态，后来他甚至把费洛赛宾给监狱里的犯人服用，以期证明这种致幻剂能像宗教那样把坏人变成好人。一次偶然的机会，在试用了比费洛赛宾致幻效果强烈数倍的 LSD（麦角酸二乙酰胺）后，利里很快成为这种人工致幻剂的代言人。

在利里那里，致幻剂不仅是嬉皮士们的精神食粮，也是通往乌托邦的桥梁。他甚至奢望靠这种致幻剂建立一种宗教。就像《美丽新世界》里的索麻一样，利里将 LSD 描述成一种只有好处没有坏处的"脑维生素"。

如此特立独行的人，一生注定跌宕起伏。利里后来在加州、得州被捕并被判吸毒和贩毒罪，越狱后在阿尔及利亚申请政治庇护，最后在阿富汗被绑架，1976 年返回美国。利里死于 1996 年，一年后，人类首次"太空葬"如约举行，载有利里和其他 23 名死者骨灰的人造卫星被发射到太空中环绕地球轨道运行。从此，罗纳德·里根眼中这个"美国最危险的敌人"

彻底离开了地球。1967 年"爱之夏"在旧金山举行的时候，里根是加州州长，他对嬉皮士的做事方式嗤之以鼻。

值得一提的是，既然嬉皮士运动从本质上说反权威，那么利里的特立独行也只能代表自己，而不会成为嬉皮士运动的领袖人物。他只是因为生活中充满过于极端和离奇的故事而显得格外耀眼。

四　索麻与约翰

除了蒂莫西·利里，写《飞越疯人院》的肯·凯西（Ken Kesey）也是 LSD 的服用者。此外，还有《美丽新世界》的作者阿道司·赫胥黎（Aldous Huxley）。

《美丽新世界》与乔治·奥威尔的《1984》、扎米亚京的《我们》并称 20 世纪"三大反乌托邦小说"。这本写于 1931 年的小说预言了 2540 年的世界。那时候美国汽车大王亨利·福特取代了上帝，因为福特发明了生产汽车的流水线，使生产飞速发展。当这种生产方式终于统治了整个世界，公元也因此变成了"福元"。

在那里，人类经基因控制孵化，被分为五个阶级或"种姓"，分别是"阿尔法（α）""贝塔（β）""伽玛（γ）""德尔塔（δ）""爱普西隆（ε）"。阿尔法和贝塔最高级，在"繁育中心"孵化成熟为胚胎之前就被妥善保管，以便将来培养成为领导和控制各个姓的大人物；伽玛相当于平民；德尔塔和爱普西隆最低贱，因为智力低下只能从事最普通的体力劳动。许多爱普西隆甚至只能说单音节词。管理人员用试管培植、条件制约、催眠、睡眠疗法以及巴甫洛夫条件反射等科学方法，严格控制各类人的喜好。为了让社会充满正能量，国家还给被统治者定量配给"索麻"（soma）。据说这是一种没有任何副作用的药品。借助科学的管理，这个国家所有影响安定的思想、艺术、宗教以及一切负面情绪都被精准排除。

故事设定在伦敦，不过赫胥黎矛头指向的是奠基于极权主义和科学主义之上的乌托邦。因为有印第安人，这或多或少与美国有关。在那个"科学极权"的世界里，胎生是被禁止的。而那些由各种设定好的容器所生产出来的个体不仅失去了人的意义，而且彻底异化为垄断的技术公司与掌权者手中的玩偶。

小说着重讲述了野蛮人约翰的抗争。"野蛮人保留区"是被保留下来用作研究的缺少文明的印第安人村庄，周围是绵延不绝、不可抗拒的电网。野蛮人约翰却向总统坚持要那些被新世界消灭了的东西。

> "我不需要舒服。我需要上帝，需要诗，需要真正的危险，需要自由，需要善，需要罪恶。"
>
> "实际上你要求的是受苦受难的权利。"
>
> "那好，"野蛮人挑战地说，"我现在就要求受苦受难的权利。"
>
> "你还没有说要求衰老、丑陋和阳痿的权利；要求害梅毒和癌症的权利；要求食物匮乏的权利；要求讨人厌烦的权利；要求总是战战兢兢害怕明天会发生什么的权利；要求害伤寒的权利；要求受到种种难以描述的痛苦折磨的权利。"
>
> 良久的沉默。
>
> "这一切我都要求。"野蛮人终于说道。

尽管野蛮人最终找到了一块隐居的地方，不过他还是决定自杀了。那时他已经迷上了索麻，并为此自责不已，不断地在高台上鞭打自己。

除了反乌托邦色彩外，这本书似乎也在揭示有关这个世界的另一种真相，即人并非只为追求幸福而生，人更会在痛苦中寻找自己的存在感以及生活的意义。如果生活只剩下寻欢作乐，那么人为什么还要活着？

当快乐变成所有人必须履行的义务，那么寻找痛苦就会变成一种权利。而事实上人是不能被剥夺痛苦权的，否则流泪也要被禁止了。

尽管赫胥黎在书中表达了对索麻的批评，不过他本人并不拒绝类似的致幻剂。晚年时，赫胥黎曾应朋友之邀，亲自尝试了麦司卡林。作为实验，他的朋友及妻子在一旁录下了整个过程。这是一次神奇的体验。根据脑海中有关幻觉的种种回忆，重听录音中自己的喃喃细语，以及针对幻觉的种种思考，1954年赫胥黎完成了《知觉之门》(The Doors of Perception) 一书，两年后又出版了续篇《天堂与地狱》(Heaven and Hell)。

借着对幻觉的解读，赫胥黎探讨了超越整个时代的终极问题：人脑究竟有没有极限？当利用外部因素打开大脑紧锁的神秘之门，人会不会成为无限？赫胥黎认为人的神经系统就像过滤网，挡住了来自外部世界的真实信息。而致幻剂可以帮人打开这扇门，所以不应该叫"迷幻"，而应该叫"显灵"(psychedelic)。也就是说，LSD 的作用并不是固定的，它只不过让你变得更像你自己而已。后来的科学研究初步证实了这个判断，LSD 可以模仿人脑中的神经传递因子，破坏大脑中负责处理和过滤外来信息的那部分组织功能，所以服用者才会感受到平日难见的绚烂声色。

五 新公社主义

中国人常说"大路朝天，各走一边"。当我梳理美国几百年来的历史，最深的体会莫过于这里依旧是一块崇尚"小路朝天"的新大陆。在这里，几乎没有可以完全称得上"大一统"的东西。早先，来自欧洲的移民分期分批飘洋过海，可谓历尽艰辛。这些人在美洲生存下来，建立起各自的乡镇，进而由州慢慢发展成一个国家。而且，直至今日，仍有许多人从各自不同的道路会聚到这个国家。

而我所谓"小路朝天"，实际上包括两点：一是基于安·兰德意义上的理性利己主义，即每个人从自己的观念和利益出发，去追逐完成自己的人生理想，它符合人的自由意志，也是人的尊严所在。二是对市场以及人生试验权的尊重。严格说，生而为人，每个人都有权利完成自己的人生试验。当不同的个体组织起不同的社群，也就有了不同的社群试验。在这种既相容又相互竞争的关系中，社会不但从整体上获得某种丰富性，而且可以朝着更好的经得起实验的方向继续演化。

《时代》杂志曾将20世纪60年代比作一把刀，它斩断了过去与未来的联系。其实，无论是"垮掉的一代"，还是后来的嬉皮士，他们有一个共同点，那就是对主流文化的反叛，从本质上说也是在做人生、社群乃至社会的实验。在否定过去的同时，也在混乱之中孕育未来。此时二战虽然早已结束，但它却留下了一道巨大的伤口等着爱与希望来填平。

大屠杀让人类陷入对人性的深沉绝望之中，而核武器的出现与使用更增加了人类对技术的恐惧与不安。带着自我放逐的意味，嬉皮士对主流社会的反抗方式是公社式群居、过流浪的生活，乌托邦的篝火继续在雪地上烧。年轻一代站在父辈留下的精神废墟上，他们反对民族主义，提倡

"Make Love Not War"（要做爱，不要战争），甚至鼓吹新兴宗教。他们渴望、寻找并试图建设一个自由而温情的时代。

相较于科学技术对外部世界的求取，嬉皮士运动将幸福置于内心观照。他们享受孤独，同时渴望成群结队地离开；他们反求诸己，却又像热爱迷幻药、摇滚、宗教修行一样热爱社群。他们试图加强人与人之间的亲密关系，建立另类的、人人平等的社区。《数字乌托邦》称，1965 年以前的两个世纪里，美国社会一共建立了 500—700 个公社，而 1965—1972 年，有成千上万个公社建立。到了 80 年代初，在欧洲出现了数以万计的群居村。

他们热爱芳草地甚于热爱水泥广场。这是一些远离政治的"人民公社"，在那里，嬉皮士们过着返璞归真的生活，有的甚至实行财产、子女乃至"性爱公有制"。带着古老的乌托邦激情，他们觉得天堂就在人自身。正是对"在人自身寻找幸福"的推崇，这些主流人群眼中的"享乐主义者"标榜自己生活在美国，但又不属于美国。"为所欲为"（do your own things）是他们的口号。

六　表幕

2016 年特朗普当选后，许多反对者上街抗议，他们甚至直接将特朗普比作 21 世纪的独裁者。

类似的批评虽然言过其实，但也不难看到美国社会对恶政的高度警惕。正因为此，多数美国人仍赞同私人拥有枪支。而且，同样是恶，美国人相信公权之恶远甚于私人之恶。1994 年，涉嫌杀妻的 O. J. 辛普森之所以能够逃脱法律的制裁，就是因为警察在办案过程中存在瑕疵，导致证据失效。

该案也因此成为美国司法实践中疑罪从无的最大案件。

特朗普当选后，耶鲁教授蒂莫西·斯奈德（Timothy Snyder）的《论暴政：我们从 20 世纪学到的 20 个教训》（*On Tyranny: Twenty Lessons from the Twentieth Century*）成为畅销书。在作者眼里，特朗普政府与德意志第三帝国颇为相似。此前在他的同题网络文章中，这些教训所要回答的就是"在特朗普政权下如何生存"。

斯奈德一共列了二十条建议。虽然我并不完全赞同他对特朗普的批评，但也承认在如何防范暴政方面这些建议算得上金玉良言，比如"记住职业道德。当政党领袖做出坏榜样时，职业道德和公正就更为重要。没有律师和法官的协助，颠覆法治国家是很难的。专制者要的是服从的公仆与集中营主管"，"善待我们的语言。不要人云亦云，少上网，多读书"，"建立私人生活。暴政会用它们对你的了解来操控你"，等等。

而让我最有感触的是斯奈德列出的第一条：不要提前服从（Do not obey in advance）。在此我不想简单讨论政治问题，而是想陈述一个事实，即今日世界已经被各种"提前服从"所占据。

早在 1946 年，英国首相丘吉尔曾在美国富尔顿城威斯敏斯特学院发表演说。他用"铁幕"（Iron Curtain）一词批评苏联和东欧社会主义国家"被铁幕笼罩起来"。"铁幕演说"被认为是美苏冷战的正式开始，而现在的世界，我更想说它正笼罩在连绵不绝的"表幕"（Form Curtain）之中。回想我一生中的快乐与痛苦，每次填完一张冗长繁复的表格时都像是大病一场。到处都是表格和标准化，不容置疑的霸王合同，不按要求填写就无法进入到下一页的在线申请……人类虽然在整体上废除了古代的奴隶制，然而一种现代的奴隶制却隐身在各种表格之中，尽管这只是一种"破碎的奴隶制"，一种因为别无选择而出现的隐性暴力。如果按程序你必须填写某张表格或递交无理要求的某些材料，那么你就必须选择"提前服从"。提前服从是每个现代人日常生活的一部分。

而这些乏味的条条框框恰恰是当年的嬉皮士们所极力反对的。

七　规则的乌托邦

以前的发明，如电灯、电报、电话、飞机等，是为了拓展人的自由，而现在的技术创新似乎更热衷于限制人的自由。哈勃望远镜的出现让人类看见遥远的星空，而现在全世界数以亿计的摄像头正在瞄准人类自身。

从二战结束至 20 世纪五六十年代，代表发达现代工业文明的美国进入鼎盛时期。以科层制和技术统治为代表的"技术专家治理"越来越泯灭人的个性。正如大卫·格雷伯（David Graeber）在《规则的乌托邦：论科技、愚昧官僚制度的私乐》（*The Utopia of Rules: On Technology, Stupidity and the Secret Joys of Bureaucracy*）一书所揭露的，当年尚有诸多反抗，而现在的社会已经彻底投降。

格雷伯列出了过去 150 年里"科层制"一词在英文著作里的使用频率。二战结束前，大家对它很少提及，但 1950 年代几乎无所不在，1973 年为最高峰，此后一直下降。与此相关的是各种文书作业急剧上升。究其原因，在 1973 年之前，有许多学者在批评科层制，但是后来大家慢慢见怪不怪了。科层制成了我们生活中的空气。

格雷伯是伦敦政经学院（LSE）人类学教授，之所以有《规则的乌托邦》这本书，和格雷伯的经历有关。当时，他的母亲躺在医院里无法动弹，为了帮她领取社会救助金以缴付住院费，就得先在公证人面前，由母亲授权动用她银行里的款项。为此，格雷伯打了很多个电话，终于把公证人约到医院，当场见证了母子二人签名。然而当儿子把表格交到银行，却被银行以不合要求为由拒收了。接下来是各种踢皮球的细节。总之，格雷伯的母亲至死也没有拿到她的社会救助金。格雷伯为此感到特别愤怒——为什么我们都在默默忍受这些平庸的表格与结构性暴力？

单位聘用、存款、购买机票、办理签证……在书中，格雷伯极力批评的文牍主义，我也时常领教。为了办好在英国的访学手续，我提前半年准备材料，总算把学校的各种手续与表格打发完，以为可以轻松了，谁知英国大使馆的在线填表又花了我差不多两天时间。

在某种意义上说，科层制与表格化是一整套责任推卸机制。理解这一点，就会明白艾希曼在耶路撒冷对自己的辩白，以及今日世界仍然存在着怎样的危险。表面上看科层制在分割权力，把权力装进了笼子，实际上也意味着一个人即使参与作恶也不会有良心上的自责。标准化是平庸官员的护身符，他们先是做了科层制与表格化的奴隶，然后再要求其他人做他们的奴隶。而整个社会在权力麻木的机器运转中享受秩序。至于它是否真像马克斯·韦伯说的能增进政府的效率，看看美国的医改方案就知道了。当初奥巴马医保方案，参与投票的议员们很多都来不及把几千页的方案通读一遍就投票了。

八　挖掘者的挽歌

雅斯贝尔斯提出过轴心时代的说法，虽然远隔万水千山，几大古代文明却可以遥相呼应。回想发生于近现代历史上的各种席卷全球的浪潮，人类发展仿佛遵循某种神秘的韵律共振，只因各国境遇千差万别，最后以不同方式收场。

区别某些国家自上而下的政治动员，20世纪六七十年代的美国与欧洲都出现了崇尚自我解放的社会运动。回想1968年法国"五月风暴"中的一些口号，"Le rêve est réalité"（梦想即现实），"L'imagination au pouvoir"（想象力掌权），"Soyez réalistes, demandez l'impossible"（做现实主义者，求不可能之事），"Sous les pavés, la plage"（铺路石下是海滩）……那的确是充满想象与激情燃烧的年代。

毕竟是反主流文化，虽然其精神为世人歌咏，且面向未来，但在一时一地的现实之中却难以长久维持。在法国，巴黎的失序最终让居民厌倦。大街上的"海滩"被重新铺上了石头。在美国，很多嬉皮士患上了营养不良。数以万计的人聚集在一起，甚至形成了一片片贫民窟。即使是极尽浪漫色彩的"爱之夏"，当年也是多亏一些"挖掘者"（The Diggers）无私的援助。

"挖掘者"是一个松散的无政府组织，其名字起源于17世纪英国的掘地派运动。该运动的领导人杰拉德·温斯坦莱（Gerrard Winstanley）深受托马斯·莫尔的影响。1649年1月，温斯坦莱发表了《新的正义的法律》，提出在土地公有制的基础上，共同利用土地和享受土地果实的理想。

为此，同年4月，温斯坦莱率领一群贫苦农民到塞利郡圣乔治山开垦荒地，过起了按需分配的公社生活。在他看来，金钱和私有财产是人类所有罪恶的来源，只有放弃私有制、共享财富，才能消除贫困和战争。尽管一再声明他们不靠刀剑和枪炮，而是依靠爱来改造世界，但因为撼动了私有制基础，掘地派运动很快在1651年被克伦威尔政权镇压。

在某种程度上说，旧金山的掘地派是当年的余绪。他们同样崇尚公有制的生活，不仅提供免费的食品和住宿，而且有自己的文化和艺术。最有名的是几个即兴表演，比如开着卡车载着半裸的肚皮舞者穿越旧金山金融区，邀请股票经纪人们上车狂欢；头戴动物面具，抬着一口名曰"金钱之死"（The Death of Money）的装满假钞的巨大棺材游行。

1967 年 10 月 6 日，同样在海特–阿什伯利社区，"挖掘者"们还上演了"嬉皮之死/自由诞生"（The Death of Hippie/Birth of Free）游行。在环保作家彼得·博格的带领下，几百个头戴面具的"挖掘者"从清晨出发，他们抬着一口用硬纸板做的棺材，上面写着"Hippie——Son of Media"（嬉皮士——媒体之子），里面放着一些鲜花、念珠、头巾和地下报纸。吊诡的是，当嬉皮士获得足够多的大众媒体的关注时，他们的特立独行也就变成了他们所反对的世俗的一部分。

为此，有人相信这场游行代表着海特–阿什伯利社区嬉皮年代的终结。面对大众媒体的兴起，当年的嬉皮士们有一种自觉，即把人从媒体中解放出来，做一个自由的人。几十年后的今天，互联网已经让这颗星球变成了透明的村落。嘉年华与自焚案都只具有观赏性，而不再与价值观相关。成年世界的禁忌已经一览无余。不仅尼尔·波兹曼意义上的童年消逝了，苏珊·桑塔格意义上的痛苦也消失了，甚至连成年也消逝了。每个人都正在变成没有表情包就无法交流的人。

离开湾区之前，我试图在旧金山公园里寻找当年嬉皮士们的遗迹。曾经风行世界的狂热像一场流行感冒一样过去了，嬉皮士渐渐变成一个远去的符号，它在有的地方消散无迹，在有的地方开花结果，甚至哺育了斯蒂夫·乔布斯等一代新人。无论当时的主流社会以及后来的学者如何看待这些人，这场以"爱之夏"为标志的社会运动，夹带着性解放、反战、异族通婚、寻找东方宗教、环保运动、音乐节等，大大推进了人类的生活自由。

在旧金山遇到一对华裔夫妇。他们刚刚办完移民，在抵达美国时，先生特别带上了《一个村庄里的中国》。他说在我身上读到了罗素的"三种激情"，即对爱的渴望、对知识的追求以及对人类苦难痛彻肺腑的怜悯。我自知无法与罗素相提并论，不过听读者这样评价，心里总还是免不了有些欣慰。我从来不想贩卖末日和天堂，我关心的是生活在大地上的人类如何成就人类。

如今的年轻一代又是怎样的一群呢？当现实渐渐褪去理想的底色，而物质主义、标准化以及上述"表幕"继续攻城略地，许多人从一开始就学会了世故与臣服。这些年来我走过世界不少地方，偶尔会看到一些流浪歌手在街头巷尾弹唱。对我而言，这些人就是一个个时空旋涡，恍惚之间，仿佛是来自遥远世界的信使，为我讲述当年漂泊者的荣光。

曾经有那么一些人，幻想过一种没有暴力、不被宰制的生活。他们时而独自远走他乡，时而欢歌济济一堂。没有人预言，正是那种独立与合作的精神，催生了后来的数字乌托邦。回想 20 世纪 90 年代，我也是欢呼互联网的出现是"庶民的胜利"的那个人。遗憾的是，现在的互联网正在与它曾经反对过的中心化和技术统治合流，变身为一张无人可逃的弥天大网，开始走向它的反面。

第十八章　最后的乌托邦

从一个乌托邦走向另一个乌托邦是人类之激情所在，这不是简单的移情别恋，而是一个时代有一个时代的生活。或许，只有承认自己不完美且可以不断打补丁的乌托邦，才是可实现的乌托邦。

一 让人更像上帝

"这里飘着的，不是朵朵白云，而是大脑。"鲍德里亚描述纽约的这句话似乎更适合形容硅谷。

硅谷是高科技云集的加州圣塔克拉拉谷（Santa Clara Valley）的别称，位于加利福尼亚州北部、旧金山湾区南部。"Silicon Valley"这个词最早出现在新闻里是 1971 年 1 月 11 日。之所以有一个"硅"字，是因为当地企业多数是从事加工制造高浓度硅的半导体行业和电脑工业。在"八叛逆"（Traitorous Eight）创建的仙童半导体公司里，诞生了很多创新型半导体公司，包括戈登·摩尔、罗伯特·诺伊斯和安迪·葛洛夫创建的英特尔。

当时间转到 21 世纪，这里最耀眼的名字是数字时代的创业者，包括史蒂夫·乔布斯（Apple）、马克·扎克伯格（Facebook）、拉里·佩奇与谢尔盖·布林（Google）以及埃隆·马斯克（PayPal）。

我第一次到苹果库比蒂诺总部时，乔布斯已经故去一年多了。走在街上，看着一个个苹果标识，随之而来的是某种巨大的时差感。

乔布斯曾经在演讲中谈到自己必须相信某些东西——"你的勇气、目的、生命、因缘（karma）"。作为著名嬉皮士，乔布斯从不讳言流行于 20 世纪六七十年代的那场运动对自己的影响。超越平凡而琐碎的生活，这是那个时代的箴言。其后几十年间，乔布斯建立起自己庞大的商业帝国。当人们赞叹对东方宗教的热忱以及对极简主义审美的执着贯穿了乔布斯的一切时，其实也是在赞美当年嬉皮士运动对庸常生活的反叛与超越。

　　乔布斯在电脑科技方面的成就在很大程度上得益于另一位著名的嬉皮士斯图尔特·布兰德。布兰德被人称为"科技先知"。1967 年，他创办的《全球目录》主要用来介绍各种商品，多少有点纸上互联网的意味。在 2005 年的斯坦福演讲中，乔布斯将《全球目录》奉为"一代人的宝典"。除此之外，乔布斯还让那句印在《全球目录》1974 年增刊封底的话一夜成名——"Stay Hungry, Stay Foolish"。这句英文有很多种理解和译本，其中一个是"求知若饥，虚怀若愚"。而许多名言短句之所以流行，有时候就在于它们含混其辞，可以任人发挥，满足自己的想象。

　　20 世纪六七十年代，和那时许多美国人所恐惧的一样，布兰德一直在努力思考两个问题：

　　一是如何从核武器的诅咒中拯救世界，或者说如何避免世界被那些制造并使用核武器的大规模层级制政府和工业官僚体系所摧毁。布兰德看到冷战思维的弊病，认为政治、艺术、交流以及游戏等文化活动对物种的生存意义更为深刻。更准确地说，在核武器的死亡威胁下，布兰德洞察到不间断的文化交往将为人类自救提供一种可能。

　　二是在此前景下人们如何保全并守卫自己的个性？由此布兰德第一次提出了个人电脑的概念。在他看来，人虽然不是上帝，但是可以通过发挥个体的才能，变得更像上帝。

　　而乔布斯在当时也看到两个相反的潮流：一是反对主流文化的嬉皮士运动，二是正在兴起的电脑科技。在很多嬉皮士眼里，电脑科技是大公司用来奴役人的工具，而乔布斯不以为然。作为一个以改变世界为使命的人，他看到的是科技既可能奴役人，也可能增进人的自由。

　　正是在这种鼎故革新的时代浪潮中，1983 年苹果公司推出了一则有着特殊意义的广告。在那里，当时被称为"蓝色巨人"的 IBM 变成了《1984》

中的"老大哥"（big brother）。一群人麻木地坐在一个类似教堂的地方，他们目不转睛地看着电子屏幕上的老大哥。这时，一位年轻女子闯了进来。在被军警抓住之前，她甩出了手里的铁锤，将远处的电子屏幕砸个粉碎……借着这个广告，苹果公司为自己确立了自由战士的形象。

二 乐观的硅谷

相较于苹果产品的可有可无，谷歌对我来说则意味着某种依赖性。谷歌学术搜索对于任何学者而言都是莫大的福气。遗憾的是，自从谷歌"退出中国"，有时候我也不得不使用其他引擎。为了安慰我找不到有用信息的失落，该引擎通常会弹出一些假药广告，提醒我此时病得不轻。

在谷歌某位"创业元老"的帮助下，我有机会去山景城总部Googleplex参观。山景城在旧金山城外几十公里，像一个遗世独立的高科技岛屿。如果仅从社区自治的角度来说，谷歌的工作环境几近完美。它不仅继承了嬉皮士年代的享乐主义与自由精神，更有那个年代所匮乏的物质保障。

大公司的沉闷与科层制的弊病似乎是与这里绝缘的。随着向导走进谷歌Campus，首先映入眼帘的是沙滩排球场和各种彩色自行车，甚至连垃圾桶上都贴着Google鲜艳的标识。在连成一片的大楼里，员工可以带狗上班，预约按摩也不是问题。这里几乎没有西装革履的人，在走廊或电梯口，随处可见的是按摩椅、人形沙发以及像蛤蟆嘴一样合上即可供人休息的躺椅。除了工作和休息，楼内同样适合运动，有的室内游泳池甚至还配备了水上跑步机。如果饿了，各式餐厅会提供丰富的食物，员工与访客皆可免费享用。当我徜徉其中时，感受到了某种共产主义的氛围。

此外，谷歌还为员工提供儿童日间照顾、医疗及衣服干洗等服务。据说在装修办公室的时候，公司还会给员工发点装修费，鼓励他们按自己的喜好进行布置。在时间安排上，员工可以选择在自己的时区里工作。无论在空间还是时间上，谷歌的员工在很大程度上实现了当年嬉皮士的梦想——以社群为单位，生活在美国，却又不属于美国。

这里属于开放的世界。在 34 号楼入口处立着一个屏幕，透过它，路人可以实时感受世界各地使用 Google 搜索的热度。虽然名义上谷歌早已退出中国，但内地访问人数依旧庞大。从技术上说这主要是 VPN 的功劳。

同时作为 Campus，谷歌总部经常会有一些活动。那天从山景城大楼里出来的时候，我发现外面有很多人在排队，起初以为是什么演艺明星来了，一问才知是阿尔·戈尔有个演讲。对于谷歌的发展而言，戈尔可谓功不可没。这位学者型政治家对地球的关注不只有环境，还包括数字化。早在 1998 年，戈尔便提出了"数字地球"（Digital Earth）的概念与愿景。正是在此认识的基础上，几年后谷歌成功收购了具有 CIA 背景的锁眼（Keyhole）公司，并推出了免费版 Google Earth。正如布兰德曾经提到的，人虽然不能成为上帝，但可以活得像上帝。Google Earth 给人类带来了上帝视角，让网民可以随时观测我们赖以生存的地球，而我也是通过它第一次从天空中看到了老家的屋顶以及父母当年耕种的几亩薄田。

和硅谷其他创业英雄不同，埃隆·马斯克是另一个传奇。在成功创办了三家公司之后，2002 年 6 月马斯克又成立了 SpaceX。这是一家私人太空发射公司，十年后，SpaceX 发射了第一枚两级火箭，开启了太空私营化时代。SpaceX 的目标包括条件成熟时实现星际移民，无论宇宙是否有成就生命的意志，马斯克认为向星际移民将是人类的天命。两年前看电影《太空旅客》(*Passengers*),剧中的家园星际移民公司让我首先想到的就是马斯克。遗憾的是,不少影评人针对该片的批评竟然是主人公决定唤醒休眠旅客陪伴自己的核心剧情有悖伦理。而在我看来,这里面暗含的"人需要人来陪伴"的孤独感以及"存在性焦虑"恰恰是这部影片最闪亮的地方。

马斯克的冒险获得了很多来自硅谷的支持,其中包括谷歌公司的佩奇。佩奇曾公开表示,如果自己死了,宁愿将数十亿财产捐给马斯克这样的资本家来改变世界,也不愿将钱捐给慈善组织。

为什么不给慈善组织?一方面固然有伯纳德·曼德维尔在《蜜蜂的寓言》一书中讲过的道理;另一方面,更是因为佩奇对科技有着宗教一般的狂热。在他看来,马斯克将火星作为人类"第二家园"的想法意义深远。如果说盖茨的捐赠是着眼于解决过去的问题,那么佩奇的捐赠则着眼于未来。事实上,GoogleX 实验室里每天都在进行一些异想天开的实验,从谷歌眼镜、无人驾驶汽车、纳米医疗、智能接触透镜、脑神经网络工程,到可以通过热气球架接互联网的 Loon Project……GoogleX 实验室的另一个名字是"奔月工厂"。它慷慨而宽容,总是给研发者足够多的时间去试错,以至很多人嘲笑它是一个以追逐失败为目的的研究机构。

允许不断试错的背后是相信未来。就像很多人注意到的,从一开始硅谷就充满了乐观主义精神。它站在世界科技的前沿,相信新的科技能够改变未来。与此相伴的是有关技术乌托邦的作品应运而生。《无尽的进步:为什么互联网和技术将终结无知、疾病、贫困和战争》一书的作者拜伦·里斯甚至乐观地认为,未来几十年科技进步将彻底消除饥饿与贫穷,并让人类获得永生。而在 120 年后,地球上的生产力会比现在高 1000 倍。

同样乐观的是美国未来学家雷蒙德·库茨维尔。1999 年,他在《精灵机器人》(*The Age of Spiritual Machines*)一书中谈到未来互联网将把全人类乃至其他生命和非生命体汇集成一个完整意识体。两年后他又提出摩尔定律的扩展定理，即库茨维尔定理，指出人类出现以来所有技术发展都在以指数级的速度增长。根据数学模型，在未来的某个时间内，技术发展将接近于无限大。

在此基础上，2005 年库茨维尔出版了《奇点迫近》。随着纳米技术、生物技术等几何级数加速发展，人类正在接近一个人工智能超越人脑的时刻，届时人类的身体、头脑和文明将发生彻底且不可逆转的改变。库茨维尔甚至计算出纯粹的人类文明将终结于 2045 年。

这就是所谓的"奇点"（singularity）。从这一年开始，人类有史以来真正第一次将命运掌握在自己手中，长生不老成为可能。与此同时，一个巨大的不确定性也在降临。当人类的身体被植入越来越多的纳米零件，而人工智能比人类还要聪明且更有能力时，人体以及科技发展将渐渐由机器接管。未来世界将送到被机器化的生化人（Cyborg）手中。此刻，由于科技的爆炸性发展，未来将无法预测。

三 《圆圈》中的《一九八四》

对于硅谷的乐观主义，许多思想者表达了内心的忧虑。除了对技术本身保持谨慎的态度，他们对可能不受约束的权力同样有着天然的敏感——如果苹果、谷歌等巨型公司变成邪恶力量怎么办？

从很早开始便有人指责乔布斯像暴君一样管理自己的公司，这或许可以归咎于乔布斯的乌托邦情结。他希望在技术上建立自己的王国，而苹果最初的成功也在很大程度上得益于具有一定封闭性的社群主义。现在，当这家全球最大市值的公司可以呼风唤雨时，原来的封闭不再只是保持某种独立性，更构成了对其他市场力量的巨大压迫。在这场数字革命中，苹果取代 20 世纪的蓝色巨人，成为 21 世纪的"老大哥"。

这样说不是断定苹果在法律意义上已经变质，而是指作为一家巨型公司它已经具备了作恶的潜力和可能。曾经，乔布斯留给世人的是苹果简洁而惊艳的美感，而现在，仅就其对 App 产品收取 30% 的高额平台费一事而言，就足以表明苹果公司已是何等贪得无厌。更别说那些在暗中进行的事情，如强制报废旧手机，有毁坏他人私有财产之嫌的"降频门"丑闻，以及可能暴露用户隐私的后门。

几年前，戴夫·艾格斯（Dave Eggers）的《圆圈》(*The Circle*) 引起轰动。这部小说尖锐地讽刺了硅谷的互联网公司如何蜕变为独裁者，所要回答的仍是一个古老的问题——如何把同时具有作恶可能与作恶能力的权力关进笼子？

故事发生在将来。主角梅是个不谙世事的年轻人，她有幸在圆圈公司上班。这是一家非常强大的科技公司，用户用一个账号登录后就可以得到搜索、购物和社交一站式服务。在某种意义上圆圈公司可以说是今日谷歌、苹果和脸书等巨无霸企业的"邪恶混血"。

梅的第一份工作是客户服务，主要是回答用户的问题，然后获得用户的满意度评分。梅的第一个客户给她打了 99 分，但上级对她的回馈却是"为什么不是 100 分呢？"这与其说是苛刻，不如说体现了某种完美崇拜。为防止社会堕落并减少犯罪，圆圈公司高层主张一切透明化。它不仅掌握了所有用户的信息，而且将摄像头安装到了社会的每个角落。给孩子身上植入芯片，是为了防止他们走丢；给议员装上微型摄像头，这样全世界都能看清他们的一举一动……而且，没有一个人认为这是在作恶，因为圆圈公司有一个伟大的梦想，那就是让世界变得更加美好。为了迎合这个梦想，梅也将自己完全透明化，只有上厕所的时候才能把摄像头关掉，不过时间仅限两分钟，以免让观众担心。

互联网时代，隐私权似乎变成了一种不合时宜的权利。谷歌公司前首席执行官埃里克·施密特（Eric Schmidt）曾经表达过一个令人震惊的观点："如果你有什么事情不想让任何人知道，也许一开始你就不应该去做这件事。"而在圆圈公司里，这几乎可以说是一个共识。当然这很荒谬，相信即使是施密特本人也并不认为他自己可以成为一个彻底透明的人，生活中没有一点隐私。

《圆圈》里的世界很容易让人联想起《一九八四》。在那里，老大哥监视一切，奴役一切。不同只在于，奥威尔笔下的极权是基于不受约束的政治力量，而《圆圈》所要批判的是不受约束的资本与技术的力量。圆圈公司迎合了网民凡事"免费"的激情，而网民也积极配合，全无防范地将自己的隐私等权利交付出去。

《一九八四》的三大著名口号是"战争即和平""自由即奴役""无知即力量"，《圆圈》取而代之的是"共享即关怀""秘密即谎言""隐私即盗窃"。圆圈公司高层试图消灭一切隐私，他们由此相信人类迎来了第二次启蒙运动。"在这个新时代里，我们不会允许人类大多数的思想、行为、成就和知识流逝，就像从一个漏桶里溜走。"换句话说，在那个世界里，隐私不再与人的权利有关，而是必须成为人类掌握的无穷无尽的知识。以人为矿，掌握了海量数据的圆圈公司也因此变成了地球上全知全能的掌权者。

有分析认为《圆圈》捕捉到了高科技公司的两种典型特质：一是毫无节制的乐观，二是不理解新科技给现实世界带来的后果。高科技界沉浸在他们的乌托邦激情当中，从来没有见识过失败，也永远不必应对硅谷之外的世事。

早在1995年，欧盟已在相关数据保护法律中提出了"被遗忘权"概念，任何公民可以在其个人数据不再需要时提出删除。这一人权观念一直延伸至网络，不过显然它没有得到谷歌等网站的真正支持。与此相关的一条新闻是，2016年一名意大利女子请求删除自己被人上传的性爱视频未果，终因不堪忍受众人持久的嘲笑而选择自尽。

四　要代码，还是要法律？

在政治与技术之间，常有"要代码，还是要法律"的争论：是由计算机还是靠政治妥协解决问题？是依据算法还是依靠谈判？这方面，谷歌的确是有雄心壮志。谷歌智库主任贾里德·科恩（Jared Cohen）与埃里克·施密特曾合著《新数字时代：重塑人类、国家和商业未来》，该书描绘了一个"非政治的乌托邦"。在那里，国家、政府和议会都不再那么重要，取而代之的是近乎完美的技术统治。

科恩曾被《外交政策》列入"全球100强思想家"，他在伊朗、伊拉克、叙利亚、黎巴嫩、阿富汗以及整个非洲地区进行了广泛研究，采访了基地组织、黎巴嫩真主党和塔利班组织的成员。在科恩看来，国家是一种过时的形式，它无法解决21世纪人类所面临的气候变化、贫穷、交通和医疗保健等问题。然而科技和互联网公司可以做到。比如，每年有大量的人死于车祸，而谷歌研制的无人驾驶汽车可以大大降低交通事故的发生。

谷歌试图改变国家的形态。传统的国家由一群政客、官僚加上法律与暴力机器维持，而谷歌试图建立的是以科技为中心的新世界。参与管理世界的是工程师和程序员，他们赖以统治或服务世界的不是法律，而是代码。

为了摆脱国家的统治，谷歌着手建立了自己的基础设施。它在很多国家都建立了数据中心，建立了自己的能源系统，并购买了海底光缆将其相互连接起来。每个使用谷歌搜索、谷歌地图、Gmail、YouTube、安卓系统手机、谷歌汽车以及其他人工智能的人都与该巨型计算机相联。

对于未来，施密特和科恩并不完全乐观。由于来自不同实体国家的政治上的宰制，未来的互联网可能会以国家为界竖起"高墙"，一个国家的用户必须获得"虚拟签证"才能进入其他国家的网络。在此背景下，互联网最终将会支离破碎，各国将因为对互联网持有不同态度而分化，甚至分裂成两大阵营。

2014 年 6 月的斯坦福大学毕业典礼上有两段演讲值得记录和回味：一是比尔·盖茨及夫人梅琳达给学生们送上了乐观主义的赠言——"让我们震惊那些悲观主义者吧！"二是弗雷德·特纳（Fred Turner）教授对这种乐观"唱了反调"。

盖茨夫妇的乐观并非完全针对技术，更是出于对人性的鼓舞。他们希望毕业生能够带着自己的天分、乐观以及同情心，去改变这个世界的贫困、疾病以及教育匮乏等问题，"让数百万人为之乐观起来"。

弗雷德·特纳任职于斯坦福大学传播学系，在反主流文化与数字乌托邦等方面颇有研究。在"Class Day"（毕业纪念日）演讲中，特纳回顾了 40 年前的斯坦福曾经是一场革命的起源地。当时有一些年轻人想要重新定义这个世界，他们穿着喇叭裤，留着杂乱的胡须，开着五彩斑斓的汽车。这些嬉皮士后来演化为几股力量。其中一支就是今天的新左派，他们关心政治，组织游行，反对越南战争，抗议尼克松及水门事件，当然也包括后来的"占领华尔街"。另一支则选择脱离这个社会，进入美国的荒漠旷野和深山丛林之中。几万人在农村建立了公社或嬉皮士共同体，这里没有金钱和官方机构，通常由具有超凡才能的人做领袖。对于这些人来说，国家、制度、法律、官僚都是束缚人性的囚笼。

这些超凡脱俗的团体最后渐渐销声匿迹。不过就像我在前面提到的，嬉皮士精神并没有在美国消失，反倒是在硅谷开花结果。科技让许多梦想离群索居的人有机会按照自己的意愿生活，而硅谷的公司就像是新型公社。不过，特纳同样认为，虽然科技正在重塑甚至提供了可以想象的美好生活，但是仅有科技是不够的。当年的嬉皮士公社，由于没有政治体制、规章制度和各种机构，最终大多都以失败告终，而只有少数几个留存下来。因为那些群居者没能很好地处理意见分歧，一点都不想了解政治。或者说，他们在藐视政治的种种坏处时，也远离了政治可能带来的好处。简单说，特纳在这一天提醒美国未来的精英——不要指望科技可以代替政治的艰巨任务。

在政治与科技之间，有两件事情总是让人着迷。一是统治现在的独裁者如何倒掉，二是引领未来的科技将会给世界带来怎样的惊喜。一个为结束过去，一个在开创未来。当然还有一种可能，政治与科技合谋，催生出一个新的独裁者。

世人多厌恶谈论政治，因为里面的确藏污纳垢，充满了愚弄、腐朽甚至残酷。既然"政治乃众人之事"，而每个人又必须活在众人之中，那么政治注定不可逃避。如果没有政治来协调众人之事，圈定群己权界，保卫私利与公益，这个世界恐怕将难以运转。在此意义上说，特纳其实是在为政治正名。我在前面提到的诸多乌托邦试验，最后之所以功败垂成，在本质上与其说是人性的宿命，不如说是政治的失败。当然这也是一个暗藏希望的结论。虽然人类无法改良人性，就像人类无法拽着自己的头发飞到天

367 | 第十八章 最后的乌托邦

上去，但是人类可以改变自己的境遇，包括人与环境、人与人之间的关系。而这一切有赖于良好的政治上的协调。

五　技术统治与莱斯特人

网络是不是"自由人的联合"？ 1996 年，为了回应美国政府通过的电信法案，约翰·巴洛（John Perry Barlow）发表了著名的《赛博空间独立宣言》——"工业世界的政府，你们这些肉体和钢铁的巨人，令人厌倦，我来自赛博空间，思维的新家园。以未来的名义，我要求属于过去的你们，不要干涉我们的自由。我们不欢迎你们，我们聚集的地方，你们不享有主权。"

类似想法在今天看来有点痴人说梦。事实上，虚拟空间从来没有真正独立过，从一开始它就不得不随时面对现实的入侵。同样是在 90 年代，劳伦斯·莱斯格（Lawrence Lessig）教授在《代码》一书中指出，互联网的本质就是一堆可以被控制的代码，而且管理者就是代码。《代码》挑战了早期人们对互联网的认识，莱斯格并不认为新兴网络技术已经创造了一个自由的环境，可以让人摆脱政府的控制。

网络的确在某种程度上带来了便利，但它不是自由主义者的乌托邦。代码可以创造出一个自由的世界，也可以创造出一个充满沉重压迫和控制的世界。换句话说，互联网随时会背离了它的初衷，走向它的反面。尤其是在商业活动的影响下，网络空间正在变成一个高度可规制的空间，在那里，网民的行为将受到比在现实中还要严密的控制。

莱斯格现在是哈佛大学的教授，致力于推动互联网上的自由。在一次

TED 演讲中，他虚构了一个叫莱斯特国（Lesterland）的地方。那个国家有
3 亿多人，其中有 15 万人叫莱斯特人。虽然人数不多，但莱斯特人在莱斯
特国非常有影响力。莱斯特国实行的是"两步舞民主制"（two-step dance）。
首先是只有莱斯特人才能参加的"莱斯特选举"。这是关键一步，只有能够
取悦莱斯特人的候选人才有机会进入第二轮选举，也就是全体公民参加的
大选。在莱斯格看来，今日美国所实行的民主就是莱斯特国的民主。这是
一种合法的制度性的政治腐败。政客们并不完全对全体选民负责，他们不
得不把 30%—70% 的精力用在筹集竞选资金上，而这些赞助者就是莱斯特
国的莱斯特人，他们只占美国人口的极少数。

　　尽管莱斯格没有就此谈论互联网，不难看出今日互联网同样暗藏着莱
斯特国的权力结构。当技术精英、政治精英与资本精英合谋，他们就是互
联网里的莱斯特人。莱斯特人是这个世界的规则制定者，他们的意志就是
代码，他们的代码就是法律。

　　在此我并不想否定精英的价值，而是想强调当普通民众被他们操纵之
时，是否有机会和能力维护自己的基本利益。毕竟精英们从来不是铁板一
块，他们内部同样有无以计数的逃逸者。在数字时代的主流精英之外，还
有一些潜藏的势力，包括暗网、黑客、斯诺登和恐怖分子。如果有朝一日
奇点来临，还包括觉醒的人工智能。

　　莱斯格在那次演讲的结尾提到一个耐人寻味的细节——

　　1787 年 9 月，当富兰克林从制宪会议离开，他在街上被一位女性拦下
来问："富兰克林先生，你造就了什么？"富兰克林回答说："一个共和国，
如果你们能够继续保持它。"

　　1787 年的制宪会议是美国立国的起点，当美国社会出现问题时，最后
都可以回到 1787 年的若干立国原则重新出发。问题是，当技术成为一种新

的宗教，而且彻底政教合一，甚至将全世界装在一个篮子里的时候，这种"溯古式救济"是否还会一直有效？

六 危险的知识

最后让我们回到谷歌的信条"Don't be evil"。在 2004 年的首次公开募股的招股书上，谷歌公开了《不作恶的宣言》：

> 不要作恶。我们坚信，作为一个为世界做好事的公司，从长远来看，我们会得到更好的回馈——即使我们放弃一些短期收益。

这话其实漏洞百出，与其说是在谈论价值观，不如说是在谈生意。从逻辑上说，假如"从长远来看"得不到更好的回馈，会不会作恶？这就好像中国人常常津津乐道的"有舍才有得"。如果没有得，还舍不舍？

令人吃惊的是，2013 年 6 月，美国中央情报局前雇员爱德华·斯诺登（Edward Joseph Snowden）向媒体披露了"棱镜计划"监听项目的秘密文档，资料显示 Google 参与了这一项目。而甲骨文董事长拉里·埃里森（Larry Ellison）曾在公开场合批评佩奇是"永远的邪恶"，只能依赖其"摇钱树"搜索广告业务资助其他幻想工程。

2014 年，迫于种种批评，大概也自觉难以胜任，谷歌取消了"不作恶"信条，取而代之的是相对中性的"做正确的事"。何为正确，可以解释的余地就变得无比宽阔了。

在此我宁愿相信就个体而言，佩奇等创业者心怀美德、无心作恶。早先他们提出"Don't be evil"也完全是出于某种赤诚。然而，个人是一回事，集体又是一回事。

其一，集体的逻辑。个人的逻辑不等同于集体的逻辑。有良知的个体在集体之中有可能被扭曲。人们之所以赞美"惊曝内幕者"，实在是因为这种人太少。甚至，在很多时候能够起关键作用的并不是最初的创业者，而是逐利的投资者、董事会以及离心离德的员工。

其二，道德与生存。如亚当·斯密所言，人们从事商业生产首先是为了利己，并间接对社会有益。没有哪个大公司不把"存活并且赢利"当作自己的首要目标。所以当公司面临危机时，会出现大规模裁员的情况。在此基础上，最能使一家公司朝着好的方向发展的，不是这家公司标榜怎样的道德，而在于它有着怎样的市场。

其三，垄断的可能。一家公司为了生存可能会作恶，而当它对行业形成了某种意义上的垄断，破坏了市场时，是否作恶只在一念之间。人们时常感动于"能力有多大，责任就有多大"，但如果这种能力失控，最后的结果完全可能是"能力有多大，破坏就有多大"。

其四，善愿结恶果。善愿并不等于善因。比如人工智能的开发，主观上是为了增进人类的福祉，但客观上有可能带来大量的失业，使许多人彻底沦为"无用阶级"。

除了上述几点，还有最关键的一点即人类知识的不确定性。人类未来有可能朝好的方向发展，也有可能朝坏的方向发展，谁都无法预测。卡尔·波普尔（Karl Popper）寄希望于人类能够通过知识寻求解放，然而如果知识应用不当，人类也可能通过知识寻求奴役。

更别说很多时候，人们信奉了一些假知识。需要澄清的是，宇宙真理不等同于人类知识。真理是客观存在的，无论人类是否追求，真理都在那里。而人类知识不同，它来源于人类的经验、推理、总结以及世世代代的积累。知识是人类接近真理的途径，但不是真理本身。对不同知识的信奉与应用，都可能导致或善或恶的后果。譬如说，迷信某位领袖的威信与能力，可能导致独裁政府的产生；迷信多数人决定一切，有可能导致多数人的暴政。当人们用最新的知识去武装理性，并不意味着理性不会犯错。

正如齐格蒙·鲍曼（Zygmunt Bauman）在《现代性与大屠杀》中所指出的，大屠杀不只是犹太人历史上的一个悲惨事件，也并非德意志民族的一次反常行为，而是现代性本身的固有可能。正是现代性的本质要素，使得像大屠杀这样灭绝人性的惨剧成为设计者、执行者和受害者密切合作的社会集体行动。从极端的理性走向极端的不理性，从高度的文明走向高度的野蛮，看似悖谬的背后，实则是知识的沼泽布满了人类未知的命运。

2017 年夏天，我曾在杭州阿里巴巴总部做过一次短暂的交流。会谈期间，我表达了自己对科技的某种忧虑。在《圣经》中有亚当和夏娃因偷吃禁果被逐出伊甸园的故事，而我更愿意视之为一个有关人类知识与命运的隐喻，即知识在成就人类的同时，也有可能将人逐出乐园。这世上之所以有核武器，是因为人类获得了相关知识并使之生产化。尽管现在有很多亟须解决的现实问题，如果有朝一日世界发生了大规模的核战争，那些有幸活下来的人，一定怀念我们今天这个不完美甚至有些糟糕的世界，就像怀念一个失去的人类乐园。

为什么可能会有这样的悲剧发生？

先设想有这样一棵神奇的苹果树，树上结满了各式各样的苹果，而且每天都有部分失去、保留以及新的增加。整体结构不变，有的很有营养，有的平淡无奇，有的长满毒素。再设想这棵树下有一个人，且称之为弗兰。他有着所有人一样的欲望与恐惧，每天都要靠树上定量的果子生存。

　　和亚当、夏娃的故事不同，这个人不是吃了一个苹果就立即被逐出伊甸园，而是吃到了最毒的那个苹果的时候。亚当、夏娃的困境是，他们吃了苹果能够分辨善恶，有了区别心，并由是非而惹出无限争端。而弗兰的困境是他没有能力准确判断哪一只苹果有毒。

　　这里的苹果就是人类知识，而弗兰就是今天的我们。表面上看，我们对这棵树了解越来越多，然而在浩渺的时空里，这些知识又是多么微不足道。若是有人断定自己掌握了这棵树的规律，可以完全预判自己行为的结果（是善是恶），不是无知，便是虚妄。

　　谁能预言人工智能？技术乌托邦的背后，是否孕育着另一个巨大的灾难？我不是一个绝对的悲观主义者，但也不会盲目乐观。谷歌曾经标榜"不作恶"，就算不作恶，也不代表不会为恶提供条件。一个人是一回事，一群人又是另一回事。试想有一百张方块纸，每张纸上都写着一个"善"字，如果让你用这一百张纸拼出一个"恶"字，显然不是什么难事。在那里，每个人都自我感觉善良，但因为位置不同，又都变成了恶的一部分。

　　永远不要低估人类的恶意与愚蠢，有些古老的传说本来就像神喻。人类，是不是正在又一次被逐出乐园？下一场洪水，是不是技术？或迎合了人性之恶，或完全在人类的经验与控制之外。

　　我不想危言耸听，只想承认这样一个事实——在宇宙这个巨大的黑屋子里，人类还只是点亮了一根蜡烛。而人类究竟会撞坏什么，引起怎样的连锁反应，遭遇怎样的困境，无人知晓。

　　此外，是要零星的乌托邦，还是整体的乌托邦？如果只是一个社区试验，尚有试错的可能，当某种科技一统天下，一个小路朝天的世界就结束了。那时的人类客观上只剩下一条科技集权的不归路。

　　过去，人与机器打交道，显示出机器的冷酷。而现在，机器正在成为人的一部分。就像很多人忧虑的，人工智能会不会将人类世界带回一个无机物的世界？谷歌承认人的有限理性，其生产的产品都遵循着不断试错的原则。问题是，这世界上有些东西是经不起试错的。比如来一场核大战，看看地球的承受能力如何。核可以经受人类的试验，而人类却经受不了核的试验。

几年前，马斯克在麻省理工学院会议上公开表示人类最大的危险可能来自人工智能，而且这种危险远大于核武器。如果不对人工智能保持万分警惕，研究人工智能就如同在召唤恶魔。对于这种危机，马斯克提出的解决方案是人类必与机器相结合，成为"半机械人"，从而避免在人工智能时代被淘汰。一个简单的比较可以说明人与人工智能之间的落差，计算机能以每秒一兆位（a trillion bits/s）的速度通信，而人类（用手指点击移动设备）却只能做到每秒 10 位（10 bits/s）的速度。

为此，马斯克还特别成立了 Open AI 公司。该公司实行开源计划，目的是成为人工智能领域的监管者，以期将它引向对人类更为安全的发展轨道。而这种开源本身也具有风险，因为其成果同样可能为"邪恶博士"所利用。人类的危险最初可能是这样的：被召唤的人工智能中的恶魔与人性中的恶魔合而为一，使人类在整体上受害。

无论将来如何，有一点可以预料，那就是技术正在配合一部分人完成对另一部分人的驱逐。人工智能的运用与普及，意味着科技为人类提供了大量奴隶，而人开始崇拜这些奴隶。在未来社会，人类中那些被淘汰的"无用阶级"将与机器人争当奴隶，而这注定是一场失败的竞争。

没有人能够洞悉未来。和很多人一样，我也拥抱并赞美科技，相信科技已经并将继续增进人类的福祉。就像过去我们所看到的，它甚至会满足我们对于最后的乌托邦的想象。我所担心的是，在科技所构建的乌托邦里，是否会重复从前的悲剧——乌托邦的价值压倒了人的价值。这一悲剧产生于一个荒悖的循环——当每个人把乌托邦视为答案时，乌托邦因此变成了问题。

七　最后一条河流

然而，人却是为欲望与美而生。在时光无情的流逝中，人类不断地搬运、复制、合成万物，可谓占尽物力。直到有一天，在仿生学方面，开始瞄准自己。上帝造人，人也要造人。在上帝的故事中，上帝按自己的样子造人；在人类的故事中，人按自己的样子造机器。

没有谁能够阻挡这一历史进程。结果会如何？

最好的状态是机器继续为人服务，而人依旧是目的。最坏的状态是机器人与人一起毁灭，弗兰肯斯坦和他创造的怪人一起死掉，也即不仅人死了，人之创造物也没有了，一切消失于虚无。当然，最有可能的情况还是像今天这般维持，一部分人同机器人竞争，服侍另一部分人。正如尤瓦尔·赫拉利在《未来简史》中所担心的，未来99%的人属于无用阶级，他们的特性和能力都是多余的。另外1%的人则成为掌控算法、通过生物技术战胜死亡的神人。他们是未来世界的主宰者，是人类未来进化的新物种。

最后，让我们重新回到历史。在托马斯·莫尔的相关传记里，有这样一段判词：

> 莫尔应由执行官威廉·宾士顿押回伦敦塔，并从伦敦塔拖出，通过伦敦城押往泰本法场实行绞刑，绞至半死之时，不等其气绝加以凌

375 | 第十八章 最后的乌托邦

迟，割下阴茎，豁开腹部，将其脏腑撕出烧毁，随后斫去四肢，四个城门各悬一肢，头颅应高挂于伦敦桥上。

这是 1535 年英国绅士针对叛国者的标准刑罚。不可否认，写在判决书上的残酷下流与闪现在《乌托邦》里的希望之光都是人类的杰作。所幸，上述悲惨的过程没有完整发生。根据亨利八世后来的命令，莫尔仅以杀头受过。据说行刑之日，他对刽子手轻松说完一生中的最后一个笑话，便任凭铡刀落下了。

时至今日，莫尔意义上的大多数理想其实都已经实现，不只是在美国，还有其他许多地方。然而在很多人眼里，这个世界依旧是千疮百孔，而折磨人的种种痛苦以及空虚也的确存在。当一个欲望获得满足的时候，它也会为另一个欲望的产生提供条件。从一个乌托邦走向另一个乌托邦是人类之激情所在，这不是简单的移情别恋，而是一个时代有一个时代的生活。或许，只有承认自己不完美且可以不断打补丁的乌托邦，才是可实现的乌托邦。

自古以来，人类一直试图超越自身，告别自身的缺陷与贫困。雅斯贝尔斯曾经指出"人类终极关怀的觉醒"对于世界几大古文明的意义。这种觉醒可以说是人对自身神性追问的开始，而科学技术的发展，也让人类试图从自己身上找到某种神力。或许乌托邦激情同样暗含了人类的某种神性，只是人类并不具备相应的神力，有时甚至会因为一时的贪婪与短见而堕入地狱。

离开旧金山的那天，当地一位华人朋友开车将我送到机场。不知道什么原因，这一天机场里的人少得出奇，那一刻我仿佛看到了未来的影子。

从托马斯·莫尔一直追到拉里·佩奇，从东部到西部，跨越了几百年的时间与数万公里的空间。当我通过安检，上了飞机，这两次对新大陆的寻访也就接近尾声。

几年后的此刻，我正坐在伦敦的希斯罗机场等待女儿的到来，一场连绵不绝的大雨导致北京航班大量延误。回想过去的生活，我对所爱之事可谓极尽热忱。因为这种热忱，相形之下我对于其他诸多事情则显得淡然。感叹过去几年间这个世界的种种沉落，我内心的最大苦楚不是源于自己的生活，而是有些事情的变化让我在审美上完全无法接受。这样的时候，我会劝慰自己，这世上有许多笑话，有的会随风而逝，有的需要隆重的仪式。

与此同时，另一个问题一直在脑海中挥之不去。当年旧欧洲的移民将欧洲的精华带到了新大陆，而今新大陆的移民又会把未来的世界带向何方？尽管我乐见其成，并且承认人类有着共同的命运，然而我并不认为世界只有一个方向，正如我无法想象地球上只有最后一条河流。

生于虚无，死于琐碎。我承认很多时候自己对人生是厌倦的。当我陆续整理完以上所有思考与回忆，内心更想表达的是对上苍以及自己生而为人的感激之情。人类，一个无尖牙利爪与盔甲羽毛的族群，能够幸存并繁盛至今，完全仰仗种种梦想与精神。这终究是一个受到上苍眷顾的物种。虽然时而极尽悲怆，甚至犯下恶行累累，却也永远不失美好的一面。一代又一代的人，被莫名其妙地投放到这个世界上，饱尝无聊与艰辛，他们自知死之将至，却还是渴望每一天都能有尊严地活着，并时刻不忘身后世界的命运。

2018 年 7 月 16 日 终稿于伦敦希斯罗机场

附录 孤独是最好的防腐剂

2018 年底，作者接受《第一财经》杂志记者的访问。以下是其中部分内容，发表时亦有删节。

问：怎么看待自己从乡村到城市的这段经历？

答：最初离开乡村来到城市，我的确有非常大的不适应和失落感。而当我在城市生活久了，发现农村本身还在继续衰败，便有一种故乡"既走不出，又回不去"的伤感，这种内心的挣扎直到我写完《追故乡的人》之后才得到解脱。李安的电影《比利·林恩的中场战事》里有句台词"一个人只有离开故乡才能够茁壮成长"，事实上我也是离开故土的受益者。

城市是人类合作的典范，回想我过去对中国城市的种种批评，准确地说，我并不真正反对城市，而是反对没有诗意。否则，我不会那么喜欢巴黎和牛津。此外，我并不十分主张离群索居。自然虽美，终归空洞。生而为人，最美好的风景还是人。

问：今年基本没有在微博上发言，公众号也很少更新，作为公共知识分子，为何放弃了这些阵地？

答：很不喜欢微博和微信等"广场媒介"，更不会将其视为我的阵地。我的阵地是生命中的每一天。人生如此短暂，我不害怕生于虚无，但畏惧死于琐碎。

客观说，社交媒体上有些讨论可能推动了事件的解决，不过我所见证的更多是大撕裂。一直以来我对群体都是失望的。萨特说过，"人是一堆无用的情绪"。然而当一群人去迫害一个人的时候，你会发现这些情绪是很有用的——比如把那个人毁掉。我曾经热心地追求一个诗意的世界，而现实却向我张开了锐利、肮脏的牙齿。不过我宁愿相信，"命运是迫害者与被迫害者的互动"，就算时运不济，身处逆境者也并非无所作为。

这世上有两样东西值得爱，一个是观念（价值观），一个是人情。通常这两者我们都会爱。我对自己的要求是：以价值观观照自己，以人情观照他人。前者成全自己，后者成全他人。也许是因为对自由价值的认同，我不喜欢用自己的价值观去要求别人，同时愿意看到更多人情。

时常想起在宿舍读《约翰·克利斯朵夫》时的那个寒假，独自在宿舍里将王杰的那首《是否我真的一无所有》听了几百遍。王杰是我年轻时最喜爱的歌手，几年后他遭人下毒，声带尽毁。三年前，我在"蜻蜓"录播节目，提及王杰这段往事不禁掩面而泣。如今更想说的是，一个灵魂的歌者，纵是被毁弃歌喉，只要不凝视深渊、与世同沉，他还是那么美。

问：为什么劝告迷惘中的年轻人，如果不想浪费光阴，要么多读点书，要么多赚点钱？

答：读书、赚钱，一个为思想自由，一个为财务自由，二者都对我们的人生有益。人不能选择自己的出身，如果能在他成长的关键时刻遇上一本好书，就像可以后天选择一个好的出身，好书能帮他重生。

我从不贬低金钱的价值，正如从不贬低人的创造。生活在一个必须合作的社会里，我们需要钱来完成交换各自所创造的价值。至于社会是否公正，症结在金钱之外。这世上钱是最无辜而干净的，真正脏的是人心。

问：你曾说自己是一个没有挫败感的人，现在还这样认为吗？

答：世事凉薄，生活总是充满了各种反讽。生而为人，我唯一能做的就是自己能够控制的事。比如，努力写好下一本书，如果自己还不满意，就再多花一些时间来完成。至于其他事情，比如社会进步、人情冷暖、隔着肚皮的是是非非，甚至别人以十分的恶意去揣度你十分的善意，等等，都不是你能控制的。所以，如果有什么挫败，就留给生活本身吧。生活是一回事，你是另一回事。你只能肩负自己能够控制的命运。

前段时间抽空读了中学时写的一些日记，那时在乡下生活，真的是孤立无援、孤苦伶仃。随后又读了大学时的部分日记，依旧是孤立无援、孤苦伶仃的感觉。二三十年过去，蓦然回首，人生一次次最大的成长恰恰是在那种最孤独的时刻获得的，所以我说孤独是最好的防腐剂。我知道自己和别人不一样，适当、适时地远离人群是必要的。有时来自外部的声音可以将你推进地狱，而来自内心的声音也能让你望见天堂。

2018 年，我大学和中学的两位恩师相继过世。回思年少过往，其实我尚有一位恩师存活于世，那就是曾经的自己。他时刻告诉我过去从哪里来，将来到哪里去。

问：有什么事是你一直想做却没有做的？

答：还有很多吧，主要是在写作方面。过去一年，抽空在欧洲走了五十座城市，近百家博物馆和美术馆，一切都为我的思考与写作而来。从某种程度上说，写作是我存在的理由，至于其他想做的事情，我一直在做减法。

此生短暂，美好的事物太多，你不可能广泛涉猎。而且就生活观念来说，我以为人生不必太圆满，要有一些留白与悬念。几年前曾经写过一句诗，"你到了远方，远方就死了"。有些梦想需要实现，有些梦想需要荒芜，我渴望诗意的生活，也包括为自己留下一些不可触及的远方。

2018 年 12 月

后记　始于热爱，终于沉思

　　坐在托马斯·莫尔和托马斯·潘恩故国的咖啡馆里，终于完成了《寻美记》最后的整理，这也算是一种缘分。按我在书中的理解，这两位托马斯都为美国的诞生谱写了蓝图。而现在，终于到了要和他们说再见的时候。写完这篇后记的最后一个字，我将彻底失去对这本书的控制，用法国思想家罗兰·巴特的话说是"作者死了"。在此之后，一本书有着怎样的意义和命运，只能交给读者和时间。

　　无论如何，我会视自己的所有作品为生命的一部分，而不完美的生命也不可能拥有完美之书。正如我在欧洲画廊里看过的所有油画，它们从来都是被抛弃，而不是被完成。写一本书也是如此吧。所谓"艺无止境"，我不敢奢求它是完美哪怕是完整的，只希望它和我的生命一样真实地生长。当然，我还可以辩解说，缺憾也是完美的一部分，饱满的灵魂总得有个缺口，否则人们将无法追逐爱情，孕育生命。

对于作者而言，他的每一部作品都是一条分界线。在那里旧我正式消亡，新我正在生长，直到下一部作品问世。从此意义上说，标刻一位思想者生命的不是年轮，而是他作品中的思想之轮与想象之轮。

若干天前偶然读到德国戏剧家布莱希特的一首短诗，讲的是"我"站在路边看司机换轮胎。他不喜欢自己来的地方，也不喜欢将要去的地方，而此时还要看着司机换轮胎，心中充满了厌烦。有政治性的解读认为这首诗表达了布莱希特对东德现状的不满，而我更愿意将此路边意象理解为对人类荒诞境遇的揭示。过去与将来都令人忧愁，而人在此地此时的努力又似乎只是为了继续拥抱所有的忧愁。没有什么是澄澈的，现在同时被过去和将来污染。就像贝克特笔下的"等待戈多"，人生只是一段难熬的岁月，穿插着无数重复而无望的等待。

即便如此，每个人还是要赶往自己的目的地，无论前面还有多少雷霆风雨，慢慢地，他甚至会爱上换轮胎的行为。人啊，总得找几件"正经事"来做，比如结婚生子，买卖房屋，远走天涯，重回家乡，以抵抗干瘪的时光和生命的虚无。

在人生的关键时刻，时常会想起《荷马史诗》中的《奥德赛》。奥德修斯的幸运是，在回家的路上，他不只会遇到兴风作浪的波塞冬，还会遇到鼎力相助的雅典娜。前者云烟过眼不值一提，唯有后者必须镌刻与铭记。

本书付梓之际，回望渐渐远去的旧年，在我饱受世情之苦甚至幻灭时，要特别感谢许多师友以及思想国读者的信任与宽慰。虽然当时远隔江山，是他们让我看到了尘世的光亮。

此后人生，难免遭逢逆境。而我对自己的双重开解是：若昨日幸福如梦幻泡影，此刻痛苦亦如是；若一切皆无意义，无意义亦如是。

光有理想是不够的，还要有情义。在这个浮华而势利的年代，我还要诚挚感谢本书的责任编辑陈卓兄，一个心里藏着江南梦的北京人。几年来，为了《寻美记》的出版，他已经奉献了足够的耐心与漫长的等待。

按计划，在完成《西风东土》和《寻美记》的出版后，有关牛津访学期间的观察笔记也需要整理出来，不知道又将耗掉多少时日。始于热爱，终于沉思，这就是我的日常。明知很多事情是无意义的，却因为受着"美的激情"驱使而乐此不疲。套用诗人辛波斯卡的话说——我喜欢继续写作的荒谬，胜于不继续写作的荒谬。

2019 年 3 月 22 日 清晨